Christoph Girtanner

Historische Nachrichten und politische Betrachtungen

über die französische Revolution

Christoph Girtanner

Historische Nachrichten und politische Betrachtungen
über die französische Revolution

ISBN/EAN: 9783743652392

Hergestellt in Europa, USA, Kanada, Australien, Japan

Cover: Foto ©ninafisch / pixelio.de

Weitere Bücher finden Sie auf **www.hansebooks.com**

Historische Nachrichten
und
politische Betrachtungen
über die
französische Revolution

von

Christoph Girtanner
der Arzneywissenschaft und Wundarzneykunst Doktor; der königl.
medizinischen Societäten zu Edinburgh und zu London, so wie auch
der litter. und philos. Societät zu Manchester Ehrenmitgliede;
der königl. Societät der Wissenschaften zu Edinburgh, und der natur-
forschenden Gesellschaft zu Paris auswärtigem Mitgliede,
u. s. w.

Fünfter Band.

Zweyte, vermehrte, verbesserte, und durchaus
veränderte Auflage.

Obrigkeit ändern und Obrigkeit bessern, sind zwey Dinge, so weit von einander als Himmel und Erde. Aendern mag leichtlich geschehen; bessern ist mißlich und gefährlich. Der tolle Pöbel aber fragt nicht viel, wie es besser werde, sondern daß es nur anders werde. Wenn es denn ärger wird, so will er abermal ein anderes haben. So kriegt er denn Hummeln für Fliegen, und zuletzt Hornisse für Hummeln. Und wie die Frösche vor Zeiten auch nicht mochten den Kloß zum Herrn leiden, kriegten sie den Storch dafür, der sie auf den Kopf hackte und fraß.

D. Martin Luther.

Dreyzehntes Buch.

Geschichte der französischen Staatsveränderung von den ersten Beschwerden des deutschen Reiches bis zu der Flucht des Königs.

Politische Betrachtungen über die Regierungsformen. Anwendungen derselben auf die französische Revolution, und auf die politische Lage Frankreichs. Beurtheilung des Betragens der Nationalversammlung. Was die deutschen Reichsfürsten durch die Beschlüsse der Nationalversammlung eigentlich verloren. Beschwerden der deutschen Reichsfürsten bey dem Könige von Frankreich; nachher bey dem gesammten Reiche, und bey dem Kaiser Leopold. Leopolds Brief au den König der Frankreicher. Brief des Ministers Montmorin. Mirabeau's Vortrag in der Versammlung. Brief des Herrn de Montmorin. Nachrichten den Kardinal de Bernis betreffend. Französische Gesandte. Antwort des Königs von Frankreich an den Kaiser Leopold. Kommissions-Dekret an die Reichsversammlung zu Regensburg. Die Angelegenheit des Elsaßes wird zur Reichsache gemacht. Propositionspunkte von Kur-Mainz. Merkwürdige Kur-Braunschweigische Ministerial-Note. Der Marschall de Broglio. Debatten über die Regentschaft; über die Pflichten des Königs; über die Minister; über die Kolonien. Begebenheiten auf der Insel St. Domingue. Ermordung des tapfern und rechtschaffenen Generals de Mauduit. Ermordung des Generals de Macnemara auf der Insel Isle de France. Mirabeau's Krankheit und Tod. Allgemeine Trauer über diesen Tod. Betragen der Nationalversammlung. Mirabeau's feyerliches Leichenbegängniß. Mirabeau's Leben und Karakter. Desmoulins Urtheil über ihn. Malouets Urtheil. Kardinal Rohan. Berathschlagungen wegen Avignon. Bürgerkrieg in der Grafschaft Avignon. Die Geistlichen weigern sich den Bürgereid zu leisten. Der Bischof von Paris hält eine Rede in dem Jakobinerklub. Brief des Pabstes an den Kardinal de Brienne. Antwort des Kardinals. Ausgelassenheit des Pariser Pöbels. Brief des Herrn Delessart. Verordnung der Aufseher der Abtheilung von Paris. Klubs. Falsche Gerüchte. Erster Aufruhr der Bürgermiliz. Gährung zu Paris. Beschluß des Klubs der Baarfüßer. Schmähschrift gegen den König. Der König, nebst seiner Familie, wird bedroht, beschimpft, und in Verhaft genommen. Der König in der Nationalversammlung. Seine Rede. Des Präsidenten Chabreud Antwort. Zuschrift der Aufseher der Abtheilungen von Paris an den König. Proklamation derselben an die Pariser. Der König unterwirft sich. Zweyte Proklamation. Zuschrift der brüderlichen Gesellschaft an die Pariser. Des Königs Vertheidigung. La Fayette legt seine Stelle nieder. La Fayettes Rede auf dem Rathhause. La Fayette nimmt seine niedergelegte Stelle wiederum an. Brief des Ministers Delessart. Brief des Ministers de Montmorin. Debatten darüber in der Nationalversammlung. Der Pöbel wird gegen La Fayetten aufgewiegelt. Injurienprozeß des Bierbrauers Santerre gegen La Fayette. Mademoiselle Theroigne de Mericourt. Die Inschrift an der Bildsäule Heinrichs des Vierten wird weggenommen. Die Theatinerkirche wird bestürmt. Der Abbe Fauchet wird zum Bischofe gewählt. Breve des Pabstes Pius des Sechsten. Zweytes päbstliches Breve. Der Pabst wird im Bildnisse verbrannt. Karrikatur. Diplomatische Streitigkeiten mit dem Pabste. Vortrag des Bischofs von Autun über die Toleranz, und Debatten darüber. Aufhebung der Mauthhäuser. Schreiben des amerikanischen Gesandten zu Paris. Zuschrift des Pensylvanischen Volkes an die Nationalversammlung. Depeschen des spanischen Hofes. Der Seeminister legt seine Stelle nieder. Herrn Freteaus Vortrag in der Versammlung. Beschluß gegen den Prinzen von Conde. Zustand der Armee. Aufruhr des Regiments Beauvoisis. Der General Kellermann. Die Soldaten erhalten von der Nationalversammlung Erlaubniß, den Sitzungen der Jakobinerklubs beywohnen zu dürfen. Revers, welcher von allen Offizieren der Armee naterschrieben werden soll. Zustand der Provinzen. Auflauf zu Douay. Zustand der Stadt Paris. Anzahl der thätigen Bürger zu Paris. Bittschrift der Bürger von Paris. Betrachtungen.

> Statuo esse optime constitutam rempublicam, quae ex tribus generibus illis, regali, optimo et populari, modice confusa.
> CICERO.

Die Rechte der Oberherrschaft sind dreyerley: die **gesetzgebende Gewalt**, die **richtende Gewalt**, und die **vollziehende Gewalt**.

Sind zugleich die gesetzgebende und die vollziehende Gewalt in den Händen eines Einzigen: so ist dieses der **asiatische Despotismus**.

Ist die vollziehende Gewalt in den Händen eines Einzigen, und die gesetzgebende Gewalt in den Händen einer gewissen Anzahl von Familien: so ist dieses die **aristokratische Monarchie**, wie vormals in Pohlen.

Befindet sich die vollziehende Gewalt in den Händen eines Einzigen, und die gesetzgebende Gewalt in den Händen des Volkes: so ist dieses die **demokratische Monarchie**, wie sie vormals in Schweden war, und beynahe noch in England vorhanden ist.

Befindet sich zugleich die gesetzgebende und die vollziehende Gewalt in den Händen einer gewissen Anzahl von Familien: so ist dieses die **despotische Aristokratie**, das Patriziat, wie zu Venedig und zu Nürnberg.

Ist die vollziehende Gewalt in den Händen einer gewissen Anzahl von Familien, und die gesetzgebende Gewalt in den Händen des Volkes: so wird dieses die demokratische Aristokratie genannt, wie sie, eine Zeit lang, zu Rom vorhanden war.

Ist endlich zugleich die vollziehende und die gesetzgebende Gewalt in den Händen des Volkes: so nennt man dieses eine reine Demokratie.

Die neueren politischen Schriftsteller sind, beynahe alle, darinn irrig, daß sie eine despotische oder absolute Regierung, mit einer tyrannischen Regierung für einerley halten. Sie verbinden mit dem Worte Despotismus allemal den Nebenbegriff von Tyranney. Dieses ist ein grosser Irrthum. Preussen hat, z. B. eine absolute Regierungsform; alle Gewalt ist in den Händen eines Einzigen: aber schwerlich giebt es eine Regierungsform, welche weniger tyrannisch wäre, als die Preussische. Eine Regierung ist gewiß, nicht tyrannisch, wenn sich die Staaten, über welche sie herrscht, aus einem unansehnlichen und verächtlichen Zustande, allmählig bis zu dem höchsten Gipfel des politischen Ansehens erheben! Eine Regierung ist gewiß nicht tyrannisch, wenn sich die Bevölkerung sowohl, als die Staatseinkünfte der Nation, über welche sie herrscht, in Zeit von vierzig Jahren verdreyfacht haben; wenn ihr Alles, was sie nur unternommen hat, gelungen ist; wenn sie in der Kriegskunst, und in den Künsten des Friedens, zu gleicher Zeit, gleich groß gewesen ist! Der tyrannische Despotismus haut (wie Montesquieu sich ausdrückt gleich dem amerikanischen Wilden, den Baum, dessen Frucht er geniessen will, bey der Wurzel um. Ganz anders handelte Friederich. Gleich einem sorgfältigen Gärtner, begoß Er den Baum, pflegte desselben, hieb die unnützen Aeste ab, und impfte auf denselben neue Früchte ein. So ist eine despotische, oder eine absolute Regierung von einer tyrannischen Regierung verschieden!

Die politische Freyheit besteht: theoretisch, in dem Rechte, und in der Fähigkeit eines jeden Bürgers des Staates, an der Regierung seines Vaterlandes thätigen Antheil nehmen zu können. Praktisch besteht dieselbe in dem Gefühle der Sicherheit, und in der daraus entstehenden Ruhe des Geistes. Damit der Staatsbürger diese praktische Freyheit genieße, muß die Regierung so beschaffen seyn, daß kein Bürger des Staates den andern fürchten dürfe.

Sind die gesetzgebende und die vollziehende Gewalt in Einer Person, oder in einer bestimmten Anzahl von Personen (in einer Versammlung, wie dieselbe auch heißen mag) vereinigt: so findet keine Freyheit statt; denn es ist allemal zu befürchten, daß der Alleinherrscher, oder die Vielherrscher, welche beyde Arten von Gewalt vereinigt in den Händen haben, tyrannische Gesetze geben, und dieselben tyrannisch vollziehen werden.

Auch muß die richtende Gewalt von der gesetzgebenden sowohl, als von der vollziehenden Gewalt getrennt seyn: sonst findet keine Freyheit statt. Wäre die richtende Gewalt mit der gesetzgebenden verbunden: so würde der Richter zugleich Gesetzgeber, folglich die Regierungsform despotisch seyn. Wäre hingegen die richtende Gewalt mit der vollziehenden verbunden: so würde der Richter zugleich die Macht zu unterdrücken haben. Und dieses ist eine gefährliche Macht, selbst in den Händen des besten Fürsten, wie aus dem Verfahren Friedrichs in der Müller-Arnoldischen Sache erhellt: in welcher Er, was Er sonst niemals that, die richtende Gewalt mit der vollziehenden in seiner Person vereinigte.

Gesetzt es entstünde ein neues Volk, welches sich selbst eine Konstitution geben, und sich einen König wählen wollte: so müßte ein solches Volk dem Könige die vollziehende Gewalt ganz und ohne Einschränkung übertragen. Aber die richtende Gewalt sowohl, als auch die gesetzgebende Gewalt, darf es niemals vergeben, wenn es frey bleiben will.

Die gesetzgebende Gewalt muß das Volk, durch sich selbst, oder durch seine Stellvertreter, ausüben. Und was die richtende Gewalt betrift: so muß jeder Staatsbürger von Leuten seines Standes, von seines Gleichen, von Geschwornen (Juries) und zwar von solchen, gegen die er nichts einzuwenden hat, gerichtet werden.

Auf diese Weise wird die richtende Gewalt, diese schreckliche Gewalt (indem dieselbe weder an einen gewissen Stand, noch an eine gewisse Klasse von Menschen gebunden ist, sondern, ohne Unterschied, von Allen ausgeübt wird) unsichtbar und null. Der Staatsbürger hat nicht beständig seinen Richter vor Augen: und er fürchtet daher bloß allein das Richteramt, und nicht die Richter.

Ein Richter darf das Gesetz nicht erklären, er darf die Strafe des Verbrechens nicht bestimmen. Er muß sich wörtlich an das Gesetz halten, und ihm liegt bloß allein ob, zu bestimmen: ob der Angeklagte schuldig sey, oder nicht schuldig. Ja, oder Nein: weiter darf sein Urtheil nicht gehen.

Unter dieser dreyfachen Gewalt, in welche die Oberherrschaft sich theilt, ist eine Art von Gewalt, ihrer Natur nach, jederzeit herrschsüchtig; sie strebt jederzeit nach Unabhängigkeit. Diese ist die gesetzgebende Gewalt. Sie allein ist zu fürchten; sie allein kann despotisch; sie allein kann der Freyheit gefährlich werden. Sogar die vollziehende Gewalt kann niemals in den Despotismus ausarten, ohne Eingriffe in die gesetzgebende Gewalt zu thun.

Die gesetzgebende Gewalt muß demzufolge von der vollziehenden Gewalt sorgfältig abgesondert werden.

Die gesetzgebende Gewalt muß noch sorgfältiger eingeschränkt werden als die vollziehende Gewalt, weil sie die gefährlichste von allen ist.

Nun giebt es aber kein anderes Mittel, um die gesetzgebende Gewalt einzuschränken, als dieselbe zu theilen. Daher die vortrefliche Einrichtung eines Oberhauses und Unterhauses, ohne welche, oder eine ähnliche Einrichtung, ein grosser Staat nicht frey bleiben kann. Ist die gesetzgebende Gewalt nicht getheilt; besteht dieselbe, wie in Frankreich, nur aus Einem Hause, aus Einem Korps, aus Einer Versammlung: so sind alle Gesetze, welche sie machen möchte, um sich selbst einzuschränken, in Rücksicht auf sie, bloße Resolutionen, die sie alle Augenblicke wiederum aufheben kann, und durch welche sie folglich gar nicht gebunden ist. Da die Grundlage der Schranken, welche sie, in einem solchen Falle, zu errichten sucht, in ihr selbst liegt; so haben diese Schranken gar keine Grundlage, und folglich sind dieselben gar nicht vorhanden. Die gesetzgebende Gewalt findet, wenn sie nicht getheilt ist, es eben so schwer sich selbst einzuschränken, als es Archimedes fand die Erde zu bewegen: beydes verhindert der Mangel eines festen Standpunktes. a)

Die Errichtung eines Oberhauses hat noch ausserdem den grossen Vortheil, daß dieses Oberhaus zugleich ein

---

a) Montesquieu de l'esprit des loix.

Gerichtshof für Staatsverbrecher wird. Ist die gesetzgebende Gewalt ungetheilt: so hat der Verbrecher seinen Ankläger auch zugleich zum Richter. Denn Wer ist beleidigt? — Das Volk. — Wer sind die Ankläger? — Die Stellvertreter des Volks. — Wer sind die Richter? — Ein Gerichtshof, welcher von dem gesetzgebenden Körper, von der Nationalversammlung, und demzufolge von dem Ankläger abhängt; ein Gerichtshof, welcher, durch das Ansehen eines so grossen Anklägers, leicht hingerissen werden kann. In einem solchen Staate ist der Staatsbürger weder frey noch sicher. b)

Die gesetzgebende Gewalt vermag nichts ohne die vollziehende Gewalt. Was helfen die vortreflichsten Gesetze, wenn dieselben nicht vollzogen werden? Es sind schöne theoretische Grundsätze, deren praktische Ausführung unmöglich scheint!

Wo also die vollziehende Gewalt vernichtet ist, da herrscht Gesetzlosigkeit und Anarchie. Nun war aber in Frankreich, vermöge der ersten Konstitution, die vollziehende Gewalt vernichtet; denn die Hände, in welchen dieselbe ruhte, waren gebunden: folglich befand sich Frankreich in dem Zustande der völligsten Auflösung und Anarchie. Eine Zeitlang hatte die Anarchie aufgehört; nemlich so lange die Nationalversammlung despotisch herrschte, und die vollziehende Gewalt mit der gesetzgebenden Gewalt in sich selbst vereinigte. Damals regierten Zwölf Hundert Despoten statt Einem; und folglich war Frankreich nicht frey: denn in einem Lande, in welchem die gesetzgebende Gewalt mit der vollziehenden Gewalt vereinigt bleibt, kann unmöglich Freyheit statt finden, wie oben schon bewiesen worden ist.

---

b) Montesquieu esprit des loix. Liv. 11. Ch. 6

Vor der Revolution war, in Frankreich, die dreyfache Gewalt (die vollziehende, die gesetzgebende und die richtende) in den Händen des Königs vereinigt. Der Staat gieng seinem Untergange zu; die Finanzen waren erschöpft; alle Mißbräuche waren auf den höchsten Grad gestiegen; das Volk trug, so viel dasselbe nur immer tragen konnte; an neue Auflagen war nicht zu denken: und dennoch mußte der Staat von seiner ungeheuren Schuldenlast befreyt werden. Ein Despot, wie Ludwig der Funfzehnte, hätte sich vielleicht durch einen Bankerott zu retten gesucht: aber der gerechte, der gütige Ludwig der Sechszehnte, zog ein gelinderes, ein rechtmäßigeres Mittel vor. Er versammelte die Stellvertreter seines Volks um sich her; Er übergab denselben (wie das der Monarch, welcher die Stände seines Reichs versammelt, allemal thut, und thun muß) die gesetzgebende Gewalt, und behielt nur die vollziehende Gewalt, welche er nicht vergeben konnte. Statt daß Er vorher allein Oberherr war, weil er alle Rechte der Oberherrschaft in sich vereinigte, war nunmehr die Oberherrschaft zwischen ihm und den Stellvertretern der Nation getheilt; das heißt: Er, mit der Nation, zusammengenommen, war im Besitze der Oberherrschaft. Es ist daher ein durchaus falscher Grundsatz, wenn die patriotischen Schriftsteller in Frankreich behaupten: die Nation allein sey der Oberherr. So lange ein König vorhanden ist, welcher die vollziehende Gewalt in den Händen hat; so lange macht auch dieser König einen Theil des Oberherrn aus: denn er ist der Stellvertreter der vollziehenden Gewalt, so wie die Mitglieder der Nationalversammlung die Stellvertreter der gesetzgebenden Gewalt sind. Das Ansehen des Königs allein war dem zufolge so groß, als das Ansehen aller Mitglieder der Versammlung zusammengenommen. Ja es war noch grösser. Denn der König hatte noch, außer der vollziehenden Gewalt, auch einen Theil der gesetzgebenden Gewalt in den Händen. Mirabeau, und andere vorzügliche Sprecher der konstituirenden Nationalversammlung, haben jederzeit ausdrücklich behauptet: die Nationalversammlung sey zwar der gesetzgebende Körper: aber in der Versammlung beruhe nicht die gesetzgebende Gewalt; sondern diese sey zwischen der Versammlung und dem Könige getheilt; und aus diesem Grunde habe der König die aufschiebende Genehmigung erhalten a). Der König konnte aber von diesem seinem gesetzmäßigen Ansehen keinen Gebrauch machen, er konnte sich nicht einmal in den Besitz desselben setzen, weil die Jakobiner die Regierung gewaltsam an sich gerissen hatten.

Als der König von Frankreich sein Volk versammelte, da sprach er stillschweigend zu seinen Unterthanen: „Ich, als die vollziehende Gewalt, verlange von Euch, als von der gesetzgebenden Gewalt (wofür ich Euch hiemit feyerlich anerkenne) eine Revision aller Grundgesetze meines Reiches: denn ich sehe wohl ein, daß dieselben, so wie sie jetzt sind, für unsere Zeiten nicht mehr passen. Beschäftigt Euch hiemit. Sorgt vorzüglich für die Wiederherstellung der Finanzen. Ich werde den, von Euch gefaßten, Beschlüssen die Kraft der Gesetze geben, ich werde dieselben genehmigen; das heißt: ich werde versprechen, die mir zukommende vollziehende Gewalt, zu Aufrechthaltung derselben anzuwenden. Dabey aber behalte ich mir vor, alle Beschlüsse, welche die Sicherheit, oder das Eigenthum meiner Unterthanen, oder auch meine

---

a) Man sehe in dem dritten Bande S. 363.

eigene Sicherheit und Eigenthum angreifen sollten, nicht genehmigen zu dürfen, so wie ich auch fest entschlossen bin, diejenigen Beschlüsse nicht zu genehmigen, welche Eingriffe in die vollziehende Gewalt seyn möchten." a)

So sprach der König, oder wenigstens handelte er, als ob er so gesprochen hätte. Zu dieser Zeit war die französische Nation wirklich frey: denn die dreyfache Gewalt der Oberherrschaft war gehörig vertheilt. Nunmehr versammelte sich die Nation, und wählte sich Stellvertreter, Abgesandte zu dem Reichstage. Diesen gab sie schriftliche Aufträge, über alle Gegenstände, welche ihren Berathschlagungen zum Vorwurfe dienen sollten. Die Abgesandten bezahlte die Nation, noch außerdem, für ihre Mühe; sie erhielten Diäten. Die Mitglieder der ersten Nationalversammlung waren, demzufolge, bezahlte Kommissionairs, denen aufgetragen wurde, die Befehle ihrer Kommittenten pünktlich zu erfüllen, und denselben von dieser Erfüllung Rechenschaft abzulegen. Auch hatten die Kommittenten das Recht, wenn sie es für gut fanden, den abgesandten Kommissionair zurück zu rufen, und einen andern an dessen Stelle zu senden. In den Augen des Königs waren die Mitglieder der Nationalversammlung zwar Stellvertreter der Nation; aber in den Augen der Nation waren sie bloße Kommissionairs; weiter nichts als das Organ, durch welches die Nation mit dem Könige sprach. Dieß erkannten auch die Mitglieder der Versammlung anfänglich sehr gut. Sie nannten sich Abgesandte, Deputirte (Députés). Sie gestanden, daß sie bloß allein Ueberbringer der ihnen gegebenen Aufträge wären (mandataires) b), und daß sie keine Vollmacht

---

a) Man sehe im zweyten Bande. S. 361.
b) Mounier exposé p. 2.

hätten eigenmächtig zu handeln. Sie waren, in Rücksicht auf die Nation, das, was die Minister in Rücksicht auf den König. Einige Mitglieder der Versammlung, **Mounier, Mirabeau, Lally,** und Andere, schrieben Briefe, an Diejenigen, von denen sie gewählt worden waren: und in diesen Briefen nannten sie dieselben ihre Kommittenten; folglich sich selbst Kommissionairs. Was einzelne Mitglieder thaten, das that endlich auch die Versammlung. Als sie, im September 1789, für nöthig hielt, einen Brief an die Nation zu schreiben, um derselben die Ursachen anzuzeigen, durch welche sie bewogen worden wäre, die patriotische Steuer (welche den vierten Theil aller Einkünfte ausmachte) auszuschreiben, da gab sie diesem Briefe den Titel: **Addresse der Nationalversammlung an ihre Kommittenten** a). Demzufolge erkannten sich die Mitglieder der Versammlung, im September 1789, noch für Kommissionairs.

Aber bald nachher, im Oktober 1789, nachdem die königliche Familie war gefangen genommen und nach Paris geführt worden, woselbst sie bewacht wurde, da sprach die Versammlung aus einem andern Tone. Schon am siebenten September sagte der Abbé **Sieyes,** als von der königlichen Genehmigung die Rede war: "Die Versammlung muß **immerwährend** (permanente) bleiben. Die Wahlen müssen, zum **Theil,** jährlich wiederholt werden, so daß immer ein dritter Theil der Nationalversammlung aus solchen Mitgliedern besteht, die schon eine zweyjährige Erfahrung haben; ein anderer Drittheil aus solchen, die schon ein Jahr gesessen haben; und der dritte Drittheil aus solchen Mitgliedern,

---

a) Man sehe Band 3. S. 29.

welche erst neulich aus den Provinzen angekommen sind, um, auf diese Weise, Uebereinstimmung in der Versammlung zu erhalten." a) Es entstand hierauf ein Streit in der Versammlung über das Wort immerwährend. Viele Mitglieder behaupteten: es wäre dieses ein zweydeutiger Ausdruck, und sie verstünden nicht, worüber eigentlich debattirt würde. Nunmehr wurde, durch Mehrheit der Stimmen, entschieden: daß dieser Ausdruck klar und deutlich genug wäre b). Am neunten September faßte die Versammlung den Beschluß: daß sie immerwährend seyn wolle c). Hieraus mußte, mit der Zeit, ein Senat entstehen. Montesquieu sagt: „Wenn der gesetzgebende Körper beständig versammelt bleibt, so kann es geschehen, daß man die Stellen der gestorbenen Mitglieder immer nur mit neuen Mitgliedern besetzt. Alsdann ist das Uebel, wenn die gesetzgebende Versammlung einmal gefährliche Grundsätze angenommen hat, unheilbar. So lange verschiedene gesetzgebende Versammlungen, der Reihe nach, auf einander folgen, so lange hofft das Volk, welches eine schlechte Meynung von der gegenwärtigen gesetzgebenden Versammlung hat, mit Recht, daß die künftige besser seyn werde. Bleibt es aber immer der nemliche Körper; dann wird das Volk, wenn es bemerkt, daß derselbe verdorben ist, keine besseren Gesetze mehr von demselben erwarten: es wird daher entweder wüthend werden, oder in eine verzweiflungsvolle Gelassenheit verfallen."

---

a) Pour entretenir l'harmonie entre les Provinces et l'Assembl e.
b) Que le mot Permanence étoit suffisamment clair et expressif.
c) Que l'Assemblée nationale sera permanente.

Am achtzehnten November des Jahres 1789 erklärte die Versammlung: daß sie keine Kommittenten mehr hätte, und daß die gegenwärtigen Mitglieder der Versammlung nicht von ihren Kommittenten zurück gerufen, oder abgesetzt werden könnten. „Die Stellvertreter" so heißt der Beschluß „welche, aus den verschiedenen Abtheilungen Frankreichs, an die Nationalversammlung abgesandt worden sind, können nicht anders, als Abgesandte aller Abtheilungen, und folglich als Abgesandte der Nation, angesehen werden. Demzufolge können die Mitglieder der Nationalversammlung niemals zurück berufen werden, und sie können ihre Stellen nicht verlieren, so lange sie sich keines Verbrechens schuldig gemacht haben." Demzufolge war die Nationalversammlung nicht, wie in England, ein stellvertretendes Parlament; sondern, wie zu Venedig, ein souverainer Senat.

Endlich, im Februar 1790, schrieb die Versammlung, an die Nation, jenen berühmten Brief, welchen man oben gelesen hat a). Dieser, von dem Bischofe von Autun aufgesetzte, Brief ist ein Meisterstück in seiner Art. Er ist vortreflich geschrieben; er enthält den Plan der Versammlung, mit versteckten Worten; und er wurde gerade zu einer Zeit bekannt gemacht, als die ganze Nation, für Freuden über den unerwarteten Schritt des Königs, die Besinnung verloren hatte, und im Taumel sich befand. In jenem Taumel wurde auch zuerst der Bürgereid vorgeschlagen und angenommen, von welchem nachher gesprochen werden soll. Zuerst von dem Briefe, oder von der sogenannten Addresse b).

---

a) Band 3. S. 168.
b) Ich bitte diese Addresse in dem dritten Bande nachzulesen.

15

Die Aufschrift lautet nun nicht mehr, wie bey dem vorigen Briefe, an die Kommittenten; sondern heißt: **Addresse der Nationalversammlung an die Frankreicher.** Vormals kamen die Befehle: DE PAR LE ROI; nunmehr aber DE PAR L'ASSEMBLEE NATIONALE. Frankreich hat demzufolge, statt einer Monarchie, eine Aristokratie; statt Eines Monarchen, ein tausendköpfiges, monarchisches Ungeheuer erhalten.

Die Nationalversammlung spricht, in diesem Briefe, nicht mehr in dem Tone bezahlter Kommissionairs; sondern in dem Tone eines Oberherrn zu seinen Untergebenen. Wenn sie mit der Nation spricht, so sollte sie, mit Anstand und Würde, als zu einem Höheren sprechen, von welchem sie abhängt a). Statt dessen befiehlt sie. Die Majestät des französischen Volkes war in dem Monate Februar 1790, schon eben so gut ein Wort ohne Sinn, als die Majestät des Königes. Es gab damals schon, in Frankreich, weiter keine Majestät, als die Majestät der Nationalversammlung. Der Römische Senat sowohl, als die Tribunen, redeten zu dem Römischen Volke niemals auf eine andere Weise, als mit ehrerbietungsvollen Zeremonien: und die Insignien der vollziehenden Gewalt, welche vor dem Konsul hergetragen wurden, mußten allemal, vor dem versammelten Volke, niedergebeugt werden. Hingegen schwang die Nationalversammlung die Keule über den Köpfen der ganzen französischen Nation: wie aus der **Zuschrift an die Frankreicher**, von welcher ich hier spreche, deutlich erhellt.

In dieser Zuschrift spricht die Versammlung, gleich im Anfange, im prahlenden Tone, von sich und von

---

a) Révolutions de Paris No. 20.

ihren Thaten. a) Sie habe sagt sie, die Grundlagen der Konstitution gelegt; die Rechte des Menschen bekannt gemacht; die Nationalversammlung an die Stelle der Reichsstände gesetzt; das Recht und die Fähigkeit, Zivil- und Militairstellen bekleiden zu können, jedem Bürger des Staates geschenkt; die Stände, nebst den Vorrechten derselben, aufgehoben; die Feudalregierung von Grund aus zerstört; die Intendanten und die Verhaftbriefe abgeschaft; Bürgerräthe eingerichtet; dem Verkaufe der Stellen ein Ende gemacht; die Verantwortlichkeit der Minister eingeführt; die Staatsschulden in Schutz genommen; Pensionen und Gnadengehalte eingezogen; die Salzsteuer abgeschaft; das verlorne Recht, Gesetze zu machen, und Auflagen zu bestimmen, der Nation wiedergeschenkt; und in den Finanzen ungeheure Ersparungen verordnet. — Dieß Alles, sagt die Versammlung, habe sie gethan.

Aber wie kann sie behaupten, daß sie der Nation das verlorne Recht, Gesetze zu machen und Auflagen zu bestimmen, wiedergeschenkt habe: Nicht die Versammlung, sondern, wie oben gezeigt worden ist, der König hat der Nation diese beyden verlornen Rechte zurück gegeben. Natürlich konnte dieses Recht nur Derjenige wegschenken, der dasselbe besaß: und es war der König, der es besaß; nicht die Nationalversammlung, welche damals noch gar nicht vorhanden war. Außerdem kann eine Nation die unvergeblichen Rechte, ihre Gesetze selbst zu machen, und ihre Auflagen selbst zu bestimmen, niemals verlieren. Sie kann wohl, durch die Gewalt des Despotismus, der Aristokratie,

oder

oder der Anarchie, auf eine Zeitlang verhindert werden, dieses Recht auszuüben: aber verlieren kann sie dasselbe niemals; denn es ist ein unvergebliches Recht. Die Nationalversammlung selbst hatte diese Wahrheit, in der Bekanntmachung der Rechte (Artik. VI. und XIV.) feyerlich anerkannt. Der Brief der Versammlung an die Frankreicher war, demzufolge, mit der Bekanntmachung der Rechte im Widerspruche.

Hierauf widerlegt die Versammlung die Vorwürfe, welche ihr gemacht wurden. Aber diese Widerlegung wird Niemand überzeugen, der nicht, schon im Voraus, für die Nationalversammlung eingenommen ist. Den wichtigsten Vorwurf berührt sie kaum; nemlich den: daß sie die, ihr von der Nation ertheilte Vollmacht, überschritten habe. Wenn die Nation der Versammlung zugerufen hätte: „Wer hat Euch bevollmächtigt, Euch für die Nation selbst zu erklären; die dreyfache Gewalt der Oberherrschaft an Euch zu reißen; die Zeit zu bestimmen, wie lange Ihr versammelt bleiben wollt; die Befehle und Aufträge Eurer Kommittenten, welche Euch Diäten bezahlen, und deren Kommissionairs Ihr seyd, als unnütze zu verwerfen und bey Seite zu setzen; die Mitglieder Eurer Versammlung für unverletzlich zu erklären, und Euch demzufolge über das Gesetz zu erheben? Wer hat Euch berechtigt, Eingriffe in das Eigenthum der Bürger des Staates zu thun; dem Könige nur eine aufschiebende Genehmigung zu gestatten; den König mit seiner Familie gefangen zu nehmen; Ihn der ausübenden Gewalt zu berauben, und dieselbe an Euch zu reißen? Wer hat Euch berechtigt, durch die Eintheilung in thätige und in unthätige Bürger des Staates, den größten

Theil der Nation von allen Rechten der Staatsbürger ganz auszuschließen? Wer hat Euch berechtigt, sogar, wie Ihr gethan habt, Euren Kommittenten (die Euch bezahlen und deren Kommissionairs Ihr seyd) zu verbieten sich, ohne Eure ausdrückliche Erlaubniß, zu versammeln? „Was würde die Versammlung auf diese Fragen haben antworten können! Sie hatte keine Vollmacht eine neue Konstitution zu gründen; sondern bloß allein Vollmacht die alte zu verbessern. Wollte dieselbe etwa behaupten: die Eidschwüre, die Glückwünschungen, und die Zuschriften, bewiesen, daß sie nicht gegen den Willen der Nation gehandelt hätte? Aber diese Zeugnisse waren weiter nichts, als eine Billigung des Eifers, mit welchem die Nationalversammlung in ihren Arbeiten fortfuhr: es war nicht eine Billigung der Arbeiten selbst. Wären die Zuschriften eine wirkliche Billigung der Arbeiten der Nationalversammlung: so müßte die französische Nation das leichtsinnigste und das flüchtigste Volk unter der Sonne seyn. Denn die Nation hätte, in diesem Falle, Kommissionairs, mit bestimmten und gemessenen Befehlen abgesandt; und nachher, als diese Kommissionairs auf die Befehle gar nicht achteten, sondern willkührlich thaten was sie selbst für gut hielten, hätte sie denselben, über ihren Ungehorsam, Beyfall zugeklatscht.

Die Nationalversammlung endigt den Brief, mit einer Auseinandersetzung derjenigen Geschäfte, welche ihr damals, nach dem von ihr selbst festgesetzten Plane, noch zu thun übrig blieben. Dieß war eigentlich der Punkt, zu welchem sie kommen wollte. Sie befürchtete, die Nation möchte, bey dem langsamen, schleichenden, und dann plötzlich wieder riesenmäßig fortschreitenden Gange der Berathschlagungen; bey dem tagelangen Debattiren über die Form eines Knopfes, über die Farbe einer Uniform, oder über die Einrichtung eines Leichenbegängnisses; und dann wiederum, bey der Umwerfung des ganzen Feudalsystems in Einer Nacht: bey diesem hüpfenden Gange der Geschäfte; bey dem abwechselnden Ruhen und Springen; bey der einschläfernden Unthätigkeit, und bey der alles zerstörenden Thätigkeit — mit Einem Worte, es möchte der Nation, bey dem gar nicht im Voraus zu berechnenden Gange ihrer Geschäfte, endlich einmal der Gedanke einfallen: wie lange will denn die Nationalversammlung noch versammelt bleiben? Um dieser Frage zuvor zu kommen, erklärt sie hier: daß sie nur so lange versammelt bleiben wolle, bis die Konstitution geendigt sey.

Endlich aber machte sich die Versammlung ganz unabhängig und souverain, als sie den Bürgereid zu schwören befahl. Wenn die Nationalversammlung ihren eigenen Grundsätzen gefolgt hätte; wenn es wahr wäre, was dieselbe, in dem sechsten Artikel der Bekanntmachung der Rechte, bekannt gemacht hatte, daß nemlich das Gesetz bloß allein der Ausdruck des allgemeinen Willens sey: dann würde es unnöthig seyn, dem Gesetze Gehorsam zu schwören; denn es wäre ja lächerlich, durch einen Eidschwur zu versichern, daß man seinem eigenen Willen folgen wolle. Ist aber das Gesetz nicht der allgemeine Wille: so ist dasselbe, zufolge des sechsten Artikels der Bekanntmachung der Rechte, kein Gesetz; und es kann demselben auch kein Gehorsam geschworen werden. Eben so mit den Steuren und Auflagen! Zufolge des vierzehnten Artikels der Bekanntmachung der Rechte, hat ein jeder Staatsbürger das Recht, über die Auflagen selbst seine Meynung zu geben; und auch die Auflagen müssen der Ausdruck des allgemeinen Willens seyn, wenn sie gültig seyn sollen. Folglich ist, auch in dieser Rücksicht, ein Eid unnöthig und überflüssig. Indessen hat die Nationalversammlung dennoch nöthig gefunden, jedem Bürger des Staates einen Eid aufzulegen, und denselben, bey jeder Gelegenheit, auf ein Neues leisten zu lassen. Dieser Eid lautet folgendermaßen: „Ich schwöre: der Nation, dem Gesetze und dem Könige getreu zu verbleiben, und so viel in meinen Kräften steht, die, durch die Nationalversammlung beschlossene, und von dem Könige angenommene Staatsverfassung, aufrecht zu erhalten." Durch einen feyerlichen, oft wiederholten Eid, hat demzufolge die Nation sich verpflichtet, den Willen der Nationalversammlung als ihren eigenen anzusehen; sich derselben, ohne Einschränkung, sklavisch zu unterwerfen; und Alles, was dieselbe zu beschließen für gut halten möchte, schon im Voraus zu billigen. Welche Inkonsequenz, in dem, am vierten Februar und am vierzehnten Julius 1790 geschwornen Bürgereide! Die Nation schwor: eine Konstitution aufrecht zu halten, die noch gar nicht vorhanden war! Sie schwor: diese Konstitution deßwegen aufrecht zu erhalten, weil dieselbe ein Werk der Nationalversammlung sey! Die Nation genehmigte, schon im Voraus, alle noch zu gebenden Gesetze. Heißt dieses nicht, mit dem gesunden Menschenverstande, mit den ersten Grundsätzen der Politik, mit der Majestät des Königs, und mit der Majestät der Nation spielen? Und diesen Eid schworen die leichtsinnigen Frankreicher mit der größten Bereitwilligkeit, mit dem größten Enthusiasmus! Als nachher die Nationalversammlung fortfuhr, unsinnige oder unausführbare Geſetze zu geben; da durften die Vernünftigen und Wohldenkenden ſich der Ausführung dieſer Geſetze nicht widerſetzen; ſie durften nicht einmal dagegen ſprechen: denn die Nation hatte ſich der Verſammlung unbedingt unterworfen; hatte unbedingt verſprochen, alle Beſchlüſſe zu billigen, und allen Befehlen derſelben zu gehorchen, ohne Widerrede zu gehorchen. Auch der König nebſt ſeiner Familie mußte ſich nunmehr Alles gefallen laſſen, was die Verſammlung über ihn zu beſchließen für gut befand. Er mußte leiden, daß Er aller ſeiner Rechte beraubt, rein ausgeplündert, beſchimpft und verſpottet wurde: und zwar nicht von der Nation; ſondern von den zwölf hundert Königen der Nationalverſammlung! O! über die geſunkenen Völker, die es wagen dürfen, von Freyheit zu ſprechen, ohne auch nur einen Begriff von derſelben zu haben!

Je mehr wir den Bürgereid zergliedern: deſto deutlicher zeigt ſich der, demſelben zum Grunde liegende, geheime Plan der Nationalverſammlung. Wäre das Geſetz, welches beſchworen werden ſollte, ein Ausdruck des allgemeinen Willens geweſen; ſo würde der zweyte Theil des Eides ein politiſcher Pleonasmus ſeyn. Wer der Nation getreu iſt, der folgt auch dem Willen der Nation; Wer dem Geſetze getreu iſt, der erhält auch, ſoviel in ſeinen Kräften ſteht, die Konſtitution: denn dieſe iſt ja nichts anders, als das Geſetz. Der zweyte Theil der Eidesformel iſt, demzufolge, eine Erklärung des erſten Theils. Er zeigt, daß derjenige Wille, dem man getreu ſeyn ſolle, nicht der allgemeine Wille, nicht der Wille der Nation, ſondern der Wille der Nationalverſammlung ſey. Es würde kaum möglich seyn, dieses deutlicher und bestimmter auszudrücken, als die Versammlung in der Eidesformel gethan hat.

Die Herren Stellvertreter der französischen Nation, die nun nicht mehr verbunden waren, den Befehlen ihrer Kommittenten zu gehorchen; die auch nicht mehr verbunden waren, ihren Kommittenten Rechenschaft abzulegen; die, ohne Einwilligung und ohne Genehmigung ihrer Kommittenten, Gesetze machen konnten, hatten alle Macht in Händen: und es hieng bloß allein von ihnen ab, was für eine Veränderung in der Regierungsform sie vornehmen wollten.

Nachdem die Nationalversammlung sich auf den Thron gesetzt, nachdem sie alle Gewalt sich allein angemaßt hatte: da gab sie das berühmte Gesetz, vermöge welches ein jeder Frantreicher, der nicht eine Mark Silber jährlicher Kontribution bezahlte, und der nicht liegende Gründe hatte (folglich der größte Theil der Nation,) von der Wahlfähigkeit zu der Nationalversammlung ausgeschlossen bleiben sollte. Vermöge eines andern Gesetzes, wurde, auch zu der Wahlfähigkeit in den Bürgerrath, ein gewisses Vermögen erfordert: und Alle Diejenigen, welche dieses bestimmte Vermögen nicht besaßen waren ausgeschlossen. Hieburch ward also die so gerühmte natürliche Gleichheit aufgehoben, und eine Aristokratie des Reichthums statt derselben eingeführt. Diejenigen Bürger, welche das bestimmte Vermögen besaßen, und folglich wahlfähig waren, hießen t h ä t i g e S t a a t s b ü r g e r. a) Worinn bestand aber die Thätigkeit dieser Staatsbürger? Wodurch verdienten diesel-

---

a) Man sehe Band 3. S. 62.

bey diesen schönen Titel? Ihre Thätigkeit bestand im Bezahlen, Gehorchen und Wählen. Dieß waren alle ihre Staatsgeschäfte, alle Rechte, die man ihnen übrig ließ.

Zufolge der Beschlüsse der Nationalversammlung, war die neue Einrichtung in Frankreich folgende: Frankreich wurde in Abtheilungen, die Abtheilungen in Distrikte, die Distrikte in Gemeinden getheilt. Jede Gemeinde versammelte sich alle zwey Jahre Einmal, um den Bürgerrath zu wählen. Außerdem wählte dieselbe noch einige Zugegebene (Adjoints) welche, mit dem Bürgerrathe vereinigt, den grossen Bürgerrath (conseil général de la commune) ausmachten. Dann gieng die Gemeinde aus einander; der grosse Rath gab die Gesetze und der kleine Bürgerrath besorgte die übrigen Geschäfte der Stadt, oder des Dorfs. Das Recht zu wählen war demzufolge, das einzige Recht, welches dem Staatsbürger, der nicht selbst gewählt ward, übrig blieb.

Die Nationalversammlung kam, mit ihren metaphysischen Spitzfindigkeiten, sehr in das Gedränge, wenn sie konsequent handeln und sich selbst nicht widersprechen wollte. Sie hatte feyerlich anerkannt: das Gesetz sey weiter nichts, als der Ausdruck des allgemeinen Willens. a) Nun entstund die Frage: wenn die Nationalversammlung ein Gesetz gibt, welches mit dem allgemeinen Willen nicht übereinstimmt, was hat alsdann das Volk zu thun? Ist es etwa kein Gesetz, weil es mit dem allgemeinen Willen nicht übereinstimmt? Oder, wenn es mit dem allgemeinen Willen nicht übereinstimmt, wie kann es dann

---

a) Mau sehe Band 2. S. 299.

zufolge der Bekanntmachung der Rechte, ein Gesetz seyn? Die Antwort auf diese Frage war sehr interessant. Sie lautete folgendermaßen: Ungeachtet der erhabenen Grundsätze, welche die Nationalversammlung bekannt gemacht hat, als dieselbe die Rechte des Menschen bestimmte; ungeachtet alles dieses schönen Wortgepränges; ungeachtet des metaphysischen Nimbus, in welchen die Versammlung ihre Orakelsprüche einhüllt; ungeachtet alles dieses, wird dennoch von der französischen Nation verlangt, daß dieselbe schweige und gehorche. Die Nation sollte fühlen lernen, daß ihre Kommissionairs nicht mehr von ihr abhiengen, sondern daß sie von ihren Kommissionairs abhänge. Die französische Nation mußte, vor dem Götzen, den sie selbst geschaffen hatte, so wie vormals Phidias vor dem von ihm selbst verfertigten Jupiter, niederfallen und anbeten. Dieses ward das der französischen Nation bestimmte Loos; das Maaß der französischen Freyheit!

Und wie unausführbar waren nicht die Beschlüsse der Versammlung in den französischen Kolonien! Wie konnten ihre Gesetze auf ein weit entferntes Land passen, welches durch Klima, Produkte, Karakter und Lebensart der Einwohner, so sehr von dem Mutterlande verschieden ist? Die Nationalversammlung hatte die Abgesandten der Inseln Martinique und St. Domingue unter sich aufgenommen, und verlangt, daß eben die Gesetze, welche künftig in Frankreich gültig seyn würden, auch in den Kolonien gelten sollten. Man machte dagegen sehr gegründete Vorstellungen. Man bewies, daß die Beschlüsse der Versammlung in den Inseln unausführbar wären; daß daraus ein gefährlicher Aufruhr entstehen würde: daß, in einem Lande, in welchem wenig Städte sind, in welchem der Landbesitzer mitten in seinem Eigenthume wohnt, um selbst über seine Plantagen zu wachen; daß, in einem solchen Lande, der Gutsbesitzer unmöglich, beynahe täglich, nach einer grossen Entfernung gehen, und seine Plantagen verlassen könnte: und dieses würde doch von ihm gefordert, wenn die Einrichtung der Gemeinden und der Bürgergerichte auch in Westindien statt finden sollte. Was sollte man nunmehr mit den Inseln anfangen? Zwang man dieselben, den Gesetzen zu gehorchen, die für Frankreich gemacht wurden und auf Westindien nicht paßten: so verlangte man von ihnen etwas ungereimtes, etwas unmögliches; es war also zu erwarten, daß sie sich und mit vollem Rechte, gegen einen solchen Befehl empören; daß sie sich frey und unabhängig zu machen versuchen würden. Zwang man sie abernicht, den französischen Gesetzen zu gehorchen; überließ man es den Inseln, sich selbst Gesetze vorzuschreiben: so waren sie für Frankreich auf immer verloren. Eine gesetzgebende Versammlung, welche neun hundert deutsche Meilen weit von der vollziehenden Gewalt entfernt sich befindet, ist so gut als unabhängig. Auch die sogenannten Menschenrechte durften in den Inseln nicht bekannt gemacht werden: sonst wären, vermöge des ersten Artikels, die Neger alle frey, und gleich ihren Herren gewesen, von denen sie doch gekauft und bezahlt worden waren.

Noch einige Bemerkungen:

Zufolge der Beschlüsse der Nationalversammlung sollte in Frankreich die Verwaltung der Justiz gar nichts mehr kosten. Unentgeltliche Gerichtshöfe, unentgeltliche Gerechtigkeitspflege: welch ein vortreflicher, erhabener Gedanke! — Ja! so scheint es dem oberflächlichen Beobachter: aber nicht dem kaltblütigen ruhig untersuchenden Denker! Vormals mußte Derjenige, der einen Prozeß hatte, auch die Kosten desselben tragen, und er mußte die Richter bezahlen. Wer keinen Prozeß hatte, der bezahlte auch keine Prozeßkosten. Nun bezahlt der Staat die Richter, vermöge einer Auflage auf die Nation, und jeder Staatsbürger, er führe Prozesse oder nicht, muß, im Verhältnisse seines Vermögens, zu ihrer Erhaltung beytragen. Daß hiedurch die öffentliche Ruhe und Sicherheit sehr leiden, daß die Prozeßsucht ausserordentlich zunehmen müsse, das springt in die Augen.

Man hat die Soldaten überredet, es sey Patriotismus, ihren, dem Könige geschwornen Eid zu brechen, und den Befehlen ihrer Offiziere nicht zu gehorchen. Einige Wochen später fordert man von den Soldaten einen neuen Eid. Wie kann man sich aber vorstellen, daß sie diesen neuen Eid besser halten werden, als den alten? Der erste wurde, mit allen nur möglichen Feyerlichkeiten, dem Könige geschworen: der zweyte einem Bürgerrathe, vielleicht in einem kleinen, unbedeutenden Landstädtchen; welcher von beyden Eiden sollte wohl grössern Eindruck gemacht haben?

Hat nicht die Nation ein Recht, ihren Abgesandten, ihren Kommissionairs, zuzurufen: „Ihr konntet uns glücklich, sehr glücklich machen, wenn ihr unsere Aufträge befolgt hättet. Ihr habt diese Befehle, diese Aufträge, nicht geachtet; Ihr habt Euch sogar als unabhängig von Denjenigen angesehen, von denen Eure Vollmacht herkam. Auf diese Weise seyd Ihr aus einem Irrthum in den andern gefallen. Endlich habt Ihr Euch sogar in den Kopf gesetzt, daß Ihr berufen wäret, Frankreich eine ganz neue Verfassung zu geben: und, statt dessen, habt Ihr weiter nichts gethan, als die alte Verfassung umzuwerfen. Eurer unbesonnenen Thätigkeit ist der Untergang des Staates zuzuschreiben!"

Das ganze Lehengebäude war in Frankreich, wie oben schon erzählt worden ist, a) aufgehoben und zerstört worden. Das Lehen war in Allod umgeschaffen worden, der Eid der Lehenstreue sollte aufhören, und die Lehensherrlichkeit verschwinden; die Lehensherren sollten sämmtliche lehensherrliche Rechte verlieren und die, bisher bezogenen, Lehens-Utilitäten ferner nicht geniessen. Die Gesetze von Erstgeburt und von männlicher Sukzession sollten ferner nicht gelten; eine gleiche Vertheilung des Guts unter die Erben des neuen Besitzers sollte an die Stelle des herkömmlichen Majorats treten. Die Lehen- und Gutsherren verloren einen grossen Theil ihrer bisherigen Einkünfte. Sie verloren die Frohnden, die herrschaftlichen Bannrechte, die sogenannte Nothsteuer, alle Arten von Grundzinsen, Umgeld, Akzisen, Gilten, Schutzgelder, Lösungsgelder der Handlungsfreyheit, Zehenden, u. s. w. Kraft dieser Verordnungen sollten auch die Deutschen Fürsten alle ihre Rechte, welche sie, **unter deutscher Oberherrschaft**, bisher im Elsasse ausübten, ver-

---

a) Man sehe Band 2. S. 207.

lieren. Man nahm ihnen die hohe und niedere Gerichtsbarkeit; das Ernennungsrecht der öffentlichen Beamten, Ortsvorstände und Magistrate; die forstliche Obrigkeit in ihren beträchtlichen Waldungen; die Leibeigenschaftsrechte und das ausschließliche Recht zu jagen. Ferner: Huldigungsgelder, Kopf- und Güter-Steuer, Beysaßengelder, Frond- und Salzgelder, Zoll, Atzis, Umgeld u. s. w. sollten nun auf Einmal aufhören: auch sollten sie, gegen Herkommen und Besitz, künftig Steuern, und andere Staaatsbedürfnisse, mit tragen helfen. a) Noch mehr litten die geistlichen Stände des Deutschen Reiches. Die Nationalversammlung beeinträchtigte die Diöcesanrechte der Deutschen Erzbischöfe und Bischöfe im Elsaß und in Lothringen, so wie die Deutsche Reichsunmittelbarkeit einzelner, geistlicher Staatskörper. Die Beschlüsse der Versammlung wurden vollzogen. Zu Sedan, in der Abtheilung der Ardennen, schritt man zur Wahl eines neuen Bischofes, und wies demselben einen beträchtlichen Theil der Erzbischöflich-Trierischen Diözes (die aus dem Dekanate Carignan, sammt den dazu gehörigen Pfarreyen besteht,) ohne weiteres zu. b) Der Distrikt am rechten Ufer der Queich ward der Speyrischen Diözes entzogen, c) und die Metropolitenrechte der Deutschen Herren Erzbischöfe wurden vernichtet. Das

---

a) Flüchtige Betrachtungen über die Kurbraunschweigische Ministerial-Note. S. 13.

b) Pro Memoria des Kurtrierischen Gesandten am Reichstage vom 31. Dezember 1790.

c) Hirtenbrief Sr. Fürstl. Gnaden zu Speyer vom 24. Dez. 1790. Flüchtige Betrachtungen. S. 25.

Domstift zu Strasburg, welches nebst seinem Oberhaupte unter dem Schutze des Deutschen Reichs stehet, mußte leiden, daß ihm alle Papiere und Dokumente entrissen, die Kirchengeschirre und Ornate zum Theil zerstreuet, zum Theil versiegelt, in der Kirche selbst alle gottesdienstlichen Verrichtungen eingestellt, der Herr Fürst-Bischof, wegen nicht geleistetem Priestereide, seiner bischöflichen Würde verlustig erklärt, und ein anderer an seiner Stelle gewählt wurde. a) Ein ähnliches Schicksal betraf auch das unmittelbare Stift zu Weisenburg und die Abtey Wadgasten. b) Die letztere wurde mit militairischer Gewalt zur Nachgiebigkeit gezwungen, und mit den Waffen in der Hand inventirt.

In dieser Lage der Dinge wendeten sich die Deutschen Fürsten an den König von Frankreich, und forderten Ihn auf, ihre Rechte und Befugnisse gegen die Nationalversammlung in Schutz zu nehmen. Der König, welcher einsah, wie gegründet diese Klagen der Deutschen Reichsfürsten wären, stellte der Versammlung die Wichtigkeit der Verträge vor, unter deren Schutz die reichsständischen Besitzungen, Rechte und Befugnisse in Lothringen und im Elsasse stünden. c) Die Nationalversammlung nahm auf die

---

a) Flüchtige Betrachtungen. S. 25.
b) Ebendaselbst. S. 26.
c) Je ne dois négliger, sagte der König, de faite observer à l'Assemblée nationale, que l'ensemble des dispositions applicables à la question présente est d'autant plus digne de réflexion, que dans le nombre des droits seigneuriaux, dont l'assemblée voudroit déterminer l'abolition

sehr gegründeten, Vorstellungen und Bemerkungen des Königs, nicht die mindeste Rücksicht. a) Sie sah die Deutschen Fürsten, und andere Glieder des Deutschen Reiches, in Rücksicht auf ihre Besitzungen im Elsaße, bloß für Vasallen und Unterthanen Frankreichs an, und beurtheilte ihre Wünsche, Klagen und Beschwerden, nach den, bey Irrungen zwischen Vasallen und Lehnherren, zwischen Unterthanen und Fürsten, zu befolgenden Grundsätzen. b)

Nunmehr wendeten sich die gekränkten Reichsstände, die Herren Fürst-Bischöfe zu Speyer und Straßburg, das Domkapitel zu Straßburg, die Geistlichkeit des untern Elsaßes, das Stift Murbach, der Johanniter-Meister zu Heidesheim, und Hessen-Darmstadt, an das gesammte Reich. c) Diese Angelegenheit wurde bey dem Wahlkonvente zur Sprache gebracht, und vorher noch beschlossen, mit Rücksicht auf die vorgeschlagenen Zusäze von Kur-Trier, ein dringendes Kurkollegialschreiben an das künftige Reichs-Oberhaupt, zur Rettung der Reichsrechte und Mitstände zu erlassen. d) Demzufolge schrieb der Kai-

---

sans aucune indemnité, il en est, qui appartiennent à des Princes étrangers, qui ont de grandes possessions en Alsace. Ils en jouissent sous la foi et la garantie des traités les plus solemnels, et en apprenant le projet de l'assemblée nationale ils ont déja faits de réclamations dignes de la plus sérieuse attention.

a) Man sehe Band 2. S. 286.
b) Flüchtige Betrachtungen. S. 16.
c) Reuß Staatskanzley. Band 24. 25.
d) Abänderungen und Zusäze zu der Wahlkapit. Josephs des II. bey Gelegenheit der Wahl Leopolds des II. 1790. S. 35. Flüchtige Betr. S. 27.

ſer **Leopold**, einige Monate nach Seiner Erhebung auf den deutſchen Kaiſerthron, am 14. Dezember 1790, an den König von Frankreich den folgenden Brief: a)

„**Leopold der Zweyte, von Gottes Gnaden Römiſcher Kaiſer, u. ſ. w. Ludwig Auguſt, dem Allerchriſtlichſten Könige** unſern Gruß zuvor, u. ſ. w.

„**Durchlauchtigſter, Großmächtigſter und Allerchriſtlichſter Fürſt, Vielgelieter Bru-**

---

a) Leopoldus secundus, divina favente clementia electus Romanorum Imperator, semper Augustus etc. serenissimo et potentissimo Principi, Domino Ludovico Augusto, Regi christianissimo, fratri, consobrino et affini nostro charissimo, salutem ac fraterni amoris, omnisque felicitatis continuum ac perpetuum incrementum. Serenissime, potentissime et christianissime princeps, frater, consobrine et affinis charissime! Majestati Vestrae non est incognitum, quam sincero mentis affectu in colendam cum omnibus, potissimum cum vicinis nostris pacem feramur, quam praecipuam erga foederatam nobis Majestatem Vestram suumque Regnum foveamus amicitiam.

Ipsum hoc studium Nostrum nos excitat, ut eandem quoad Imperium Romano-Germanicum cum natione Gallicana firmari cupientes concordiam, incunctanter Majestati Vestrae exponamus ea, de quibis in ipso Imperialis Nostri regiminis ingressu, integrum Electorale Collegium nos intuitu Congregationis suae nationalis enixissime imploravit.

Ediderat inde a mense Augusto superioris anni Congretatio Nationalis quaedam Conclusa, quibus membra non pauca imperii Nostri se

der, Vetter und Schwager. Eurer Majestät
ist nicht unbekannt, wie aufrichtig Wir wünschen,
mit Allen, am meisten mit Unseren Nachbarn, Friede
zu erhalten, und mit welcher vorzüglichen Freundschaft
Wir gegen Eure, mit Uns verbündete Majestät
sowohl, als gegen Ihr Reich belebt sind."

„Zufolge dieser Gesinnungen, und weil Wir wünschen, das gute Vernehmen, welches zwischen dem
deutschen Reiche und der französischen Nation statt
findet, noch mehr zu befestigen, glauben Wir, ohne
Verzug,

contra pacificationes publicas admodum gravari
conqueruntur: his gravaminibus medelam ferri
Electorale Collegium nunc ardenter desiderat.
Quidnam pax Monasteriensis, hancque subsecu-
tae pacificationes alteriores imperium Nostrum
inter et Regnum Galliae disponunt circa loca
in Alsatia et Lotharingia cessa sub expressa
reservatione jurium ordinatuum ac Metropoli-
tanatuum, nec non Commendarum, bonorum,
redituum ac jurium, a membris imperii Nostri
possessorum, id Majestas Vestra notum habebit et perspectum: hosce per pacificationes et
reservationes istas positos obices per Conclusa
nationalia perrumpere sanctitati pacificatiouum,
quam inclyta Natio sua colere curae cordique
sibi habebit, non foret consentaneum. Quoad
ditiones ab Antecessoribus Nostris Imperatori-
bus et Imperio Nostro in Regnum Galliae
translatas, sed ad suprematum Imperatoris et
imperii pertinentes ipsam Majestatem Vestram
non poterit fugere, quod nulli membro
Imperii competat facultas, jus suprematus
in possessiones suas Imperatori et Imperio com-
petens in ullam exteram nationem transscri-
bendi.

Verzug, Eurer Majestät die dringenden Forderungen vorlegen zu müssen, welche das Kollegium der Kurfürsten, bald nachdem Wir den kaiserlichen Thron bestiegen, in Rücksicht auf die Verhandlungen der französischen Nationalversammlung, an Uns hat gelangen lassen."

„Die genannte Versammlung hat, in dem Monate August des vorigen Jahrs, verschiedene Beschlüsse gefaßt, gegen welche mehrere Mitglieder des deutschen Staatskörpers Klage erheben, indem diese Beschlüsse

His secundum regulas justi et aequi riti, perpensis idem resultat, quod nunc Collegium Electorale Imperii cum singulis membris Imperii, quae gravata se esse conqueruntur, efflagitat, et quod fiat, atque sic Conclusa congregationis nationalis quoad imperium ejusque membra limitentur, id Majestati Vestrae maximopere commendamus.

Quod si hoc in actum deducatur, eo ipso omnia inde a mense Augusto superioris anni per Conclusa nationalia innovata, quatenus imperium Nostrum ejusque membra concernunt, in pristinum statum reducentur, simulque omnes imperii Nostri ordines cognoscent, quam amice cum imperio Nostro Majestas Vestra sentiat; et quam sanctae sint et maneant Nationi suae pacificationes cum imperio Nostro feliciter subsistentes.

Aequanimitas Majestatis Vestrae ac inclytae Nationis Gallicanae Nobis amicissime Nos non sinit dubitare, quin praestitamur, responsio desideriis Nostris futura sit plenarie consentanea, unde eandem quam primum obtinuerimus, ut novum amicissimae Vicinitatis documentum omnibus Imperii Nostri ordinibus laetanter communicare festinabimus. Eidem simul

gegen die öffentlichen Verträge streiten. Die Versammlung der Kurfürsten verlangt dringend, daß die Ursache dieser Klagen möge gehoben werden."

"Eure Majestät ist mit den Verfügungen des Friedensschlusses zu Münster, sowohl als mit den, nachher, zwischen dem deutschen Reiche und der Krone Frankreich geschlossenen Traktaten, hinlänglich bekannt. Diese Traktaten betreffen, die im Elsasse und in Lothringen liegende Oerter, welche der Krone Frankreich überlassen worden sind, mit dem ausdrücklichen Vorbehalte aller Rechte, sowohl der gewöhnlichen als der bischöflichen Rechte; so wie auch der Kommenthuren, Güter, Einkünfte und Rechte; welche Gliedern unsers Reiches gehören. Nun würde es der, der Heiligkeit der Traktaten schuldigen Ehrfurcht, entgegen seyn; einer Ehrfurcht, welche Eure erlauchte Nation sich zu bezeigen so angelegen seyn läßt: wenn man, durch bloße nationelle Beschlüsse, so feyerliche Verträge umstoßen wollte. Was aber diejenigen Ländereyen und Güter betrifft, welche, von den Kaisern, unse-

---

prosperrima quaevis ex animo exoptamus. Datum Viennae die 14. Decembris 1790. Regnorum nostrorum Romani nec non Hungarici et Bohemici primo anno.
     Majestatis Vestrae
   Bonus Frater, Consobrinus et Affinis
     LEOPOLDUS mpp.
Ut princeps Colloredo Mannsfeld.
    Joh. Bapt. Lib. Bar. ab Horix.
  Inscriptio.
Serenissimo et potentissimo Principi, Domino Ludovico Augusto, Regi Christianissimo, Fratri, Consobrino, Affini nostro Charissimo.

ren Vorfahren, und von dem Reiche, dem Königreiche Frankreich zwar sind überlassen worden, welche aber dessen ungeachtet der Oberherrschaft des Kaisers und des Reiches noch unterworfen sind: so kann es Eurer Majestät nicht unbekannt seyn, daß kein einziges Glied des deutschen Staatskörpers das Recht habe, irgend einer fremden Nation, die, dem Kaiser und dem Reiche zugehörige, höchste Gewalt über seine Länder, irgend einer andern Nation abzutreten."

„Diese, auf Gerechtigkeit und auf Billigkeit sich stützenden Grundsätze, ruft die Versammlung der Kurfürsten, zu Gunsten derjenigen Glieder des deutschen Staatskörpers an, welche durch die Verhandlungen der Nationalversammlung gefährdet worden sind. Und, zufolge dieser Grundsätze, ersuchen Wir inständigst Eure Majestät, auf die, hierauf gestützten Forderungen, Rücksicht zu nehmen; damit die Beschlüsse der Nationalversammlung nicht auf das Reich und Dessen Glieder ausgedehnt werden mögen."

„Wird dieses zugegeben, so folgt daraus, natürlicherweise: daß alle Neuerungen, welche, zufolge irgend eines, nach dem August des vorigen Jahrs gefaßten, Beschlusses der Nationalversammlung vorgenommen worden sind, aufhören müssen, in so ferne dieselben unser Reich und Dessen Glieder betreffen; und daß, in dieser Rücksicht, Alles in denjenigen Stand gesetzt werden müsse, in welchem es sich vor dem genannten Zeitpunkte befand. Eine so gerechte Handlung wird alle Glieder des deutschen Staatskörpers überzeugen, daß Eure Majestät gegen Unser Reich freundschaftliche Gesinnungen hegen; so wie auch, daß die französische Nation Ehrfurcht für die

Verträge hege, welche, so erwünscht, zwischen derselben und zwischen Unserem Reiche vorhanden sind."

"Die Gerechtigkeit Eurer Majestät und der erlauchten französischen Nation, Unserer vielgeliebten Freundin, erlaubt Uns nicht einmal zu zweifeln, daß die Antwort, welche Wir Eure Majestät ersuchen Uns so bald als möglich zukommen zu lassen, nicht in allen Stücken Unserem Verlangen, und Unseren Wünschen entsprechen sollte. Sobald Wir dieselbe werden erhalten haben, werden Wir sie, mit der größten Freude und Schnelligkeit, allen Ständen des Reiches mittheilen, als einen neuen Beweis der Freundschaft und der guten Nachbarschaft. Indessen wünschen Wir Eurer Majestät Glück und Wohlfahrt."

Geschrieben zu Wien, am 14. Dezember 1790."

"Euer Majestät guter Bruder, Vetter und Schwager."

"LEOPOLD."

"Der Fürst von Colloredo Mansfeld."

Diesen freundschaftlichen Brief des Kaisers übersandte, am 28. Januar 1791, der Minister, Herr de Montmorin, der Nationalversammlung, begleitet mit folgendem Briefe, von ihm selbst, an den Präsidenten der Versammlung:

"Mein Herr Präsident."

"Der König befiehlt mir, der Nationalversammlung den Brief mitzutheilen, den Seine Majestät, in Rücksicht auf die Ansprüche der Fürsten und der verschiedenen Glieder des deutschen Reichs, welche Besitzungen in dem Elsasse haben, von dem Kaiser erhalten hat. Ich habe die Ehre, Ihnen beyliegend eine treue Uebersetzung dieses Briefes zu übersenden, dessen Original in lateinischer Sprache geschrieben ist. Seine Majestät hat anfänglich dafür gehalten, daß es hinlänglich seyn würde, wenn ich denselben dem diplomatischen Ausschusse der Nationalversammlung mittheilte. Dieses that ich damals. Aber die verschiedenen Uebersetzungen dieses Briefes, welche in das Publikum gekommen sind, und die Besorgnisse, welche dieselben veranlaßt zu haben scheinen, haben Seine Majestät bewogen, der Nationalversammlung eine öffentliche und authentische Abschrift desselben mittheilen zu lassen. Der König hat mir zu gleicher Zeit befohlen, der Versammlung Nachricht zu geben, daß vor diesem offiziellen und seit langer Zeit vorhergesehenen Schritte des Oberhaupts des Reiches, die freundschaftlichsten und beruhigendsten Erläuterungen Leopolds des Zweyten vorhergegangen, und auch auf denselben gefolgt sind. a) Auch soll ich der Nationalversammlung zu wissen thun, daß die Gesinnungen der übrigen vorzüglichen europäischen Höfe, weit entfernt feindselige Plane gegen uns vermuthen zu lassen, vielmehr den Wunsch ankündigen, in Uebereinstimmung und in gutem Vernehmen mit uns zu leben. Indem der König mir befiehlt, der Nationalversammlung diese allgemeinen und beruhigenden Nachrichten mitzutheilen, ist Er weit entfernt, dieselbe von Maßregeln der Klug-

---

a) Le Roi m'a en même tems ordonné, d'informer l'Assemblée, que cette démarche officielle, et prévue depuis long tems du Chef de l'Empire, avoit été précédée et suivie des explications les plus amicales et les plus satisfaisantes de Léopold II.

heit uns der Vorsicht zurück halten zu wollen, welche
sie, in ihrer Weisheit, sich vornehmen möchte Ihm
vorzulegen. Es ist zu wichtig, von der Zeit der
ersten Bildung unserer Konstitution sogar den Anschein
äußerer Unruhen zu entfernen, als daß eine Vorsicht,
welche in einem andern Zeitpunkte kaum nöthig seyn
würde, nicht jetzt nöthig seyn sollte; zu einer Zeit,
wo verschiedene Gerüchte ausgebreitet werden, welche
dazu beytragen, die Gemüther zu beunruhigen, und
die öffentliche Ruhe zu stören. Die Geschäfte, welche
mir anvertraut sind, erlauben mir zu selten mich mit
der Nationalversammlung zu unterhalten, als daß ich
nicht begierig diese Gelegenheit ergreifen sollte, um
dieselbe zu bitten, überzeugt zu seyn, daß ich niemals
aufhören werde, die Pflichten vor Augen zu haben,
welche die Beweise des Wohlwollens und der Achtung,
mit denen sie mich beehrt hat, mir auflegen. Diese
Gesinnungen, von Seiten der Versammlung, sind
mir um so viel wichtiger, und um so viel nothwendiger, weil die Art der Geschäfte, welche ich zu führen verbunden bin, mancherley Beschuldigungen aus-
setzt, und die zum Theil von Personen gemacht werden, welche von dem Gange der politischen Geschäfte
nicht den entferntesten Begriff haben. Rechtfertigung
würde jederzeit schwer, zuweilen unmöglich, und zuweilen sträflich seyn. Ich sage sträflich, weil jede
Bekanntmachung, welche, ohne andere Absicht als
den Minister zu rechtfertigen, das öffentliche Wesen
in Gefahr setzen könnte, in meinen Augen sträflich
wäre. In dieser Lage würde sich sehr oft der Minister der auswärtigen Geschäfte befinden, wenn er nicht
des Zutrauens der Stellvertreter der Nation sich ver-

ſichert hielte. Beehrt durch mehrere Beweiſe dieſes
Zutrauens, wage ich es, die Fortſetzung deſſelben zu
verlangen, in der Ueberzeugung, daß ich mich deſſelben, durch die Rechtſchaffenheit und durch die Reinig-
keit meiner Geſinnungen, ſo wie durch meine Anhänglichkeit an die Konſtitution, jederzeit würdig machen
werde. Ich bin mit Hochachtung u. ſ. w.

„Montmorin.‟

Kein Miniſter, unter allen, war ſo ängſtlich be-
ſorgt der Nationalverſammlung zu mißfallen; keiner,
unter allen, ſchmeichelte der Nationalverſammlung
auf eine ſo empörende und ſo abgeſchmackte Weiſe, als
der Graf Montmorin!

Nachdem der vorſtehende Brief in der Verſammlung abgeleſen worden war, verlangte man, daß derſelbe gedruckt werden ſollte. Da ſtand Herr Reubel
auf, und rief aus: „Ich widerſetze mich dieſem Vor-
ſchlage. Zwar wird der Brief ohnehin gewiß gedruckt
werden. Aber dieß darf nicht auf Befehl der Nationalverſammlung geſchehen. Denn, wie könnte die
Verſammlung den Druck eines Briefes befehlen, in
welchem Herr de Montmorin uns ankündigt: der
Kaiſer ſchreibe ganz anders als Leopold!‟

In Rückſicht auf dieſe Bemerkung wurde der Druck
des Briefes nicht befohlen.

Da der vorgeleſene Brief des Kaiſers, verbunden
mit einigen andern bedenklichen Umſtänden, die Frankreicher, wegen der Sicherheit ihrer Gränzen, ſehr be-
ſorgt gemacht hatte: ſo las Mirabeau, im Namen
des diplomatiſchen Ausſchuſſes, an eben dieſem Tage
(28. Januar) einen Bericht vor, in welchem er die
damalige politiſche Lage Europens meiſterhaft ſchilderte.

„Wenn es bloß darauf ankäme (so sprach er) den Franzreichern die Furcht zu benehmen; so würden wir zu ihnen sprechen: Habt mehr Zutrauen auf Euch selbst, und auf den eigenen Vortheil Eurer Nachbarn! Der Turiner Hof wird nicht ein, ihm nützliches Bündniß, einheimischem oder fremdem Grolle aufopfern. Er wird nicht seine Politik nach seiner Lage abmessen. Die freye Schweitz, die den Traktaten getreue Schweitz, beynahe ein Theil von Frankreich, wird dem Despotismus, den sie gestürzt hat, weder Waffen noch Soldaten liefern. Sie würde sich schämen, Verschwornen Schutz zu geben, und Rebellen zu unterstützen. Leopold war selbst Gesetzgeber, und seine Gesetze fanden ebenfalls Widersprecher und Feinde. Er hat eine zahlreiche Armee; Er hat weit ausgedehnte Gränzen. Sollte er auch den Krieg lieben, ungeachtet er seine Regierung mit einem Friedensschlusse angefangen hat, so würde seine Politik ihm nicht erlauben, gegen Mittag seine Waffen zu kehren. Sollte er wohl jenen Provinzen, die noch, zwischen dem Uebermaße einer Freyheit welche man ihnen verdorben hat, und zwischen der Klugheit einer Unterwerfung welche nur so lange dauern kann als dieselbe erträglich seyn wird, hin und her wanken, zeigen wollen, wie Diejenigen den Ueberwindern widerstehen, die in ihrem eigenen Lande über die Tyranney gesiegt haben? Fürchtet Ihr etwa, einige deutsche Fürsten, die sich stellen, als glaubten sie, die Regierungsform einer unumschränkten Nation hätte mit der Ausübung ihrer Gesetze vor einigen privilegirten Theilen ihres Landes stille stehen sollen? Könnte es wohl mehr der Vortheil dieser Fürsten seyn, Krieg führen zu wollen, als auf eine vortheilhafte Weise zu unterhandeln? Und könnten sie sich in Gefahr setzen wollen, die Entschädigung, welche Eure Gerechtigkeit ihnen anbietet, zu verlieren? Mag doch, in barbarischen Jahrhunderten, das Feudalrecht ein Schloß gegen das andere bewaffnet haben: es läßt sich begreifen. Aber daß ganze Völker Krieg führen sollten, um einige Bauerhütten in der Knechtschaft zu erhalten: das glauben selbst Diejenigen nicht, welche solche Drohungen im Munde führen. Vielmehr ist es klar, daß, wenn die Fortschritte unserer Revolution unsern Nachbarn Furcht einflößen, diese Furcht selbst uns Bürge seyn muß, daß sie nicht durch gefahrvolle Herausforderungen, unsere Ruhe stören werden! — Oder sind es etwa einige ausgewanderte Frankreicher, einige heimlich geworbene Soldaten, die Euch Schrecken einjagen? Aber hat sich denn nicht der Haß solcher Feinde bis jetzt in unmächtigen Drohungen ergossen? Wo sind ihre Bundesgenossen? Welche große Nation wird ihrer Rachsucht fröhnen; welche wird ihnen Waffen und Subsidien liefern; welche wird ihnen den Betrag der Auflagen, das Blut der Staatsbürger aufopfern wollen? — Oder fürchtet Ihr England? Bey andern europäischen Mächten ist es hinlänglich, in die wahrscheinlichen Gesinnungen der Kabinetter einzudringen. Wenn aber von Großbrittanien die Rede ist, dann muß man auch auf die Stimme des Volkes hören. Was haben wir von dem engländischen Ministerium zu hoffen, oder zu fürchten? Von jetzt an schon die grossen Grundlagen einer ewigen Brüderschaft zwischen seiner Nation und der unsrigen zu legen, würde eine eben so tugendhafte als seltene Politik verrathen. Erst noch den Ausgang abzuwarten; sich in Bereitschaft setzen, um eine Rolle spielen zu können; und vielleicht Europa beunruhigen, um nicht müßig zu bleiben: so würde ein Intrigenmacher verfahren, welcher die Fama einen Tag lang in Bewegung setzt, weil er nicht Ansehen genug besitzt, um sich mit einer wohlthätigen Verwaltung begnügen zu können. Wohlan! Das engländische Ministerium befindet sich jetzt auf diesem Scheidewege. Wird es auf demjenigen Wege fortgehen, auf welchem das Gute ohne grosses Aufsehen zu finden ist? oder auf demjenigen Wege, auf welchem grosses Aufsehen, aber vielleicht auch schreckliche Schläge sich befinden? Ich weiß es nicht. Aber das weiß ich, daß es nicht klug gehandelt seyn würde, auf Ausnahmen und auf politische Tugenden zu rechnen. Darum ersuche ich Euch, in dieser Rücksicht nicht allzu sicher zu seyn. Jedoch darf ich, zu einer Zeit, in welcher man bey uns die engländische Nation verläumdet, wegen des Druckes der Schrift eines Mitgliedes des Unterhauses, welchen jeder Bewunderer grosser Talente, mit Betrübniß, unter der Zahl der abergläubigen Widersacher der menschlichen Vernunft gesehen hat; a) zu einer solchen Zeit, darf ich nicht verschweigen, was ich aus sicheren Quellen erfahren habe: das nemlich die engländische Nation sich gefreut hat, als wir die charta magna der Menschheit bekannt machten, welche wir unter den Trümmern der Bastille gefunden hatten. Ich darf nicht verschweigen, daß, wenn gleich einige unserer Beschlüsse gegen die bischöflichen

---

a) Mirabeau spielt hier auf die berühmte Schrift des Burke an.

oder politischen Vorurtheile der Engländer angestoßen haben, sie dennoch unserer Freyheit sich freuen; weil sie wohl einsehen, daß alle freye Völker unter sich eine Assekuranzgesellschaft gegen die Tyrannen errichtet haben. Ich darf nicht verschweigen, daß, mitten aus diesem, in seinem eigenen Lande so achtungswürdigen Volke, eine schreckliche Stimme gegen diejenigen Minister sich hören lassen würde, die es wagen dürften, einen blutdürstigen Kreuzzug gegen uns zu leiten, um unsere Konstitution anzugreifen. Mitten aus jenem, für die Freyheit klassischen Lande, würde ein Vulkan ausbrechen, um die sträfliche Parthie zu verschlingen, welche an uns die traurige Kunst versuchen wollte, Völker zu unterjochen, und denselben die, von ihnen zerbrochenen Ketten, wiederum anzulegen. Diese öffentliche Meynung werden die Minister nicht verachten. Sie macht zwar in England nicht so grossen Lärm, aber sie ist stärker und unveränderlicher, als bey uns. Ich fürchte daher keinesweges einen öffentlich erklärten Krieg. Die bedrängten Umstände ihrer Finanzen; die Regierungskunst ihrer Minister; die Großmuth der Nation; und die aufgeklärten Männer, welche sich, in so grosser Anzahl, unter derselben befinden, sind mir Bürge für alle geraden Angriffe. Aber heimliche Manövers; geheime Mittel, um Zwietracht anzufachen; um beyde Partheien im Gleichgewichte zu erhalten; um die eine Parthie durch die andere zu schwächen; um sich unserer Wohlfahrt zu widersetzen: dieß, dieß hätte man vielleicht von einigen übelgesinnten Politikern zu besorgen. Sie könnten hoffen, daß, durch Verlängerung der Zwietracht; durch Begünstigung unserer politischen Streitigkeiten; durch Versprechungen den Mißvergnügten gemacht; durch Erlaubniß, einem unserer wahnsinnigen Erminister (Calonne) gegeben, den Mißvergnügten einige unbestimmte Versprechungen zu machen; durch heftige Schriftsteller, die man gegen uns aufstellt: sie könnten hoffen, uns zuletzt den Despotismus und die Freyheit gleich verhaßt zu machen; uns an uns selbst verzweifeln zu machen; uns langsam aufzuzehren; und uns an einer politischen Schwindsucht sterben zu sehen..... Von solcher Art könnten die krummen Gänge der Politik des Kabinets seyn, ohne Theilnehmung, ja sogar ohne Vorwissen des engländischen Volks. Allein eine so niederträchtige Politik, welche man bloß von einem Feinde des menschlichen Geschlechts erwarten müßte, ist so kurzsichtig, daß nur sehr gemeine Menschen sich derselben bedienen könnten, und daß sie in unserem Zeitalter eben nicht sehr zu befürchten ist. Frankreicher! werft nun Eure Augen über unsere Gränzen! Ihr seht Nachbarn, welche, so wie wir, des Friedens, und keiner Feinde bedürfen. Ihr seht Menschen, welche man nicht mehr so leicht, um ungerechter Kriege willen, in die Schlacht führen wird; Staatsbürger, welche, weniger frey als wir, heimlich unsere Fortschritte in der Revolution mit Vergnügen betrachten, gleichsam als eine Hoffnung die ihnen allen bleibt. Nun übersecht die Fläche unseres Reiches, und fühlt Ihr Mißtrauen, so lernt auch Eure Kräfte kennen. Man hat Euch gesagt: Ihr hättet keine Armee mehr, da doch alle Eure Staatsbürger Soldaten sind; Ihr hättet kein Gold mehr, da doch, bey der mindesten Gefahr, alles Vermögen der Staatsbürger den öffentlichen Schatz ausmachen würde; ein Krieg könnte Eure

Konstitution beunruhigen, gleichsam, als wenn nicht die Zelten eines Lagers alsobald der Zufluchtsort der Gesetzgeber desjenigen Volkes werden würden, welches seine ersten Gesetze auf dem Märzfelde gab. Wo ist er, der unsinnige Tyrann, der sich der Gefahr aussetzen wollte, zu erobern was er nicht behalten könnte? Wenn der grössere Theil einer Nation frey bleiben will, giebt es alsdann irgend eine Art von Macht, welche verhindern könnte, daß sie frey bliebe!"

Am 13. März schrieb der Minister, Herr de Montmorin, folgenden Brief an den diplomatischen Ausschuß der Nationalversammlung, über die Lage des Reiches, und über die Gesinnungen der auswärtigen Mächte:

„Ich habe den Brief erhalten, welchen Sie mir die Ehre erwiesen am siebenten an mich zu schreiben, und in welchem Sie mich ersuchen, Sie in den Stand zu setzen, der Nationalversammlung Rechenschaft ablegen zu können, über die Maßregeln, welche, in dem mir übertragenen Departement, genommen worden sind, um, zufolge der Beschlüsse der Versammlung, die Gränzen sicher zu stellen. Die Maßregeln, welche von dem mir anvertrauten Departement abhängen, können in weiter nichts bestehen, als in einer genauen und wachsamen Aufsicht über alles Dasjenige, was uns beruhigen könnte. Der König hat mir, in dieser Rücksicht, die allergemessensten Befehle gegeben, und diese habe ich den Gesandten, welche an der Gränze sich befinden, übersandt. Die Antworten, die ich von denselben erhielt, enthalten bis jetzt nicht eine einzige Thatsache, welche uns in Besorgniß setzen könnte. Da man aber, über Nachrichten, deren Grad von Wahrscheinlichkeit ich nicht bestimmen kann, dennoch besorgt ist: so habe ich, im Namen Seiner Majestät, den Befehl gegeben, die Wachsamkeit zu verdoppeln. Und, unabhängig von den allgemeinen Maßregeln, welche dem gewöhnlichen Gange der Geschäfte gemäß sind, habe ich noch andere Maßregeln genommen, vermöge welcher ich, auf das Allergenaueste, Alles erfahren werde, was an solchen Orten vorgeht, wo wir keine Gesandten haben, in so ferne es auf die Sicherheit unsrer Gränzen Einfluß haben könnte. In kurzer Zeit werde ich ganz zuverläßig erfahren: ob das Gerücht, welches sich verbreitet hat, gegründet ist, und in wie ferne dasselbe gegründet ist. Ich werde es mir zu Pflicht machen, den diplomatischen Ausschuß, und vorzüglich das Kriegsdepartement, davon zu benachrichtigen: denn meine Pflicht besteht darinn, demselben, zu rechter Zeit, Nachricht von den Gefahren zu geben, welche uns drohen könnten; und ihm liegt es ob, sich in Bereitschaft zu setzen, um die Gefahr abzuwenden. Auch rechne ich unter die Maßregeln, welche dazu dienen, die Ruhe im Inneren und von außen zu erhalten, die Negoziationen, welche nunmehr mit denjenigen deutschen Fürsten, die Guter in Frankreich besitzen, sind angefangen worden. Der Beschluß, durch welchen der König ersucht wird, diese Unterhandlungen anzufangen, wurde mir, am ersten Dezember 1790, von dem Herrn Siegelbewahrer zugesandt, und schon am sechsten desselben Monats, sandte ich, auf Befehl Seiner Majestät, unsern Gesandten bey jenen Fürsten alle nöthigen Instruktionen. Viere dieser Fürsten haben eingewilligt, in Unterhandlung zu treten; nemlich: der Herzog von Zweybrücken:

der Prinz Maximilian, dessen Bruder; der Herzog von Würtemberg; und der Fürst von Leiningen. Die Unterhandlungen mit dem bevollmächtigten Gesandten des Herrn Herzogs von Würtemberg, ist in voller Thätigkeit. Die Unterhandlung mit dem Pfälzischen Hause Zweybrücken würde eben so weit vorgerückt seyn, wenn nicht die Diener des Herzogs von Zweybrücken, und des Prinzen Maximilians, es schwer gefunden hätten, den Schaden, welchen diese Fürsten erlitten haben, genau anzugeben. Die Papiere, welche ihr Agent erwartete, sind entweder angekommen, oder werden noch in der laufenden Woche ankommen: und dann wird diese Unterhandlung mit aller der Thätigkeit fortgesetzt werden, deren dieselbe fähig ist. Eben das wird auch mit dem Herrn Fürsten von Leiningen geschehen, welchem ich sehr anliege, sein Versprechen, daß er in Unterhandlung treten wolle, zu erfüllen. Der Herr Bischof von Basel will nur so lange warten, bis die Ruhe in seinen Ländern wird hergestellt seyn, um alsdann Jemand, der von Ihm, in Rücksicht auf diesen Gegenstand, bevollmächtigt seyn wird, hieher zu senden. Die übrigen Fürsten geben sich Mühe, den Kaiser und das Reich zu ihren Gunsten in Bewegung zu setzen; und ihre Forderungen verursachen zu Regensburg eine merkliche Gährung. Schon vor einiger Zeit habe ich geglaubt, Maßregeln nehmen zu müssen, um dem Wienerhofe, sowohl über unsere Grundsätze, als über die Ansprüche der Fürsten, die nöthigen Erläuterungen zu geben. Auch habe ich dem Gesandten zu Berlin einen ähnlichen Auftrag gegeben. Die Gesinnungen dieser beyden Höfe gegen uns

sind sehr friedfertig, und ich habe Ursache zu glauben,
daß die Stärke der Vernunftgründe und der Weisheit,
in den Gemüthern derjenigen Fürsten, welche an diesem Geschäfte Antheil haben, die Oberhand gewinnen
werden. Jedoch würde es mir unmöglich seyn, hierüber irgend etwas Gewisses zu sagen: und ich halte
dafür, daß die, im Innern unsers Reiches zu nehmenden Maßregeln, vorzüglich beytragen müssen, um
uns von außen sicher zu stellen; so wie auch, um den
Unterhandlungen einigen Erfolg zu geben. Die Aufhebung der bischöflichen Rechte ist keiner Unterhandlung fähig, weil es nicht möglich ist, die Fürsten,
welche hieran Antheil haben, zu entschädigen. Dennoch scheint gerade dieser Gegenstand am eifrigsten be-
trieben zu werden. Hiebey ist nichts anders zu thun,
als eine feste und unerschütterliche Entschlossenheit zu
zeigen, und dann ruhig abzuwarten, bis Zeit und
Vernunft diesen Forderungen ein Ziel setzen, auf welche unsere Konstitution uns nicht die mindeste Rücksicht zu nehmen erlaubt. Aber glaube ich Ihnen, meine
Herren, im Voraus berichten zu müssen, daß unsere
militairischen Unterhandlungen mit den Schweizern
sehr gut fortgehen, und daß man dieselben als zu unserer gänzlichen Zufriedenheit geendigt ansehen dürfe.
Unser Gesandter in der Schweitz hat die allergemessensten Befehle, diesen Gegenstand mit vorzüglicher Thätigkeit zu betreiben. Endlich glaube ich, auch von
demjenigen, was neulich, die Gesandten betreffend,
vorgefallen ist, Ihnen einige Nachricht geben zu müssen,
ungeachtet dieser Gegenstand nicht unmittelbar die öffentliche Ruhe angeht. Ich habe von den Gesandten,
auf Befehl Seiner Majestät, den, durch die Konsti-

tution vorgeschriebenen Eid, gefordert. Herr Bombelles, der Gesandte zu Venedig, hat mir seinen Abschied zugesandt, ehe ich noch seine Antwort auf den, ihm zugesandten Befehl, mir seinen Eid zu übersenden, hatte erhalten können. Sogleich ist er zurück berufen worden. Die Stelle zu Genf, welche Herr Castellane bekleidete, ward aufgehoben, noch ehe von dem verlangten Eide die Rede war. Den Eid des Herrn Kardinal de Bernis hat mir die Nationalversammlung zurück gesandt. Nun habe ich diesem Gesandten geschrieben: er solle mir den Bürgereid, ohne alle Einschränkung, übersenden, oder seine Stelle niederlegen. Aus der Antwort, welche ich vorgestern von dem Herrn Kardinal de Bernis erhielt, sehe ich: daß er glaubt, er könne keinen andern Eid leisten, als denjenigen, den er mir vorher übersandt hatte. Jetzt will ich nur so lange warten, bis die Gesundheit Seiner Majestät mir erlaubt, Befehle mir zu erbitten, um ihn zurück zu rufen, und ihm, sowohl als dem Herrn Bombelles, einen Nachfolger zu ernennen. Dieses sind, wie mir scheint, alle Gegenstände, über welche Sie Erläuterungen verlangen könnten. Sollte es noch andere Gegenstände dieser Art geben; so bitte ich Sie, mir dieselben anzuzeigen: dann werde ich mich bemühen, Ihnen alle Erläuterungen zu geben, welche ich zu geben im Stande bin.

„Montmorin."

Zur Erläuterung des vorstehenden Briefes dient: daß der französische Gesandte zu Rom, der Kardinal de Bernis, zu dem vorgeschriebenen Bürgereide, die Worte hinzugesetzt hatte: „ohne jedoch hiedurch demjenigen, was ich Gott und dem Könige schuldig bin, Etwas entziehen zu wollen."

Der Kardinal de Bernis hat sich, aus einem niedrigen Stande, sehr hoch gehoben. Als Abbe de Bernis kam er nach Versailles. Daselbst erhielt er die Gunst der verwittweten Herzogin Daiguillon. Diese Dame stellte ihn der Madame de Pompadour, der Maitresse Ludwigs des Funfzehnten, vor. Der Abbe hatte viel Verstand, und besaß, in dem höchsten Grade, die Talente eines Höflings. Bey der Pompadour wußte er sich so beliebt zu machen, daß sie ihm erlaubte, zu jeder Zeit sie zu besuchen. Bey ihr traf er oft den König an. Er war damals arm und stark verschuldet. Die Favoritin des Monarchen hielt für ihn um eine einträgliche Pfründe an. Herr de Mirepoix versprach, daß er die erste Pfründe haben sollte, welche erledigt werden würde. Aber, ungeachtet der Bitten der Madame Pompadour, ungeachtet des Befehls des Königs, gab Herr de Mirepoix die erste Pfründe, welche ledig wurde, einem Andern. Madam de Pompadour gerieth in einen heftigen Zorn, und beklagte sich bey dem Monarchen bitterlich. „Das habe ich Ihnen ja schon lange gesagt" antwortete Ludwig „daß ich gegen meine Minister nichts vermag, und daß sie mehr zu sagen haben als ich. Aber was ist zu thun? Ich kann doch nicht alle Geschäfte allein besorgen. Beruhigen Sie Sich. Wenn Derjenige, den Sie begünstigen wollen, keine Pfründe erhalten kann: so soll er wenigstens eine Pension von sechs tausend Livres auf das erste Bisthum haben, welches vakant werden wird." Bald nachher schlug Herr de Mire-

vor dem Könige Jemand, an die Stelle eines, eben ledig gewordenen Bisthums vor. Der König unterschrieb, setzte aber daneben die Worte: „jährlich sechs tausend Livres an den Abbe Bernis abzugeben." — Das ist sehr viel, Euer Majestät. — „Wenn Euer Protegirter das Bisthum nicht annehmen will, so mag er es lassen" antwortete der König. Auf diese Weise fieng sich die glückliche Laufbahn des Abbe Bernis an. Nachher stieg er immer höher. Er kam in den Staatsrath, und wurde sogar Minister: dann fiel er in Ungnade, erhielt den Kardinalshut, und endlich die Stelle eines französischen Gesandten zu Rom. Durch die Revolution verlor er Alles.

Zu Anfange des Monats April wurden die französischen Gesandten an den auswärtigen Höfen beynahe alle verändert. Die Stelle des Kardinals de Bernis zu Rom, erhielt Herr de Segur der ältere. An die Stelle des Herrn de Segur kam nach St. Petersburg Herr Dosmond, bisher Gesandter im Haag. Nach dem Haag gieng Herr de Gouvernet (der Sohn des vormaligen Kriegsministers, Herrn de la Tour du Pin). Herr de Vibraye gieng, von Dresden, als Gesandter nach Schweden. Herr de Montesquiou (der Sohn des Mitgliedes der Nationalversammlung) kam nach Dresden, als bevollmächtigter Gesandter Seiner Majestät. Herr de Durford gieng von Florenz nach Venedig, an die Stelle des Herrn de Bombelles. Herr Bonne Carrere gieng als bevollmächtigter Gesandter nach Lüttich. Dieser Bonne Carrere ist der Sohn eines Gewürzkrä-

mers aus Gaskogne. In dem Jakobinerklub wurde
er, wegen seiner ausserordentlichen Heftigkeit, bewundert, und als er zum Gesandten ernannt wurde, bekleidete er die Stelle eines Sekretairs dieses Klubs.
Daß Herr de Montmorin einen solchen Mann
nach Lüttich sandte, dieses erweckte den Unwillen
aller Rechtschaffenen.

Auf den am 14. Dezember 1790 von Seiner Kaiserlichen Majestät an den König von Frankreich geschriebenen Brief, wurde, im Namen des Königs,
am 22. Januar 1791 geantwortet. Diese Antwort
ward aber erst am 19. März dem Reichsminister, dem
Fürsten von Colloredo, überreicht. Sie lautete
wie folgt a):

―――――――――――

a) Sérénissime et très puissant Empereur, Monsieur nôtre très cher et très amé bon frère,
cousin et beaufrère. Nous avons reçu la lettre que Vôtre Majesté Nous a écrite le 14. du
mois dernier. Elle est rélative aux réclamations de quelques Princes de l'Empire, qui ont
des possesions en Alsace et en Lorraine. Nous
ne saurions cacher à Vôtre Majeste que Nous
avons vu avec autant de peine que de surprise ces Princes s'addresser à Elle, pour un
objet qui n'a, par sa nature, aucune connexion
avec l'Empire d'Allemagne; qui ne les intéresse qu'à raison de leur qualité de vasaux de
la France; et par rapport auquel Nous leur
avons fait toutes sortes de prévenances, dans
la vue de les engager à transiger amiablement
avec Nous. Nous sommes persuadés d'avance,
que Vôtre Majesté, instruite de ces circonstances, jugera comme Nous, que Nos procédés envers les Princes ne devoient leur laisser
rien à désirer, s'ils eussent voulu considérer

„Durchlauchtigster und Großmächtigster Kaiser, Unser sehr geliebter guter Bruder, Vetter und Schwager. Wir haben den Brief erhalten, welchen Eure Majestät Uns am 14. des verflosnen Monats geschrieben hat. Es betrifft derselbe die Beschwerden einiger deutschen Fürsten, welche Besitzungen im Elsaß und in Lothringen haben. Wir können Euer Majestät nicht verheelen, daß Wir mit eben so grossem Bedauren als Erstaunen vernommen haben, daß sich diese Fürsten an Ew. Kaiserl.

---

les choses sous leur veritable point de vue; et Nous Nous flattons que Votre Majesté, convaincue de cette verité, non seulement n'appuiera plus leurs réclamations, mais aussi qu'elle les exhortera à se prêter sans retard aux arrangemens qui leur ont été proposés de Nôtre part. Nous serons d'autant plus sensibles à ce que Votre Majesté jugera expédient de faire dans cette vue, que rien ne Nous tient plus à coeur que de maintenir les liens qui subsistent depuis si long tems entre le Royaume de France et l'Empire germanique, et de convaincre chacun de ses Membres en particulier, de l'affection sincére que Nous lui portons, à l'exemple des Rois nos Ancêtres. Ecrit à Paris le 22. Janvier 1791.

De Votre Majesté
Bon frère, Cousin et Beaufrère
Louis.
Montmorin.

Addresse.

Au sérénissime et très puissant Empereur, Roi de Hongrie et de Bohéme Monsieur notre trèscher et très-amé bon Frére, Cousin et Beaufrère.

Majestät in einer Sache wenden, welche, ihrer Natur nach, gar keine Verbindung mit dem deutschen Reiche hat; welche sie nur in so ferne angeht, als sie Vasallen von Frankreich sind; und in Rücksicht welcher wir ihnen alle Arten von zuvorkommenden Anträgen gemacht haben, um sie zu vermögen, gütlich mit Uns zu unterhandeln. Wir sind im Voraus überzeugt, daß nachdem Eure Majestät von diesen Umständen unterrichtet seyn wird, Sie, eben so wie Wir, der Meynung seyn werden, daß Unser Verfahren gegen die Fürsten denselben nichts würde zu wünschen übrig gelassen haben, wofern sie die Dinge aus dem rechten Gesichtspunkte hätten ansehen wollen: und Wir schmeicheln Uns, daß Eure Majestät, von dieser Wahrheit überzeugt, nicht allein ihre Beschwerden nicht länger unterstützen, sondern sie auch vermahnen werde, sich ohne Aufschub den Vorschlägen zu fügen, welche ihnen Unsererseits geschehen sind. Alles, was Eure Majestät in dieser Rücksicht zu thun für nöthig halten möchte, wird Uns um so viel angenehmer seyn, da Uns nichts so sehr angelegen ist, als die Verbindungen zu unterhalten, welche, seit so langer Zeit, zwischen dem Königreiche Frankreich und dem deutschen Reiche vorhanden sind, und ein jedes Glied desselben insbesondere zu überzeugen, daß Wir ihm, nach dem Beyspiele der Könige Unserer Vorfahren, mit aufrichtiger Zuneigung zugethan sind."

„Gegeben zu Paris am 22. Januar 1791."
„Ew. Majestät
„Guter Bruder, Vetter und Schwager
„Ludwig."
„Montmorin."

Es gelangte hierauf, am 26. April, durch den Prinzipal-Kommissair, den Fürsten von Thurn und Taxis, ein Kommissions-Dekret an die Reichsversammlung zu Regensburg. Der Inhalt dieses Dekrets lautete dahin: „daß Seine Kaiserl. Majestät, um dem reichsverfassungsmäßigen Antrage des Kurkollegiums zu entsprechen, an den König von Frankreich, unter dem 14. Dezember des vorigen Jahres, ein Schreiben in der Art erlassen, wie solches der reichsobristhauptlichen Obliegenheit, für die Aufrechthaltung der Reichsfriedensschlüsse Sorge zu tragen, entsprechend, auch den Kaiserlichen, in dem §. 2. des IV. Artikels der Wahlkapitulation versicherten, friedfertigen Gesinnungen gegen Benachbarte, gemäß sey, und darauf erst unterm 19. März die Königl. französische Antwort erhalten hätten. Immittelst habe die französische Nation immer fortgefahren, ihre Entschlüsse, ohne Unterschied, in dem Elsaß und in Lothringen in Vollzug zu setzen, weshalb jene, welchen an Aufrechthaltung der Reichsfriedensschlüsse besonders gelegen, nicht nachgelassen hätten, den Kaiserl. Schutz angelegentlichst anzuflehen. Wie nun solchergestalt besonders dringend geworden, daß ein standhafter Reichsschluß in dieser Sache gefaßt werde, so gäben hiemit Seine Kaiserl. Majestät von der erhaltenen Antwort Eröffnung, und erwarteten demnächst ein ergiebiges Reichsgutachten, um dadurch in Stand gesetzt zu werden, über diese Sache einen Reichsschluß zu fassen, und sodann, in Gemäßheit desselben, die weitere reichsoberhauptliche Vorkehr eintreten lassen zu können."

Hiedurch wurde also die Angelegenheit des Elsasses

zu einer förmlichen Reichssache gemacht, welches bisher die Nationalversammlung, durch verkehrte Vorstellungen, auf alle Weise zu vermeiden gesucht hatte. Das Kommissions-Dekret wurde, am 30. April, von Kur-Mainz zur Diktatur gebracht, und von dem Kurmainzischen Gesandten ward ein vorläufiger Plan zu einer künftigen Berathschlagung vorgelesen, nach welchem sich die Stellvertreter und Abgeordneten bey ihren einzuholenden Instruktionen richten könnten. Die Propositionspunkte des Kurmainzischen Gesandten waren folgende Fragen:

1. „Ob nicht Alles, was Frankreich, wider den bisherigen Besitzstand im Elsaß, gegen die deutschen Stände, Ritterschaft und Angehörige, in allen und jeden ihren Besitzungen, geistlichen und weltlichen Rechten, gewaltsam verhängt hat, für ungerecht, nichtig und friedensbrüchig anzusehen sey?"

2. „Ob nicht Alles dasjenige, was von Elsaß an Frankreich, wie namentlich und deutlich durch den Münsterischen und nachherigen Frieden, unterworfen worden ist, in specie das integrale Hochstift Strasburg, dermalen noch als zum deutschen Reiche gehörig zu betrachten sey?"

3. „Ob einzelne deutsche Besitzer im Elsaß, durch eigene, stillschweigende oder ausdrückliche Anerkenntniß der französischen Souverainetät, dem deutschen Reiche etwas haben vergeben können, und ob dergleichen Konventionen, zumal jetzt, noch in Betrachtung kommen können, da die französische Nation sich selbst daran weiter nicht mehr binden will?"

4. „Ob nicht überhaupt Deutschland dermalen allenfalls befugt ist, alle die Friedensschlüsse für unverbindlich und aufgehoben anzusehen, wodurch ehmals so viele Provinzen von dem deutschen Reiche abgekommen sind?"

5. „Welche Mittel und Wege zu ergreifen seyen, um sowohl diejenigen Besitzungen, geist- und weltlichen deutschen Gerechtsame, welche nie wirklich der französischen Souverainetät unterworfen worden, zu behaupten; als was auch in Ansehung der wirklichen unterworfenen, das Reich in seiner Garantie-Eigenschaft, zumal für seine eigenen Reichsstände, zu beschließen habe?"

Ganz anders sprach Kur-Braunschweig. Von diesem Kurfürstlichen Ministerium erschien auf dem Reichstage eine Denkschrift, welche die Rechte des deutschen Reiches im Elsasse und Lothringen zu bezweifeln schien, und welche eine entscheidende Einschreitung von Seiten des Reiches zu voreilig finden wollte. Der wesentliche Inhalt dieser Denkschrift war folgender a):

I. „Im Allgemeinen, in Thesi, seyen die Friedensschlüsse, welche in der unterstellten Angelegenheit als Entscheidungsquellen angezogen würden, dunkel und undeutlich in ihrer Fassung, und schienen den französischen Behauptungen das Wort zu reden."

II. „Nach der besondern Lage, in Hypothesi, zu urtheilen, hätten die deutschen Reichsstände von Zeit zu Zeit mit der Krone Frankreich besondere Verträge eingegangen und die französische Hoheit

---

a) Flüchtige Betrachtungen S. 42. ff.

anerkannt. Frankreich habe sich im Besitze der Souverainetät seit hundert Jahren befunden, weswegen die reichsständischen Lande im Elsaß als avulsa Imperii zu betrachten seyen."

III. „Außerdem sey diese Angelegenheit zu einer entscheidenden und bestimmten Entschließung von Seiten des deutschen Reichs noch nicht reif. 1) Aus Abgang der gesetzlichen Verläßigkeit einer allgemeinen Theilnahme des ganzen Reiches, 2) wegen dem merklichen Unterschiede, der unter den mitbefangenen Theilen eintreten müsse, und 3) wegen der im Mittel liegenden Möglichkeit einer vollkommenen Schadloshaltung von Seiten Frankreichs."

IV. „Das deutsche Reich müsse überhaupt eine kluge Auswahl von Mitteln treffen, a) damit das Ansehen des Reiches nicht kompromittirt, und b) die vorliegenden Kreise und Reichsstände nicht Preis gegeben würden."

„Diesem vorgängig könne:

V. „Dermalen nur von einer zweckmäßigen Einleitung zur freundschaftlichen Ausgleichung und näheren Untersuchung, oder Sicherstellung der Beschwerden die Frage seyn."

Am vierten März beschloß die Nationalversammlung: daß künftig nicht mehr als sechs Marschälle von Frankreich seyn sollten, und daß die übrigen ihre Gnadengehalte nicht ferner bezahlt erhalten sollten.

Am folgenden Tage (am 5. März) trat Herr Victor de Broglio, ein eifriger Demokrat, (obgleich der Sohn des Marschalls de Broglio, welcher, im

Jahre 1789, die, um Paris versammelten, Truppen kommandirt hatte) auf den Rednerstuhl. Er stellte vor: „Durch das, an dem vorigen Tage gegebene Gesetz, würde sein Vater die Früchte eines funfzigjährigen, getreuen Dienstes, einer grossen Tapferkeit und eines grossen Ruhmes, verlieren. Sein Vater habe ruhig in dem Schooße seiner Familie gelebt: da hätten ihn die Feinde des öffentlichen Wohls, zu Anfange der Revolution, berufen, um ihm das Kommando der Armee zu übergeben. Er hätte zwar gehorcht, allein ohne die treulosen Plane der Rathgeber des Königs zu kennen. In den Staatsrath hätte er keinen Zutritt erhalten. Auch hätte er die merkwürdigen Worte gesagt: ich sehe zwar eine Armee aber wo sind die Feinde?" Nachdem Herr de Broglio seinen Vater auf diese Weise entschuldigt hatte, suchte er ihn noch darüber zu entschuldigen, daß er sich nunmehr zu Trier, unter den Ausgewanderten, aufhielte. „Mein Vater" fuhr er fort „hat sich einen einsamen Aufenthalt gewählt, in welchem er ruhig und tadellos, lebt. Unter die traurigsten Umstände seiner Lage rechnet er, daß er den sträflichen Einladungen ausgesetzt ist, welche die Feinde des Vaterlandes, wegen seiner grossen Fähigkeiten, mehr als Einmal frech genug gewesen sind, an ihn gelangen zu lassen. Auf folgende Weise hat er, nach seinem bekannten freymüthigen Karakter, diesen treulosen Agenten geantwortet. Eine eben so grosse Freymüthigkeit, die mir nicht einmal erlaubt, das Beleidigende in dieser Antwort zu mildern, sey Ihnen ein Beweis der Genauigkeit meiner Erzählung. Er hat zu diesem Agenten gesagt: Ich sehe ein, daß man

mit demjenigen, was in Frankreich vorgeht, sehr unzufrieden seyn könne; aber
ich kann nicht ohne Unwillen von einem
Plane hören, welchen Frankreicher machen,
um die Waffen gegen ihr eigenes Vaterland zu kehren. Fort! fort! Ihr seyd mir
ein Greuel!" Hierauf verlangte Herr de Broglio,
daß man, zu Gunsten seines Vaters, eine Ausnahme
von dem Gesetze machen, und demselben sowohl seine
Stelle, als seinen Gehalt lassen möchte. Demzufolge
beschloß die Versammlung: daß sie diese Bitte gewähren wollte.

Als der Herr Marschall de Broglio zu Trier
die Nachricht von der Bittschrift seines Sohnes in den
öffentlichen Blättern las, da ließ er folgende Erklärung in denselben abdrucken:

„Trier am 12. März 1791."

„In dem Nro. 65. des Tageblatts Moniteur,
habe ich eine Bittschrift gelesen, die von meinem
Sohne herkommt, und mich betrift. Ich war ganz
erstaunt, zu sehen, daß er sich hat erlauben dürfen,
ein, ihm von mir oft wiederholtes, Verbot zu über-
treten, nemlich: daß er, unter keinem Vorwande,
das Publikum mit dem was mich angeht unterhalten
sollte. Mein Erstaunen war noch grösser, als ich fand,
daß die Worte, welche man mir in den Mund legt;
die Thatsachen, die man erzählt; und die Behauptungen, welche seine lange Bittschrift enthält, gleich falsch
sind. Meine Hochachtung für die Wahrheit legt mir
die, für einen Vater höchst unangenehme Pflicht auf,
Alles förmlich läugnen zu müssen."

„Der Marschall Herzog von Broglio."

Ueber diesen Brief ließ die Nationalversammlung dem Herrn Viktor Broglio Erläuterungen abfordern. Und da man seine Antwort nicht genugthuend fand, so wurde, in der Versammlung, an dem 24. März, vorgeschlagen, den, zu Gunsten des Herrn Marschalls de Broglio gegebenen, Beschluß zurückzunehmen, und den Herrn Marschall seiner Stelle und seines Gehalts zu berauben. Allein die Entscheidung dieser Sache wurde noch auf einige Zeit weiter hinaus verschoben.

Am 22. März fiengen die Debatten über die Rechte und die Pflichten der Königlichen Familie an. Der erste Gegenstand, worüber debattirt wurde, war die Regentschaft: und dieser Gegenstand war um so viel wichtiger: weil die Orleanssche Parthie ihren einmal gemachten Plan, wenn der König sterben sollte, den Herzog von Orleans zum Regenten des Königreichs zu ernennen, noch nicht aufgegeben hatte.

Herr Thouret hielt, im Namen des Konstitutionsausschusses, einen Vortrag über die Regentschaft. Die Hauptsätze waren folgende:

„Das Recht die Regentschaft zu übertragen gehört der Nation, eben so gut als das Recht die königliche Würde zu übertragen. Die Regentschaft muß Demjenigen übertragen werden, welcher am meisten dabey interessirt ist, die königliche Würde aufrecht zu erhalten. Folglich sind solche Verwandte des Königs, welche sich nicht in dem Reiche aufhalten, von der Regentschaft ausgeschlossen. Weil die Weiber von der Thronfolge ausgeschlossen sind, so bleiben sie auch von der Regentschaft ausgeschlossen. In dem Falle, daß kein Verwandter des Königs fähig zu der Regentschaft wäre, müßte die Erwählung des Regenten einer Versammlung von 830 Wahlherren (zehen aus jeder Abtheilung) überlassen werden. Die Mitglieder dieser Versammlung würden den Titel Kommiſſarien (Mandataires) tragen, um ſie von den Geſetzgebern zu unterſcheiden, welche keine Aufträge erhalten. Bis der Regent gewählt ist üben die Miniſter die ausübende Gewalt aus, und müſſen, für alles was ſie thun, verantwortlich ſeyn. Ein, dem Regenten an die Seite geſetzter, Staatsrath (conseil de régence) würde gänzlich überflüſſig ſeyn. Ein ſolcher Staatsrath war wohl gut, zu jener Zeit, da die Nation, aus Unwiſſenheit, ſich aller ihrer Rechte hatte berauben laſſen. Damals hatte dieſelbe von den Unternehmungen eines Regenten Alles zu befürchten. Jetzund aber wäre von einem Regenten nicht mehr zu beſorgen, als von dem Könige ſelbſt. Der König iſt nicht vor dem achtzehnten Jahre als mündig anzuſehen."

Kaum war dieſer Vortrag abgeleſen, als ſchon einige Mitglieder der Verſammlung laut ausriefen: „Stimmt! Stimmt!" Sie wollten den Vorſchlag, ohne alle Debatten, ſogleich annehmen.

Herr Cazales billigte den Vorſchlag im Ganzen, verlangte aber, daß die, durch das Geſetz beſtimmten, drey Tage, zu der Berathſchlagung über denſelben angewendet werden ſollten. Auch verlangte er: es ſollte vorläufig feſtgeſetzt werden: daß der Regent niemals über die Perſon des Königs die Aufſicht haben könne.

Herr Barnave ſagte: Untheilbarkeit und Unverletzbarkeit müßten der Regentenwürde eben ſo gut angehören, als der königlichen Würde, folglich könne nur Ein Regent zu gleicher Zeit ſeyn. Auch müßte die Regentenwürde eben so gut erblich seyn, als die königliche Würde. Jedoch so, daß Derjenige, der einmal die Regentschaft angetreten habe, dieselbe, bis zur Mündigkeit des Königs, fortführe; und daß nicht, wie der Ausschuß verlange, Derjenige, welcher, wegen seiner Unmündigkeit, von der Regentschaft ausgeschlossen worden wäre, dieselbe nachher, wenn er mündig werde, übernehmen, und sich an die Stelle des bisherigen Regenten setzen könnte. Diese Unbeständigkeit würde für die öffentliche Ruhe höchst gefährlich seyn. Wenn niemand vorhanden sey, der, durch das Gesetz, zu der Regentschaft bestimmt sey, so müsse ein Regent gewählt werden. Und diese Wahl müsse der gesetzgebenden Versammlung überlassen werden.

Der Abbé Maury hielt eine lange Rede. Er zitirte das Beyspiel Englands, wo der König niemals unmündig ist, und wo kein Gesetz über die Regentschaft vorhanden ist. Er behauptete: der Plan des Ausschusses beraubte die Nation des Rechts, nach Gefallen die Regentschaft zu bestimmen und zu vergeben. Auch wäre in diesem Plane von vielen möglichen Fällen gar keine Rede: von der Gefangenschaft des Königs, von seinem Aufenthalte außer dem Reiche, und von seinem Wahnsinne. Er berief sich, wegen aller dieser Fälle, auf die Geschichte. Ferner sagte er: das Salische Gesetz erstreckte sich nicht bis auf die Regentschaft, und man könnte daher die Mütter der Könige nicht von der Regentschaft ausschließen. Er zählte aus der französischen Geschichte, vier und zwanzig Regentinnen her: eine Schwiegermutter, zwey Großmütter, und ein und zwanzig Mütter des Königs.

Die Regentschaft und die Aufsicht über den König könnten nicht, ohne grosse Gefahr, getrennt werden. Auch würde eine Königin, welche die Aufsicht über den König hätte, grossen Einfluß behalten. Des Abbé Maury Vorschlag war: man sollte über die Regentschaft gar nichts festsetzen; sondern, wenn der Fall einträte, so sollte die gesetzgebende Versammlung die Regentschaft, im Namen der Nation, vergeben. Und indessen sollte ein Staatsrath gewählt werden, in welchem die Königin Mutter, nebst allen Anverwandten des Königs, die älter wären als drey und zwanzig Jahre, Sitz-und Stimme haben müßten. Der Abbé Maury führte verschiedene Anekdoten aus der Geschichte an, um seine Meynung zu unterstützen. „Einen Beweis," sagte er, „daß eine Königin Mutter kein anderes Interesse zu haben glaubt, als das Interesse ihres Sohnes; einen Beweis dieser Art gab die französische Königin Anna von Oesterreich, die Mutter Ludwigs des Vierzehnten. Diese setzte, mit Standhaftigkeit und mit glücklichem Erfolge, den gegen Spanien angefangenen Krieg fort."

Herr Mirabeau. „Ich glaube nicht, daß wir über die von dem Herrn Abbé Maury aufgeworfene Frage zu debattiren nöthig haben. Denn in einem Lande, in welchem die Weiber von der Thronfolge ausgeschlossen sind, müssen dieselben auch von der Regentschaft ausgeschlossen bleiben. Aber eine andere, weit interessantere Frage, bietet sich uns dar, nemlich: soll die Regentschaft erblich seyn, oder soll der Regent gewählt werden? Die Regentschaft ist ganz etwas anders als die Thronfolge. Das Gesetz, welches für die Thronfolge gilt, kann daher nicht für die

Regent-

Regentschaft gelten. Der Regent muß gewählt werden. Warum sollen wir den Regenten aus den Händen des Zufalls annehmen? Dieses ist also die grosse Frage, über welche wir debattiren müssen: ob die Regentschaft nach dem Rechte der Erstgeburt, oder aus freyer Wahl des Volkes, zu ertheilen sey?"

Herr Barnave. "Ich habe nichts dagegen, daß man morgen, über die von dem Herrn Mirabeau aufgeworfene Frage, sich berathschlage. Aber es sey mir erlaubt, vorläufig einige Gedanken hinzuwerfen, um zu zeigen, wie auffallend, wie frech es ist, Euch eine solche Frage vorzulegen. Die Geschichte beweist nur zu sehr, daß die Minderjährigkeit der Könige jederzeit ein gewaltsamer Zustand ist, welcher mancherley Partheien erzeugt. Die Unbequemlichkeit einer freyen Wahl wird, in einem solchen Falle, noch grösser, weil so mancherley Hoffnungen und Plane daraus entstehen können. Eine solche Regentschaft könnte selbst der königlichen Würde gefährlich werden. Derjenige, welcher, mit dem vollen Glanze der königlichen Würde, mit aller der Macht, die er durch diese Würde erhielte, noch den weit grössern Vorzug verbände, von dem Volke gewählt, durch die Stimmen einer ganzen Nation zu der Regentschaft gerufen worden zu seyn; Derjenige, welchen die Nation gleichsam als ihr politisches Kind ansehen könnte: ein Solcher hätte die allermächtigsten Mittel in seiner Gewalt, um die politische Freyheit zu vernichten. Die Regentschaft würde vielleicht weiter nichts für ihn seyn, als der erste Schritt, um sich des Thrones zu bemächtigen. Vielleicht würde er die ganze Regierungsform umändern: vielleicht würde er Frankreich in ein Wahlreich verwandeln. Erinnern

Sie Sich, meine Herren, an alle die Stürme, welche, zu Anfang der Revolution, ausbrachen! Erinnern Sie Sich an die heftigen und unmoralischen Erschütterungen, welche die Wiege unserer Freyheit hin und her geworfen haben! Wären damals zwey bis drey Männer, welche die Gesinnungen und die Talente eines Cromwells besaßen, und welche, eben so wie Cromwell, bey dem Volke übermäßig beliebt waren, wären diese damals zu Regenten gewählt worden: hätten sie nicht, bey der Grösse ihrer Talente, bey der grossen Popularität, deren sie genossen, es dahin bringen können, die Krone erblich zu machen? Hütet Euch, hütet Euch, diese gefährliche Bahn zu der Anarchie und zu der Tyranney zu eröffnen! Hütet Euch ein Saamenkorn auszustreuen, aus welchem, bey einer jeden Veränderung der Regierung, eine Revolution entstehen müßte!

(Allgemeines und lautes Beyfallklatschen, in allen Theilen des Saals.)

Das Geheimniß der Verschwörung der Orleansschen Parthie hatte nunmehr Herr Barnave ganz öffentlich entdeckt; er hatte sogar Mirabeau so genau bezeichnet, daß Jedermann die Augen auf ihn richtete. Aeußerst aufgebracht hierüber, stieg Mirabeau auf den Rednerstuhl. Er sprach mit sichtbarer Verwirrung. Er suchte sich zu vertheidigen; aber es gelang ihm nicht. Mit folgenden Worten endigte er seine Rede: „Was den letzten Einwurf des Herrn Barnave angeht, so muß ich gestehen, daß ich denselben sehr stark finde. Aber das angeführte Beyspiel macht denselben keinesweges stärker. Denn, wenn jene zwey bis drey unmächtige Menschen, von denen er spricht, einen solchen Plan zu machen fähig gewesen wären; so würden sie nur um soviel gewisser an den Galgen gekommen seyn. Und, weil nun einmal Cromwell zitirt worden ist, so will auch ich eine seiner Sagen zitiren. Er lustwandelte eines Tages mit seinem getreuen Gefährten Lambert. Rund um ihn her jauchzte das Volk ihm zu. Lambert, voller Freuden, wollte Cromweln auf die außerordentliche Popularität aufmerksam machen, deren er genösse. „O! glaube mir (antwortete der Tyrann, mit Bekümmerniß) glaube mir, dieses Volk würde uns noch weit lauter zujauchzen, wenn wir uns auf dem Wege nach dem Galgen befänden.". . . .

(Lautes und allgemeines Beyfallklatschen.)

„Ich verlange nunmehr, daß man morgen untersuchen solle: ob es besser sey, die Wahl des Zufalls, einer überlegten Wahl vorzuziehen."

An diesem Tage (22. März) beschloß die Versammlung:

1. „Zu Anfang einer jeden Regierung soll die gesetzgebende Versammlung, wenn dieselbe nicht versammelt ist, gehalten seyn, sich ohne Verzug zu versammeln."

2. „Wenn der König minderjährig ist, so soll das Königreich durch einen Regenten regiert werden."

Am 23. März sprach zuerst:

Herr Pethion. Er verglich die Regentschaft mit einer Vormundschaft, und die Nation mit einer Familie, die den Vormund wählt. Daher hielt er dafür: der Regent müßte gewählt werden. Auf die Geschichte dürfe man sich (sagte er) keinesweges berufen. Die

Geschichte beweise, in diesem Falle, nichts: denn, noch habe kein Volk, dessen die Geschichte erwähne, den Patriotismus und das Nationalgenie der Frankreicher besessen. „Ueberdieß," fuhr er fort, „wird das Recht einen Regenten zu wählen, dem Volke die Oberherrschaft in Erinnerung bringen, welche ihm gehört, und welche ganz vergessen werden würde, wenn sie bloße Theorie bliebe, und nicht, durch feyerliche Thatsachen, zuweilen wirklich in Ausübung gebracht werden könnte."

Herr de Clermont Tonnerre. „Wie kann man uns gegen die gewaltsamen Stöße sicher stellen, welche mit der Wahl eines Regenten nothwendig verbunden seyn müßten. Unmöglich kann ich ohne Schrecken alle die Uebel betrachten, welche, aus einer so unvorsichtigen Einrichtung, nothwendig entstehen müßten. Und noch sehe ich gar keinen Vortheil, welcher den damit verbundenen Nachtheilen das Gleichgewicht halten könnte! Mir scheint es, daß die Regentschaft erblich, wie die Krone seyn müsse."

Herr Mirabeau hielt eine lange Rede, um zu beweisen, daß der Regent von dem Volke gewählt werden müsse. Die Freunde sowohl als die Feinde Mirabeaus gestanden alle: daß diese Rede ein ganz unverständliches und undeutliches Gewäsche sey, und daß Mirabeau den Streitpunkt vorsätzlich zu verwirren suche. „Uebrigens (so sprach er, indem er seine Rede endigte) „übrigens halte ich dafür, ich, der ich über diesen Gegenstand reiflich nachgedacht habe, daß wir denselben allzuwichtig behandeln. Die königliche Würde ist allzufest gegründet, allzugut vermöge des Gesetzes eingeschränkt, als daß diejenigen, welche der

Zufall zu derselben berufen möchte, zu fürchten wären. Eben das findet auch in Rücksicht des Regenten statt, und Dieser ist weiter nichts als ein Prinzipalminister, der keine Verantwortlichkeit hat. Daher halte ich dafür, daß die Würde eines Regenten erblich seyn könne." a)

Herr Duport. „Ihr müßt nicht den schrecklichen Fall vergessen, wo Derjenige, welcher zu der Regentschaft berufen wird, sich weigern sollte den Bürgereid zu leisten. Soll er, in diesem Falle, von der Regentschaft, oder auch von der königlichen Würde, ausgeschlossen werden?"

(„Ja! Ja! Ja!" riefen mehrere Stimmen.)
Gut! Aber Wem soll er den Eid leisten, wenn die gesetzgebende Versammlung gerade dann keine Sitzungen hält?

Herr Barnave. Der Regent, oder der neue König, kann alsdann indessen einem Bürgerrathe den Eid leisten.

Herr le Chapelier. Es würde sehr unpolitisch seyn, eine so grosse Strafe auf die Verweigerung des Eides zu setzen. Der Prinz, welcher der Revolution

---

a) Il en sera de même du Régent, qu'il ne faut considérer, que comme un premier Ministre irrésponsable. Je pense donc, que le plan du Comité peut être adopté. Journal des débats, welches mit dem Protokolle der Versammlung ausgegeben wird, No. 662. p. 12. Man bemerke, daß diese Rede Mirabeaus, so wie noch viele andere seiner Reden, in dem Buche: Mirabeau peint par lui-même, nicht ganz richtig abgedruckt worden ist.

auch noch so sehr entgegen wäre, würde den Eid leisten, um dieselbe desto kräftiger angreifen zu können. Eine solche Bedingung würde der erblichen Thronfolge eine Veränderung drohen. Es ist gar nicht nöthig den Eid aufzulegen. Und wir haben das Recht nicht, eine Bedingung zu machen, welche die festgesetzte Thronfolge verändern könnte.

(Grosser Lärm und lautes Murren.)

Herr de Montlausier. Wenn aber der Prinz sich außer dem Reiche, oder über Meer befindet?

Herr Mirabeau. Ueber dem Rheine wollen Sie sagen!

(Die linke Seite klatschte diesem witzigen Einfalle lauten Beyfall zu, ungeachtet derselbe höchst unanständig war: denn man berathschlagte sich über ein allgemeines, für immer geltendes, konstitutionelles Gesetz, auf welches die gegenwärtigen Zeitumstände gar keinen Einfluß hätten haben sollen.)

Die Versammlung beschloß:

3. „Die Regentschaft des Königreiches soll, als ein Vorrecht, während der ganzen Zeit der Minderjährigkeit des Königs, seinem nächsten, volljährigen, Anverwandten von väterlicher Seite gehören: und wenn die Grade der Anverwandtschaft gleich sind, dem ältesten."

4. „Jedoch kann kein Anverwandter des Königs, gesetzt auch daß derselbe alle die genannten Eigenschaften besäße, Regent seyn, wenn er nicht ein Frankreicher ist; wenn er sich nicht in dem Reiche aufhält; wenn er nicht den Bürgereid geleistet hat; auch nicht, wenn er wahrscheinlicher Erbe einer andern Krone ist."

„Sobald die Regentschaft dem Regenten zugefallen ist, so soll sein erstes Geschäft seyn, eine Proklamation ergehen zu lassen, welche die Leistung des bürgerlichen Eides enthalten muß, nebst dem Versprechen, diesen Eid vor der gesetzgebenden Versammlung zu wiederholen, sobald dieselbe versammelt seyn werde."

5. „Die Weiber sind von der Regentschaft ausgeschlossen."

Am 24. und 25. März kamen noch folgende Artikel hinzu:

6. „Sollte, aus irgend einer Ursache, der Regent nicht sogleich sein Amt antreten können, oder sollte der Regent erst zu wählen seyn: so sind indessen die Minister gehalten, vorläufig, die vollziehende Gewalt, in so ferne dieselbe die Verwaltung des Königreiches angeht, auszuüben; jedoch so, daß sie, für Alles was sie thun, verantwortlich bleiben."

7. „Zu diesem Zwecke sollen sich die Minister zu einem Staatsrathe versammeln, u. s. w." (ein Artikel, welcher bloß allein die Minister angeht.)

8. „Der Regent soll gehalten seyn, in die Hände der gesetzgebenden Versammlung, der Nation den Bürgereid zu leisten."

9. „Der Regent soll alle Amtspflichten der königlichen Würde ausüben, sich aber an die, durch die Konstitution vorgeschriebenen, Vorschriften halten. Auch soll er persönlich, für die, diese Pflichten betreffenden, Handlungen nicht verantwortlich seyn."

10. (Dieser Artikel bestimmt die Formel, nach welcher die Proklamationen, u. s. w. während der Regentschaft, abgefaßt seyn sollen.)

11. „Sollte, wegen der Minderjährigkeit desjenigen

Anverwandten, welchem die Regentschaft gehört, dieselbe durch die Wahl vergeben, oder auf einen entferntern Verwandten gefallen seyn: so wird dieser die Amtspflichten derselben, bis zu der Volljährigkeit des Königs, ausüben."

12. „Sobald der König das Alter von vierzehn Jahren erreicht hat, soll derselbe, um seines eigenen Unterrichts willen, in dem Staatsrathe sitzen."

13. „Wenn der König achtzehn volle Jahre alt ist, dann soll derselbe volljährig seyn. Von diesem Tage an soll die Regentschaft aufhören, und die Gesetze, Proklamationen, und andere gesetzliche Handlungen, sollen nicht länger in dem Namen des Regenten ausgefertigt werden."

14. „Sobald der König volljährig geworden ist, soll derselbe, durch eine, in dem ganzen Reiche bekannt gemachte, Proklamation ankündigen: er habe die Volljährigkeit erreicht, und er habe die Amtspflichten der königlichen Würde selbst übernommen. Diese Proklamation soll seinen Eid enthalten, mit dem Versprechen, daß er denselben, vor der gesetzgebenden Versammlung wiederholen wolle, sobald dieselbe versammelt seyn werde."

15. „Die Regentschaft des Königreiches gibt gar kein Recht über die Person des minderjährigen Königs."

16. „Die Aufsicht über den minderjährigen König soll seiner Mutter anvertraut werden."

17. „Wenn die Mutter des minderjährigen Königs die Aufsicht nicht übernehmen kann, so soll diese Aufsicht Jemand anvertrauet werden, den die gesetzgebende Versammlung wählen wird. Und vorläufig soll der Justizminister gehalten seyn, über die Erhaltung der

Person des Königs zu wachen. Auch soll er für dieselbe verantwortlich seyn."

18. "Die Königin verliert die Aufsicht über den König, falls sie sich, während der Minderjährigkeit, verheyrathen sollte."

19. "Derjenige, welchem, statt der Königin Mutter, die Aufsicht über den König übertragen werden wird, soll, in die Hände der gesetzgebenden Versammlung, der Nation den Bürgereid leisten."

20. "Die Nationalversammlung behält sich vor, durch ein besonderes Gesetz dasjenige zu bestimmen, was die Erziehung des Königs, oder des wahrscheinlichen Thronerben, angeht."

21. "Die Regentschaft kann nicht, mit der Aufsicht über den König, in Einer Person vereinigt seyn. Das Alter, welches zur Regentschaft erfordert wird, ist das Alter von fünf und zwanzig vollen Jahren."

Nachdem diese Artikel beschlossen waren, fuhr Herr Thouret fort: "die königliche Würde ist das höchste öffentliche Amt. Auf diesem Satze beruht Alles. Ein öffentliches Amt ist mit Pflichten verbunden, welche erfüllt werden müssen. Dieß ist unsere Theorie. Wer dieselbe nicht annehmen will, der muß beweisen, daß die königliche Würde nicht ein öffentliches Amt sey."

Herr de Cazales. Ich höre wohl, daß Euer Ausschuß, auf eine respektwidrige Weise fortfährt, das höchste erbliche Oberhaupt der Nation mit der grossen Menge öffentlicher Beamter zu vermengen. Man sollte wenigstens bedenken, daß ein freyes Volk für seinen König und für die königliche Familie Ehrfurcht haben muß. Noch einmal kommt der Ausschuß zurück, auf jenen unglaublichen Vorschlag, welcher dem Könige verbietet das Königreich zu verlassen, und zufolge welches der König, wenn derselbe, nach einer Proklamation der gesetzgebenden Versammlung, nicht in das Königreich zurück gekehrt ist, als seiner Stelle verlustig angesehen wird. Ich will nicht noch einmal wiederholen, daß dieses heiße: dem Könige das Kommando der Armee abnehmen; und ihn verhindern, das Königreich zu vertheidigen. Kann der König seine Krone verlieren, so muß er können gerichtet werden; kann er gerichtet werden, so ist er abhängig; ist er abhängig, so befindet er sich in der Knechtschaft: dann ist es vorbey mit der Freyheit; dann ist es aus mit dem Glücke des Volkes! Die Erblichkeit des Thrones habt nicht Ihr festgesetzt. Der Thron war erblich, ehe Ihr versammelt waret. Das habt nicht Ihr beschlossen, daß die Krone erblich seyn solle: sondern Ihr habt es, zufolge des, von der französischen Nation erhaltenen, Befehles anerkannt. Nicht von Euch, nicht von Eurer Konstitution, hat die königliche Familie das Recht zur Thronfolge erhalten; sondern sie hat dieses Recht, zufolge des Verlangens der französischen Nation, seit acht hundert Jahren; und Ihr waret, vor allen Dingen, genöthigt, dieses Verlangen anzuerkennen. Ein Recht welches Ihr nicht übertragen habt, könnt Ihr auch nicht nehmen. Sollte indessen, in dem Uebermuthe ihrer Gewalt, durch welchen sie so oft irre geleitet wurde, die Versammlung vergessen, was dieselbe der Nation und dem Könige schuldig ist: so will wenigstens ich schwören: dem Eide, welchen ich geleistet habe, jederzeit getreu zu verbleiben. Ich schwöre: das rechtmäßige Ansehen meines Oberherren anzuerkennen, und dem Blute Ludwigs des Heiligen und Heinrichs des Vierten getreu zu verbleiben.

(Bey diesen Worten standen alle Mitglieder der rechten Seite auf, und Jeder sprach, ganz laut: „ich schwäre es.")

Herr Pethion. Können wir zugeben, daß man die Nation auf eine solche Weise herabwürdige? Niemals hat Jemand frecher und unvernünftiger sich unterstanden, den Satz anzugreifen, welchen jedermann annimmt, daß nemlich die Nation der Oberherr sey, als mein Vorgänger. Er hat sich sogar unterstanden, diese Nation die Unterthanen des Königs zu nennen; gleichsam als könnte es, unter einem freyen Volke, andere Unterthanen geben, als die Unterthanen des Gesetzes. Dieses ist die einzige Unterwürfigkeit, die einzige Sklaverey, welche sich für eine Nation schickt, deren vornehmste Pflicht und deren vorzüglichste Tugend in der Ehrfurcht für das Gesetz besteht.

(Lautes Beyfallklatschen der linken Seite sowohl, als der Gallerien)

Eine andere Wahrheit die nicht geläugnet werden kann, ist die: daß der König selbst dem Gesetze unterworfen ist. Außerdem würde er ein Despot seyn. Gesetzt der König zöge gegen sein Königreich, an der Spitze einer Armee von 40,000 Mann: wäre er dann nicht strafbar?....

Abbé Maury. Folglich hätte Heinrich der Vierte den Galgen verdient?

Herr Alexander de Lameth. Wer so raisonnirt, wie Herr de Cazales, der verräth die Nation; der erkennt den König, als im eigenthümlichen Besitze der königlichen Würde; und er läugnet, daß das Volk ein Recht habe, die Regierung nach Gefallen abzuändern. Kann man wohl, in einer Versammlung, welche beschlossen hat, daß die Oberherrschaft der Nation zugehöre, dergleichen Sätze vorbringen? Wie lange wagt man es noch, unser und der Nation zu spotten, indem man vorgibt, der König habe gar keine Pflichten? Wenn der König seine Amtspflichten ausübt, dann ist er unverletzlich. Wir sind dem Könige getreu; aber dem konstitutionellen Könige, der souverainen Nation, und dem Gesetze.

Am 28. März wurden diese Berathschlagungen fortgesetzt. In dem Namen des Konstitutionsausschusses sprach Herr Thouret: „Weit entfernt von uns sey jeder Gedanke den Thron verächtlich zu machen, oder die königliche Würde verunstalten zu wollen. Sie ist der Schlußstein unserer Konstitution, und sie verbürgt der Nation ihre Freyheit. Wer unter uns wollte nicht dem Könige getreu seyn? Ist nicht diese Treue, vermöge der Konstitution, geboten? Haben wir, auch nur bey einer einzigen Gelegenheit, welche sich uns darbot, verabsäumt, das Gewölbe unseres Versammlungssaales von Jubelgeschrey, zu Ehren derselben, ertönen zu lassen? Aber die königliche Würde ist ein öffentliches Amt, und folglich ist Derjenige, welcher dieselbe bekleidet, ein öffentlicher Beamter. Und, in der That, wenn die königliche Würde Ehrfurcht von uns fordert, so geschieht dieses eigentlich nur in so ferne dieselbe das höchste öffentliche Amt ist, welches nur irgend Jemand bekleiden kann. Oder unter welchem andern Vorwande könnte sie unsere Verehrung fordern? Der Titel des ersten Stell-Ersetzers, oder Nachrückers, ist ebenfalls der einzige, welcher Demjenigen zukommen kann, der die Aussicht hat, dieſes öffentliche Amt nach dem Könige bekleiden zu dürfen. Denn bemerken Sie, meine Herren, daß der Titel wahrſcheinlicher Thronerbe ein Eigenthum, ein Erbgut vorausſetzt. Die königliche Würde pflanzt ſich nicht durch Erbſchaft fort: ſondern es pflanzt ſich dieſelbe, ſo wie ein jedes anderes öffentliches Amt, durch Fortſetzung der erſten Uebertragung fort, ſolange dieſe Uebertragung der Erbfolge folgt. a)"

Nachdem Herr Thouret, im Namen des Konſtitutionsausſchuſſes, der Nationalverſammlung ſeine metaphyſiſchen Taſchenſpielerkünſte mit meiſterhafter Geſchicklichkeit vorgegaukelt hatte; da beſchloß er ſeine Rede mit einem philoſophiſch-deklamatoriſchen Blendwerke: „O! wie ſie ſich irren, Diejenigen, die da ſagen: für uns ſey nichts heilig! unter dem menſchlichen Geſchlechte bleibe nichts dauerhaft und beſtändig! Alles was wahr, alles was gerecht iſt, wird bleiben unter uns: aber auch nichts anderes! Das Reich des Empirismus iſt vorüber! Falſche Größen, falſche Lehren, falſches Anſehen, vorgebliche Eigenſchaften, vorgebliche Talente: Alles, was auf dem Probeſteine der Vernunft und der öffentlichen Meynung nicht beſtand, das iſt gefallen! Man hat zu

---

a) La Royauté ne se transmet pas héréditairement, mais, comme une fonction publique, par continuation de la délégation primitive, tant que cette délégation suit l'ordre héréditaire. An dieſem Beyſpiele mag der Leſer ſehen, zu welchen ungereimten und abgeſchmackten Folgerungen, die, von der Nationalverſammlung angenommenen, metaphyſiſchen Grundſätze, Gelegenheit geben! Trauriger Mißbrauch des menſchlichen Verſtandes!

Euch gesagt: ein König werde ein öffentlicher Beamter seyn, so wie etwa ein Mitglied des Bürgerrathes; und der wahrscheinliche Thronerbe werde der Stell-Ersetzer des Königs seyn, etwa so wie ein jedes Mitglied der Nationalversammlung seinen Nachrücker hat. Weg mit diesen Karrikaturen! Aufrichtig laßt uns die Wahrheit suchen! Wollt Ihr die königliche Würde, bey aufgeklärten Völkern, dauerhaft und bleibend machen: so machet, daß die königlichen Vorrechte nicht mit den unvertilgbaren Grundsätzen der ewigen Gerechtigkeit im Widerspruche seyen; und daß Nichts vorhanden sey, was freye und vernünftige Menschen abhalten könne, sich denselben zu unterwerfen!"

Herr Cazales. Ich will nicht einmal untersuchen: ob es, unter irgend einer Voraussetzung, erlaubt seyn könne, einen Plan vorzulegen, nach welchem das Volk seinen rechtmäßigen Oberherren von dem Throne stoßen dürfte. Diese Frage muß mit einem ehrfurchtsvollen Schleyer bedeckt bleiben: und überdieß sind jetzt die Zeitumstände nicht von solcher Art, daß eine so gefährliche Berathschlagung Statt finden könnte. Aber ich behaupte: daß, den Fall voraussetzen zu wollen, in welchem ein König eine solche Strafe verdienen könnte, schon eine Art von Verbrechen ist. Durch dergleichen Debatten lehrt man das Volk ungehorsam zu seyn....

(Herr Pethion. Was verstehen Sie unter dem Ausdrucke: das Volk?)

Ich verstehe: die ganze Nation! Diese lehrt man, sage ich, in welchem Falle sie ihren Oberherrn von dem Throne stoßen könne. Dergleichen Grundsätze, die jetzt so oft vorgebracht werden, sind schuld an dem Hange der Gemüther zu der allersträflichsten Ausgelassenheit; an dem Zustande einer völligen Gesetzlosigkeit, in welcher das Königreich sich befindet; und an der Menge von Frevelthaten, durch welche die Revolution besudelt wird. Ihr erndtet selbst die bittern Früchte Eures unpolitischen Verfahrens ein. Die Nationalversammlung hat gar das Recht nicht, den Fall zu bestimmen, in welchem der Thron entlediget seyn könnte. Die Erblichkeit des Throns ist durch das Verlangen des französischen Volkes festgesetzt worden. Die Könige haben ihre Krone nicht von Gott und ihrem Schwerte: das weiß ich recht gut; auch ich bin weit entfernt, solche lächerliche Fabeln statt der Wahrheit annehmen zu wollen. Allein schon seit acht hundert Jahren ist die Erblichkeit des Thrones festgesetzt. Förmlich hat die Nation Euch anbefohlen, dieselbe beyzubehalten. Ihr habt also weiter nichts gethan, als einem Befehle gehorcht, der von einem Höheren herkam als wir sind. Folglich habt Ihr gar das Recht nicht, einem Grundsatze, der nicht von Euch herkommt, eine Bedingung anzuhängen. Wollt Ihr dieses thun: so wagt es öffentlich bekannt zu machen: daß Ihr gesonnen seyd die Regierungsform abzuändern!"

Herr Karl de Lameth. Ich verlange, daß die Frage sogleich entschieden werde. Man spricht von andern Dingen, und man geht von dem Gegenstande ab, damit wir Zeit verlieren.

Nach langen und heftigen Debatten, welche mit vielen groben Ausfällen und mit beleidigenden Ausdrücken für einzelne Mitglieder untermischt waren, verließ die ganze rechte Seite der Versammlung den Saal; dann beschloß die linke Seite einstimmig, weil Niemand mehr da war, der es der Mühe werth gehalten hätte zu widersprechen, folgendes:

1. „Die öffentlichen Beamten sollen gehalten seyn, solange ihr Amt daurt, an dem Orte, wo sie dasselbe ausüben, zu bleiben, wenn sie nicht, wegen angegebener und gebilligter Gründe, Erlaubniß zu reisen erhalten haben."

2. „Der König, als erster öffentlicher Beamter, muß innerhalb, und nicht weiter als zwanzig Stunden von der Nationalversammlung entfernt, sich aufhalten, solange dieselbe versammelt ist. Nachdem sie aus einander gegangen ist, kann der König in einem jeden andern Theile des Reiches sich aufhalten."

„Sollte der König das Königreich verlassen, und sollte Er, nachdem Er, durch eine Proklamation der gesetzgebenden Versammlung, eingeladen worden ist zurück zu kommen, nicht nach Frankreich zurück kehren: so würde Er angesehen werden, als hätte Er die Krone niedergelegt."

3. „Da der wahrscheinliche Thronerbe in dieser Eigenschaft der erste Stellvertreter des Königs ist: so ist derselbe gehalten, bey der Person des Königs zu bleiben. Eine Erlaubniß des Königs ist für ihn hinlänglich, um innerhalb Frankreich zu reisen, aber er kann nicht, ohne einen, von dem Könige genehmigten, Beschluß der Nationalversammlung, das Reich verlassen."

4. „Solange der wahrscheinliche Thronerbe minderjährig bleibt, solange soll derjenige volljährige Anverwandte, welcher zunächst zu der Regentschaft berufen ist, in dem Königreiche sich aufhalten."

5. „Die Mutter des wahrscheinlichen Thronerben,

soll, so lange derselbe minderjährig ist, sowohl als die Mutter des minderjährigen Königs, so lange sie die Aufsicht über ihn hat, gehalten seyn, innerhalb des Reiches sich aufzuhalten."

6. "Die übrigen Glieder der Familie des Königs sind keinen andern Gesetzen unterworfen, als denen auch die andern Bürger des Staates unterworfen sind."

Nun folgen noch einige andere Artikel, welche aber kein allgemeines Interesse haben, und daher weggelassen worden sind.

An dem sechsten April berathschlagte sich die Versammlung, über ein Gesetz, welches den Ministern des Königs ihre Pflichten vorschreiben sollte. Herr Demeunier schlug vor: daß der König allein das Recht haben solle, seine Minister zu wählen und auch abzusetzen.

Herr Robespierre. Die Versammlung ist nicht gehörig vorbereitet, um sich hierüber zu berathschlagen. Ich verlange daher Aufschub.

Herr Karl de Lameth bat die Versammlung, um der Freyheit willen, und um ihrer selbst willen, diesen Artikel nicht zu beschließen; bevor sie nicht das Gesetz, die Verantwortlichkeit der Minister betreffend, würde beschlossen haben. Er brachte in Erinnerung, wie grosse Gefahr der Konstitution gedroht hätte, wenn nicht der Herr Erzbischof von Bordeaux, der letzte Siegelbewahrer, nebst den andern Ministern, seine Stelle niederzulegen genöthigt worden wäre. Die Gegenrevolution wäre, sagte er, unvermeidlich gewesen, die Aristokraten.....

(Lautes Gelächter)

Fünfter Theil. F

Ungeachtet Ihr diesen Ausdruck lächerlich zu machen sucht, so erkläre ich dennoch: daß ich mich desselben jederzeit bedienen werde, weil ich ihn bequem finde.

(Die Gallerien klatschten dem Herrn Lameth lauten Beyfall zu)

Herr Pethion verlangte: daß die Nation Einfluß auf die Wahl, sowohl als auf die Absetzung der Minister, haben sollte; und daß sie nur für eine gewisse, bestimmte Zeit, gewählt werden sollten.

Herr Le Chapelier. „Dadurch unterscheidet sich eine Monarchie von einer Republik, daß, in der erstern, die Agenten der ausübenden Gewalt durch den König ernannt werden. Es ist doch auffallend, daß man eine Republik verlangt, ohne die Mittel dieselbe in Gang zu bringen." — Hierauf widerlegte er Herrn Pethion und dessen ungereimte Meynung, daß das Volk einen Einfluß auf die Wahl der Minister haben müsse, und daß die Minister nur auf eine gewisse, bestimmte Zeit, zu wählen seyen.

Herr Karl de Lameth. Vor allen Dingen müssen wir uns über den, die Minister betreffenden Kriminalkodex, berathschlagen: und wir dürfen uns keineswegs fürchten, zu sagen: in diesem, oder in jenem Falle, soll der Minister gehangen werden.

Nach einem grossen Lärme wurde beschlossen:

I. „Daß die gesetzgebende Versammlung dem Könige, über das Verhalten der Minister, solche Erklärungen übergeben könne, die sie selbst für gut halte: ja, daß dieselbe sogar dem Könige zu erklären befugt sey: seine Minister hätten das Zutrauen der Nation verloren."

II. „Daß die Mitglieder der gegenwärtigen Nationalversammlung, so wie auch die Mitglieder der folgenden Versammlungen, vier Jahre lang, von der Zeit an, da die Pflichten ihrer Stellen aufhören, weder zu Ministern ernannt, noch von der ausübenden Gewalt, oder von den Agenten derselben, irgend ein Amt, eine Stelle, ein Geschenk, einen Gehalt, oder einen Auftrag, von welcher Art derselbe auch seyn möge, sollten erhalten können."

III. „Kein Befehl des Königs soll in Ausübung gebracht werden, solange derselbe nicht, von dem Minister welchem der Befehl, zufolge der Art des Geschäftes, zugehört, unterschrieben ist."

IV. „In keinem einzigen Falle kann ein mündlicher, oder ein geschriebener Befehl des Königs, einen Minister der Verantwortlichkeit entziehen."

V. „Kein Minister kann, wegen solcher Handlungen die seine Verwaltung angehen, vor ein Kriminalgericht gefordert werden, anders als zufolge eines Beschlusses der gesetzgebenden Versammlung, welcher sagt: es sey Ursache zur Anklage vorhanden."

VI. „Sobald die gesetzgebende Versammlung beschlossen hat: es sey Ursache zur Anklage gegen einen Minister vorhanden; so hören die Amtsgeschäfte dieses Ministers auf."

Hierauf wurden die Geschäfte eines jeden Ministers bestimmt.

Der Gehalt der Minister gab zu sehr sonderbaren Debatten Veranlassung. Herr Robespierre verlangte: daß man diesen Gehalt so gering machen möge als nur immer möglich wäre. Herr Garat bewies dagegen: daß dieses gegen das Interesse der Nation seyn würde, weil sich alsdann die Minister genöthigt sähen, durch mancherley kleine und unerlaubte Mittel ihre

Stellen zu verbessern. Herr Prieur meinte: man könne die Minister auf den Fuß der Mitglieder der Nationalversammlung setzen, und ihnen täglich achtzehn Livres Diäten bezahlen. Herr Lanjuinais hielt dafür, daß die Minister auf alle Weise müßten knapp gehalten werden, damit sie nicht übermüthig würden. Herr Buzot behauptete: die Minister müßten von dem Könige, aus seiner Zivilliste, bezahlt werden, weil sie Diener des Königs wären.

Endlich ward beschlossen: „daß, aus dem Schatze der Nation, dem Minister der auswärtigen Angelegenheiten jährlich 150,000 Livres, und den übrigen Ministern jährlich 100,000 Livres, bezahlt werden sollen."

Die Zahl der Minister wurde auf sechs festgesetzt. Nämlich: der Minister der Gerechtigkeit; der Minister der innern Angelegenheiten; der Minister des Seewesens und der Kolonien; der Kriegsminister; der Minister der öffentlichen Abgaben; und der Minister der auswärtigen Angelegenheiten.

„Diejenigen Minister," hieß es ferner, „welche Verbrechen gegen die Konstitution begehen, sollen, nach Maßgabe der Größe des Verbrechens, entweder mit dem Tode bestraft, oder nach den Galeeren gesandt werden, oder die bürgerliche Ehre verlieren."

―――――

Aeußerst wichtig, sowohl an sich selbst, als in Rücksicht auf ihre Folgen, waren die Debatten der Versammlung über die Kolonien.

Am ersten Februar schlug Herr Barnave vor: Zu Herstellung der Ruhe in den Kolonien, Abgeordnete dahin zu senden, mit einer Vollmacht, welche

sich so weit erstrecken sollte, daß sie sogar Kriminal-
prozesse aufheben könnten, und diese Abgeordnete mit
Instruktionen für die Kolonialversammlungen zu versehen.

Die Versammlung nahm den Vorschlag des Herrn
Barnave an.

Eine Gesellschaft zu Paris, welche sich die Freunde
der Schwarzen, oder auch die Philanthropen
nannte, und deren vorgeblicher Zweck es war, den
Negersklaven die Freyheit und den Mulatten alle Rechte
der weißen Kreolen zu verschaffen, hatte einige Mulatten bewogen, sich diese Rechte von der Versammlung auszubitten. Am vierten März erschienen die
Mulatten vor den Schranken der Versammlung, und
verlangten, ihre Bittschrift ablesen zu dürfen.

Herr de Dillon widersetzte sich. Er stellte vor:
daß diese Abgesandten gar keinen öffentlichen Karakter
und keine Vollmacht hätten; daß sie von einer sogenannten philanthropischen Gesellschaft hergesandt würden, deren unüberlegter Eifer auf die Versammlung
gar keinen Einfluß haben dürfte, und von der es noch
überdieß mehr als wahrscheinlich wäre, daß sie aus in-
teressirten Absichten handelte. „Ihr wißt selbst" fuhr
Herr Dillon fort „daß die Unruhen in den Kolonien bloß allein vermöge der Besorgnisse entstanden
sind, welche die Kolonisten, wegen der Gesinnungen
der Versammlung über diesen Gegenstand, gefaßt haben. Ihr wißt, daß diejenigen Kolonien, welche die
lebhafteste und die standhafteste Anhänglichkeit an Euere
Beschlüsse zeigten, es zur ausdrücklichen Bedingung
gemacht haben, daß Ihr über den Stand der Personen nichts beschließen sollt, ohne vorher die Kolonien

um Rath gefragt zu haben. Ihr habt jetzt zwanzig Millionen Livr. bestimmt, um in denselben die Ruhe herzustellen. Aber wenn Ihr wegen der Mulatten einen Beschluß faßt: so reichen fünf hundert Millionen nicht hin; so müßt Ihr die Kolonien wiederum erobern, wenn Ihr sie behalten wollt. Ich erkläre hiemit, in meinem Namem, sowohl als in dem Namen aller übrigen Kolonisten, daß wir alle entschlossen sind, das Schicksal dieser Menschenklasse zu verbessern. Nehmt Ihr aber wegen der Mulatten, diejenigen unrichtigen und voreiligen Maßregeln an, welche eine Gesellschaft Euch vorschlägt, die unser herrliches Königreich in eine Einöde verwandeln würde, wenn man ihren Grundsätzen folgte: dann ist Alles verloren. Ich halte es für Pflicht, Euch zu sagen, daß, wenn die Nachricht in den Kolonien wird angelangt seyn, daß Ihr Mulatten vor die Schranken gelassen habet, eine Viertelstunde nachher, die Kolonien in einem gänzlichen und erklärten Aufruhr werden begriffen seyn."

Die Mulatten wurden nicht vorgelassen.

Am folgenden Tage las Herr de Sillery der Versammlung einen Brief von der sogenannten Gesellschaft der Freunde der Schwarzen vor. Sie betheurten: daß sie ihre Plane unabänderlich zu verfolgen entschlossen seyen; sie beklagten sich über Herrn Dillon, welcher sie in der Versammlung verläumdet hätte; und sie verlangten, daß Herr Dillon seiner Unverletzbarkeit beraubt werde, damit sie ihn vor den Gerichten anklagen könnten.

Es wurde gefragt: von Wem dieser Brief unterschrieben wäre? Herr de Sillery antwortete: von den Herren Claviere und Brissot.

Am zwölften Oktober 1790 hatte die Versammlung beschlossen: daß die fünf und achtzig Mitglieder der allgemeinen Kolonialversammlung von St. Domingue, welche mit dem Schiffe Leopard nach Frankreich gekommen waren a), in Frankreich verbleiben, und nicht nach St Domingue sollten zurück kehren dürfen. Zufolge dieses Befehls blieben sie in Frankreich. Am fünften März 1791 las Herr de Sillery einen, von denselben an die Versammlung geschriebenen, Brief vor. Kaum hatte er angefangen zu lesen, als alle Mitglieder der linken Seite mit grossem Geschrey aufstanden, den Vorleser unterbrachen, und verlangten, daß die Vorlesung des Briefes nicht geendigt würde; und zwar deßwegen, weil dieser Brief, gleich im Anfange eine bittere Kritik der Arbeiten der Nationalversammlung enthielt.

Herr Lavie sprach gegen diesen Brief in heftigem Zorne. Herr Mirabeau verlangte, daß die Verfasser des Briefes vor die Schranken gefordert, und wegen ihres Vergehens einen Verweis erhalten sollten. Herr Barnave versicherte: die Mitglieder der vormaligen Kolonialversammlung wären nicht die Verfasser des Briefes, sondern Herr Linguet habe denselben in ihrem Namen aufgesetzt.

Am ein und dreyßigsten März wurden endlich die Mitglieder der vormaligen Kolonialversammlung von St. Domingue vor die Schranken gelassen. Herr Linguet sprach in ihrem Namen. Er stellte die traurige Lage dieser Männer vor, welche, achtzehnhundert Stunden weit von ihrem Vaterlande ent-

---

a) Man sehe Band 4. S. 261.

fernt, in Frankreich aufzuhalten sich genöthigt sähen. Dann entschuldigte er Alles dasjenige, was sie vormals, als Kolonialversammlung, zu St. Marc gethan hatten; und beklagte sich über die Versammlung der Wahlherren der nördlichen Abtheilung der Insel St. Domingue, welche sich der Kolonialversammlung und der Ausführung ihrer Beschlüsse widersetzt hätten a).

Die Wahlherren der nördlichen Abtheilung hatten Abgesandte nach Paris gesandt, um sich gegen die Kolonialversammlung zu vertheidigen. Diese Abgesandten fanden sich durch die, von Herrn Linguet gehaltene, Rede beleidigt. Sie vertheidigten sich daher, gegen die vorgebrachten Beschuldigungen, in einem Briefe, welcher am fünften April in der Nationalversammlung vorgelesen wurde. Hierauf fuhr Herr Linguet, an eben diesem Tage, fort den Aufsatz vorzulesen, welchen er, im Namen der Kolonialversammlung, verfertigt hatte. Er endigte seine Rede auf folgende Weise: „Nunmehr komme ich zu dem Zeitpunkte, in welchem gegen die Kolonialversammlung Gewalt gebraucht wurde. Der Entschluß dazu ward am 29. Julius gefaßt b). Am folgenden Tage wurde derselbe ausgeführt; und, um Mitternacht, ein muthiger Bürgerrath von wüthenden Soldaten angefallen und ermordet. Der General, trunken von Freude über diesen Sieg, gab Befehl gegen die Kolonialversammlung zu marschiren. Sie war eben versammelt. Sie berathschlagte sich, und beschloß: nach Frankreich zu segeln, um daselbst zu erfahren, wie sie sich zu

---

a) Man sehe Band 4. S. 261.
b) Ebendaselbst.

verhalten hätte. „Laßt uns" so sprachen sie „bey unsern Brüdern in Europa gerechte und weise Gesetze hohlen, welche uns Glück und Frieden bringen werden. Fort! fort! — Zwey Stunden nachher unternehmen diese standhaften Patrioten ihre Reise a); sie schiffen sich ein, zu der allerstürmischten Jahrszeit; sie verlassen (die meisten schon in einem hohen Alter) das Ufer, und geben sich den wüthenden Wellen preis. Die Eigenthümer überlassen ihre Güter Händen, die weniger betriebsam sind, als ihre eigenen Hände; die Männer verlassen ihre Weiber; die Väter ihre Kinder: Nichts ist vermögend sie zurück zu halten. „Wir reisen" so sprachen sie „zu der Versammlung; und wir wollen derselben Eure Bitten, vereinigt mit unsern Bitten, vorlegen. Die Gesetzgeber Frankreichs sind großmüthig. Sie werden uns gütig anhören; sie werden uns billig richten." — So sprachen sie; und von dem Ufer zum Schiffe, und von dem Schiffe zum Ufer, rief man sich zu: „Lebt wohl! Bald werden wir uns wieder sehen; bringt uns Ruhe und Frieden mit!"

Auf diese Weise stellte Linguet das Verfahren der Kolonialversammlung vor. Allein es wurde Herrn Barnave nicht schwer, diese falsche Vorstellungsart zu widerlegen, die Thatsachen, der Wahrheit gemäß, so wie dieselben oben erzählt worden sind, b) darzustellen, und diese Darstellung durch unwiderlegliche Beweise zu bestätigen.

---

a) Man sehe Band 4. S. 261.
b) Man sehe Band 4. S. 248. und ff.

Am siebenten May hielt Herr Delatre einen Vortrag über die Rechte der Mulatten in den Kolonien. Der Hauptinhalt desselben war folgender:

"Man muß gerecht seyn gegen Jedermann; aber mit Klugheit. Wir müssen suchen die Mulatten mit den Weißen zu vereinigen. Seit einiger Zeit herrschen Unruhen in den französischen Inseln in Westindien. Die Gefahr ist dringend, und es erfordert dieselbe, daß Ihr, so schnell als möglich, Maßregeln ergreifet, welche fähig seyen, den Unruhen ein Ende zu machen, dem Unglücke, welches schon allzu lange dauert, Einhalt zu thun, und noch grössern Unglücksfällen vorzubeugen. Das einzige Mittel, zu diesem Zwecke, besteht darinn: daß Ihr förmlich beschließet: **die gesetzgebende Versammlung wolle über den Stand der Personen in den Kolonien keinen Beschluß fassen, so lange nicht derselbe, förmlich und bestimmt, von den Kolonialversammlungen gefordert werde.**"

Abbe Gregoire (jetzt Bischof von Blois und ein Mitglied der Gesellschaft der Freunde der Schwarzen). Wir sollen gerecht seyn, sagt man, aber mit Klugheit. Das heißt so viel: wir sollen unterdrücken, aber mit Feinheit. Ich verlange, daß die Berathschlagung noch aufgeschoben werde. Der Vortrag des Herrn Delatre und sein Vorschlag sind beyde abscheulich.

Herr Moreau de St. Mery (ein Kreole). Ich wundere mich nicht darüber, daß man den gehaltenen Vortrag abscheulich nennt. Eine Sekte ist aufgestanden, welche sich den Namen der Freunde der Schwarzen gegeben hat. Diese Sekte überschwemmt das Publikum mit Schriften, welche auf nichts anders abzwecken, als darauf, Frankreich in einen Krieg mit seinen Kolonien zu verwickeln; diese gänzlich los zu reißen; und hiedurch das Seewesen, die Handlung und die Macht Frankreichs, zu vernichten. Wollt Ihr die Bekanntmachung der Menschenrechte auf die Kolonien anwenden, so sage ich Euch im voraus: Ihr werdet die Kolonien verlieren.

Herr Pethion. Man verlangt von Euch, daß Ihr Menschen unterdrücken sollt, welche so gut frey sind und eben so gut Staatsbürger sind als die Kreolen: ich meine die Mulatten. Was man Euch vorschlägt ist schändlich, ist abscheulich.

Herr Malouet. Man hat in den Kolonien eine Schrift ausgetheilt (den Patriote François von dem verrückten Briffot) in welcher die Soldaten und die Matrosen ersucht werden, sich überall in den Plantagen zu verbreiten, und den Negersklaven anzukündigen, die Nationalversammlung habe sie für frey erklärt.

Am eilften May und an den folgenden Tagen wurde diese Berathschlagung fortgesetzt. Der Bischof Gregoire sprach zuerst. Er vertheidigte die Gesellschaft der Freunde der Schwarzen (die man, weit richtiger, die Feinde der Weißen nennen könnte) und verlangte: daß die Mulatten gleiche Rechte mit den Weißen, oder mit den Kreolen haben sollten. Dieß hieß ungefähr eben so viel, als wenn man die leibeigenen Bauren in Pohlen plötzlich den pohlnischen Edelleuten gleich setzen wollte.

Herr de Clermont Tonnerre suchte zu beweisen: daß man den Kolonien nothwendig das Recht laſſen müßte, die Geſetze, welche ſie betreffen, ſelbſt vorzuſchlagen. „Ihr habt anerkannt (ſo ſprach er) daß ein Volk nicht einem einzigen Manne eigenthümlich zugehören könne. Geht nunmehr noch einen Schritt weiter; und Ihr werdet finden: daß auch nicht ein Volk einem andern Volke eigenthümlich zugehören kann. Die Natur der Dinge, die geographiſche Lage, Alles widerſetzt ſich einem ſolchen Plane." Er verlangte: daß der Vorſchlag des Herrn Delatre angenommen werden ſollte.

Herr Malouet. Die Unruhen in den Kolonien entſprangen aus den Bewegungen, welche die Revolution in allen Theilen des Reiches hervorgebracht hat; aus den mannigfaltigen Deklamationen gegen die bisherige Regierungsform; aus den gefährlichen Neuerungen, welche eine, in ihren Zwecken wohlthätige, aber in ihren Mitteln unvorſichtige und grauſame, Philoſophie hervorgebracht hat. Es kommt jetzt nicht darauf an, zu unterſuchen: ob der gegenwärtige Zuſtand Eurer Kolonien fehlerhaft ſey; ſondern, ob derſelbe, ſo wie er iſt, mit der Bekanntmachung der Menſchenrechte ſich vertragen könne. Aber dieſes kann derſelbe nicht. Dort befinden ſich freye Menſchen und Sklaven; hier aber habt ihr bloß allein freye Menſchen. Unterſucht jetzt nicht, ob ſich die Sklaverey, nach Recht und Grundſätzen, vertheidigen laſſe: ſondern unterſucht, ob es möglich ſey, ohne das ſchrecklichſte Unglück über unſere Kolonien zu bringen, dieſen Zuſtand der Dinge zu verändern. Eine Menſchenliebe, welche eine ſolche Umänderung predigen wollte, würde den allerblutigſten Kreuzzug veranlaſſen. Dieß könnte ich, politiſch ſowohl als moraliſch, beweiſen. Ich bitte Euch, nicht um der Kolonien willen, sondern um der Nation selbst willen, derselben ihre Kolonien zu erhalten.

Herr de la Fayette sprach zu Gunsten der Mulatten.

Herr Despremenil. Herr La Fayette spricht von Politik, von Menschlichkeit. Ich bemerke seiner Politik, daß es in Frankreich freye Menschen gibt, welche keine thätigen Bürger sind: ich bemerke seiner Menschlichkeit, daß er selbst Negersklaven verkauft hat, welche er doch auch wird für Menschen gehalten haben.

(Diese übel angebrachte Persönlichkeit fand keinen Beyfall. Niemand klatschte: nicht einmal auf der rechten Seite).

Herr Barnave sprach mit Würde und vortreflich. Er stellte die Behauptungen einer, alles übertreibenden, und, unter dem Vorwande von Menschlichkeit, sich der grausamsten und unmenschlichsten Mittel bedienenden Philosophie, in ihrer ganzen Blöße dar, und verlangte: daß der Vorschlag des Herrn Delatre angenommen werden sollte.

(Sie sprechen wie ein Aristokrate! rief man Herrn Barnave von der linken Seite zu.

Herr Lanjuinais. Und warum sollen denn die Mulatten nicht gleiche Rechte mit den Kreolen haben! Die Mulatten sind Eure Vettern, Eure Anverwandten! Betrachtet Euch selbst im Spiegel, dann werdet Ihr finden, daß ich Recht habe! u. s. w.

Herr Robespierre sprach zu Gunsten der Mulatten, aus demselben Tone wie sein Vorgänger.

Herr Moreau de St. Mery. Die Kolonien

befinden sich jetzt ohne alle Regierungsform. Die Revolution hat alle Triebfedern der vorigen zerbrochen, und die gegenwärtige beruht bloß allein auf den Kolonialversammlungen. Nehmt ihr den Kolonien das Recht, ihre Gesetze selbst vorschlagen zu dürfen, so zerstört ihr die Kolonialversammlungen. Und welch eine schreckliche Anarchie würdet Ihr hiedurch verursachen! Haltet Ihr den Kolonien in diesem Punkte nicht, was Ihr denselben versprochen habt; so werden sie Euch auch in dem Uebrigen nicht trauen. England hat seine Amerikanischen Kolonien verloren, dadurch, daß es denselben nicht erlauben wollte, ihre Gesetze selbst vorzuschlagen.

Herr Dupont (der eifrigste Anhänger des physiokratischen Systems). Der ganze Streit ist weiter nichts, als ein Streit welchen die Eitelkeit der Kreolen verursacht. Sie wollen gerne einen gewissen Adel beybehalten. Und in den Kolonien gibt es sieben Stufen, sieben Grade des Adels: so wie es sieben Chöre von Engeln und Erzengeln im Himmel gibt. Man findet daselbst: grosse Weiße, oder Landbesitzer; kleine Weiße, welche keine Güter besitzen; Viertelschwarze; Halbschwarze; Mulatten; freye Neger; und Negersklaven, welche letztere das eigentliche Volk der Inseln sind. Die Mulatten müssen mit den Weißen gleiche Rechte haben. Die Weißen werden darüber murren, sie werden drohen: aber diese Drohungen verdienen Verachtung. Anfänglich werden sie ein grosses Geschrey erheben: endlich aber werden sie sich zufrieden geben, so wie sich bey uns endlich die Adelichen zufrieden gegeben haben, diejenigen nemlich, denen es nicht ganz an Kopf und Herz fehlt. Wenn man einen Feind bestreitet, so muß man demselben gerade und dreist in die Augen sehen. Euer eigener Vortheil, Europas Vortheil, der ganzen Welt Vortheil, erheischt, daß Ihr nicht anstehet, lieber eine Kolonie aufzuopfern, als einen Grundsatz aufzugeben. a) Die Kolonien werden uns nicht verlassen; sie können unser nicht entbehren: sie können aus England weder Wein, noch Oel, noch Seife, noch Seidenwaaren erhalten.

(Als wenn die Engländer nicht alles dieses in Italien, Spanien und Portugall holen, und den Kolonien zuführen könnten! Man erstaunt, einen Dupont so ungereimt sprechen zu hören!)

Vortreflich, und besser als alle seine Vorgänger, sprach der Abbe Maury. Er brachte in Erinnerung, mit welcher Klugheit die Versammlung, im vorigen Jahre, die Frage, über die Freyheit der Negersklaven, bey Seite gesetzt habe; und er behauptete, daß die gegenwärtigen Debatten, früher oder später auf jene, aus guten Gründen unberührt gelassene, Frage zurück führen müßten. „So oft (sagte er) Fragen von grosser Wichtigkeit, wie die gegenwärtige ist, in einer zahlreichen Versammlung feyerlich debattirt werden; in einer Versammlung, in welcher alle Zuhörer mehr ihr Herz als ihren Verstand urtheilen lassen: so oft sucht man nicht mehr die Wahrheit, sondern den Sieg. Eine durchaus wahre, aber streng scheinende, Meynung vertheidigt man nur dann mit Vortheil, wenn

---

a) Vôtre intérêt, celui de l'Europe, celui du monde entier, exigent, que vous n'hesitiez pas dans le sacrifice d'une colonie, plutôt que d'une principe.

man, seinem Freunde gegen über, allein sich befindet. Nimmt aber die Anzahl der Sprechenden, nimmt die Anzahl der Zuhörer zu: dann suchen geschickte Sophisten, durch rednerische Kunstgriffe, die Zuhörer hinzureißen; oder durch metaphysische Vernunftschlüsse die Menge zu verblenden, welche allemal um desto mehr bewundert, je weniger sie zu begreifen im Stande ist. Die Menge der Zuhörer weiß alsdann nicht mehr Wer recht hat: und sie nimmt, nach und nach, alle die, sich widersprechenden, Grundsätze der verschiedenen Redner an, welche sie hört."..... Wer sind diese Mulatten, für welche man bittet? Es sind die Nachkömmlinge von Herren und von Sklaven, welche, vermöge einer unerlaubten Vermischung, diesen Mittelschlag zwischen Weißen und Schwarzen gezeugt haben. Sie sind alle ihre Freyheit jenen weißen Menschen schuldig, von welchen sie großmüthig freygelassen worden sind, und welchen man uns, mit philosophischen und rheotorischen Floskeln, vorschlägt, sie gleich zu stellen, um beyden gemeinschaftlich die Verwaltung unserer Kolonien zu übergeben. Mir scheint es, daß der Beschluß, welcher diese politische Gleichheit zwischen den Mulatten und ihren vorigen Herren einführen würde, den Weißen die größte Gefahr bringen müßte. Welche Gefahr? so werdet Ihr fragen. Ach! es ist leicht dieselbe einzusehen, wenn man sie ohne Vorurtheil, und mit dem so seltenen Muthe der Unbefangenheit, aufsuchen will. Die Gefahr, Mulatten und weiße Menschen politisch gleich zu machen, kommt Einmal daher, weil die Meisten dieser Freygelassenen noch Anverwandte, Oheime, Neffen, Brüder, vielleicht sogar Väter, in der Slaverey haben. Niemals

wird

wird eine ganze Familie zu gleicher Zeit freygelassen.
— Euer unwilliges Gemurmel beweist mir, daß Ihr noch gar nicht die Folgen meines Vernunftschlusses einsehet. — Nein! wahrlich hier ist nicht von Eitelkeit die Rede! Wahrlich, ich weiß, so gut als Ihr, daß man von dem Staatsbürger keine Ahnenprobe fordern muß, so lange er seine Abgaben bezahlt. Aber, meine Philosophie, die Philosophie nach der ich spreche, das ist die Philosophie der Gesetzgebung: und Euere Philosophie, ich bitte um Erlaubniß es sagen zu dürfen, ist weiter nichts, als Ueberspannung einer Theorie, die von Staatsmännern in die Bücher zurück gewiesen werden muß, als ein bewundernswürdiges Ideal, welches unmöglich auf die Regierungsformen sich anwenden läßt. Ich kehre also zurück zu einem Vernunftschlusse, welchen man nicht errathen hat; zu einem Vernunftschlusse, welchen meine Tadler siegreich niederzuschlagen glaubten, indem sie ihre eigenen Gedanken widerlegten, und nicht die meinigen. — Ich fange damit an, daß ich der Versammlung sage: es sey unnütze, hier, auf diesem Rednerstuhle, in pathetische Deklamationen zu Gunsten der Menschheit auszubrechen. Wozu dient diese treulose Popularität, oder vielmehr diese schändliche Verläumbung? Wozu anders, als dazu, die Zuhörer auf den Gallerien zu betrügen, indem man ihnen die Kreolen als Tyrannen vorstellt, weil sie nicht von den Mulatten abhängen wollen?..... Ich nehme an, was viele von der gegenseitigen Parthie behauptet haben: daß nemlich die Anzahl der Mulatten in den Kolonien grösser sey als die Anzahl der Weissen. Hieraus schließe ich, daß, wenn die Mulatten auf die Fähigkeit herrschen zu dürfen

einen so grossen Werth setzen; wenn sie so grosse Lust haben, Offizierstellen, Bürgerrathsstellen, Richterstellen, und Verwalterstellen zu erhalten: ich schliesse hieraus, und unwiderleglich, daß diese Mulatten, welche, vermöge ihrer grössern Anzahl, in allen wählenden Versammlungen, die Oberhand behalten müssen, sobald Ihr sie für thätige Bürger erkennet; daß diese Mulatten, nach kurzer Zeit, in dem Besitze unserer Kolonien sich befinden, und den Weissen Gesetze vorschreiben werden. . . . Die Mulatten und die freyen Neger werden in unsern Kolonien die Könige spielen, von dem Tage an, an welchem sie, so gut als die Weissen, den Eintritt in die Kolonialversammlungen erhalten; und sobald als Ihr thätige Bürger aus ihnen macht, werden sie, wenn sie wollen, alle unsere französischen Mitbürger aus den Kolonien verjagen. Ich glaube nicht daß diese Folgerung für irgend einen vernünftigen Mann zweifelhaft seyn könne. Und nunmehr frage ich die Stellvertreter der Nation: ob es weise, ob es patriotisch gehandelt sey, Frankreich und die Frankreicher so grossem Unglücke auszusetzen. Freylich ist es schön, sich menschlich und großmüthig zu zeigen: aber wehe, wehe demjenigen Volke, welches sich, wenn es Gesetze gibt, von Schwärmerey dahin reissen läßt; welches, in der Versammlung seiner Gesetzgeber, die ehrwürdigen Rathschläge der Vernunft für allzugeringfügig hält, und bloß allein Theaterstreichen Beyfall zuklatscht! . . . . Man hat uns schon verschiedenemale gedroht, seitdem die gegenwärtigen Debatten angefangen haben, ich weiß nicht ob mit oder ohne Grund, daß sich die Kolonien von uns trennen würden. Man hat uns gesagt: die Kreolen, zitternd vor Furcht, bald gänzlich von den Mulatten abhängen zu müssen, würden fremden Schutz suchen, und England, welches vielleicht auf die gegenwärtige Berathschlagung grössern Einfluß hat als man wohl denken mag, wäre bereit, sie mit offenen Armen aufzunehmen. Ich wage es, zu hoffen, daß Frankreich niemals ein so grosses Unglück widerfahren werde; ein Unglück, welches Frankreich unter die Mächte vom zweyten Range versetzen würde. Ja, ihr Herren Neuerer, wenn Ihr jährlich mehr als zwey hundert Millionen verlöret, welche ihr aus Euren Kolonien ziehet; wenn ihr Euch genöthigt sähet, andere Auswege zu suchen, um Eure nachtheilige Handlungstraktaten aufzuwiegen, und um jährlich mehr als achtzig Millionen an Leibrenten zu bezahlen, welche Ihr Ausländern schuldig seyd; wenn Eure Kaufleute, zu Nantes, zu Havre, zu Bordeaux und zu Marseille, durch den Verlust von mehr als vier hundert Millionen Livres, welche die Kolonisten dem französischen Handel schuldig sind, plötzlich zu Boden geschlagen, sich alle verurtheilt sähen, Bankerott zu machen; wenn Ihr nicht mehr den ausschliessenden Handel mit Euren Kolonien besäßet, um Eure Manufakturen in Arbeit zu erhalten, um Euer Seewesen in Bewegung zu setzen, um Euren Ackerbau nicht in Verfall gerathen zu lassen, um die auf Euch gezogenen Wechselbriefe bezahlen zu können, um Euren Luxus zu befriedigen, um die Bilanz, in Eurem Handel mit Europa und mit Asien, zu Eurem Vortheile zu erhalten: dann (ich sage es laut, ich sage es Euren Physiokraten, welche schon so mancher politischer Ketzereyen sind überwiesen worden) dann würde das Königreich ohne Rettung verloren seyn! Ja meine Herren, ohne Rettung würde das Königreich verloren seyn! Ihr selbst hättet die Trennung Eurer Kolonien bewirkt, durch das unvorsichtige Gesetz, welches Ihr gegeben hättet. Wenn Ihr plötzlich alle Mulatten zu den Vorrechten thätiger Bürger beriefet: wenn Ihr dieselben, schnell und ohne Mittelzustand in die Ausübung einer, für sie so neuen, Gewalt hinein würfet, so würdet Ihr alle Weissen nöthigen, außer Landes zu gehen. Der Aufenthalt in Euren Kolonien würde denselben unerträglich werden, wenn sie sich unter das Joch ihrer vormaligen Sklaven bücken sollten..... Ich weiß nicht, meine Herren, warum man sich so grosse Mühe giebt, diese Versammlung gegen die weissen Menschen einzunehmen; gegen diese weissen Menschen, welche man aus Menschlichkeit selbst der Knechtschaft zu unterwerfen sucht! Diese Weissen, die man sich so sehr bemüht Euch verhaßt zu machen, sind dennoch die wahren und die einzigen Bande, welche die Kolonien mit dem Mutterlande verbinden. An jenem Tage, an welchem Eure Inseln nicht mehr von Weissen bewohnt und verwaltet seyn werden: an jenem Tage wird auch Frankreich keine Kolonien mehr besitzen. Die Kolonien werden alsdann von Negern und von Mulatten bewohnt werden, welche, man sage auch was man wolle, keine Frankreicher sind, weil sie Frankreich niemals gesehen haben. Diese Insulaner, deren wahres Vaterland Afrika ist, werden vielleicht, in dem fruchtbarsten Lande des Erdbodens, Hungers sterben, weil sie sich der Sorglosigkeit, der Unbekümmerniß, der Unerfahrenheit, und der unheilbaren Trägheit ihres Karakters, überlassen werden. Allein die Einwohner jener glücklichen Länder mögen nun vor Elend umkommen, oder eine benachbarte Macht möge sich ihrer bemächtigen: auf alle Fälle ist es klar, für einen Jeden, welcher im Stande ist, die Zukunft im Voraus zu berechnen, daß wir das Schicksal unserer Kolonien weder in den Drohungen, noch in den traurigen Voraussagungen unserer Kolonisten zu suchen haben; sondern daß wir dasselbe, schon im Voraus, in unserer gegenwärtigen Berathschlagung deutlich sehen können, weil die Erhaltung der Kolonien, oder ihr ewiger Verlust, die nothwendige Folge desjenigen Beschlusses seyn wird, welchen Ihr heute fassen werdet."

Herr Robespierre. Unstreitig ist es wichtig für Frankreich, unsere Kolonien zu erhalten: aber noch wichtiger ist es, daß wir unsere Grundsätze erhalten, und unsere Ehre. Mögen lieber unsere Kolonien alle zu Grunde gehen, als daß wir denselben unsere Grundsätze, unsere Freyheit und unsern Ruhm, aufopfern sollten!

Die Versammlung beschloß: daß kein für die Kolonien gültiges Gesetz über den Zustand der nicht freyen Personen von der gesetzgebenden Versammlung gegeben werden könnte, außer in dem Falle, daß die Kolonialversammlungen, ausdrücklich und förmlich, ein solches Gesetz verlangen sollten.

So beschloß die Nationalversammlung am dreyzehnten May. Aber die Gesellschaft der Freunde der Schwarzen, welche mit diesem Beschlusse höchst unzufrieden war, wandte Alles an, was in ihrer Macht stand, sogar die niederträchtigsten und die schändlichsten Mittel, um ihre Parthie in der Versammlung zu verstärken, und um dieselbe zu bewegen, daß sie den gefaßten Beschluß zurücknehmen möchte. Das größte

Gewicht erhielten die Kabalen und die Manövers jener schwarzen Gesellschaft dadurch, daß Herr la Fayette und Herr de la Rochefoucault allen ihren Einfluß anwandten, um die Plane dieser Gesellschaft zu begünstigen. Ohne einen so mächtigen Einfluß wären die Bemühungen jener Gesellschaft vergeblich gewesen: aber mit demselben war ihnen der Sieg gewiß. La Fayettes Ehrgeiz bestand darinn: daß er die Rolle eines politischen Luthers spielen, eine politische Reformation über die ganze Welt verbreiten, und sich dadurch unsterblich machen wollte. Diese Leidenschaft erlaubte ihm nicht allemal die Folgen seiner Handlungen im Voraus genau zu berechnen: daher denn auch die kaltblütige Vernunft, welche unpartheyisch urtheilt, nicht Alles billigen kann, was er zu thun für gut und zweckmäßig hielt!

An dem Tage nach dem gefaßten Beschlusse, am vierzehnten May, sollte nunmehr auch über das Schicksal der freyen Mulatten und Neger beschlossen werden. Eine vorgebliche Gesandtschaft der freygelassenen Mulatten verlangte, vor die Schranken gelassen zu werden, und eine Bittschrift ablesen zu dürfen.

Herr Martineau widersetzte sich. Er behauptete: diese vorgeblichen Abgesandten hätten gar keine Vollmacht, und es wäre nur zu sehr bekannt, daß die Schritte derselben von einer gewissen Gesellschaft (der Gesellschaft der Freunde der Schwarzen) geleitet würden.

Herr Bouche. Bedenken Sie, meine Herren, daß ganz Europa die Augen auf sie richtet, und daß es unverzeihlich wäre, wenn man sagen könnte, Sie hätten irgend ein Mittel, um sich über den Gegenstand Ihrer Berathschlagungen zu unterrichten, vorsätzlich verabsäumt. Lassen Sie, aus diesem Grunde, die Mulatten vor die Schranken.

Die Mulatten wurden vorgelassen. Einer unter ihnen las eine lange Bittschrift ab, in welcher alle Thatsachen vorsätzlich verstellt wurden, und in welcher die Mulatten sich ausbaten, daß sie den weissen Kreolen völlig gleichgesetzt werden möchten.

Die Herren Gregoire, Moreau de St. Mery und Malouet, wiederholten abermals was sie schon gesagt hatten.

Am funfzehnten May wurde die Berathschlagung fortgesetzt. Die meisten Redner sprachen zu Gunsten der Mulatten, und verlangten, daß der Beschluß der Versammlung abgeändert werden sollte. Dann trat Herr Barnave auf den Rednerstuhl. Er wollte anfangen zu sprechen. Die linke Seite der Versammlung schrie, lärmte, und weigerte sich Herrn Barnave zum Worte kommen zu lassen. Der Präsident, Herr Dandre, gab sich ebenfalls grosse Mühe, zu verhindern, daß dieser Redner spreche, weil auch Er für die Parthie der schwarzen Gesellschaft gewonnen war. Die rechte Seite der Versammlung bestand darauf, daß Herr Barnave gehört werden sollte; die linke Seite bestand darauf, daß er den Rednerstuhl verlassen sollte. Der Lärm war unbeschreiblich groß. Endlich gewährte der Präsident Herrn Barnave das Wort; und dieser sprach:

„Es ist jetzt die Frage, ob mich die Versammlung ruhig und stille anhören wolle, oder nicht......

„Nein! nein! nein!" rief man von der linken Seite „Herunter!" Herr Barnave verließ den Rednerstuhl, unter dem lauten Klatschen der Gallerien, welche sich darüber innig freuten, daß er nicht zum Worte kommen konnte. Herr Malouet gieng zu ihm hin, und bat ihn, nach einen Versuch zu machen. Herr Barnave fieng nochmals an: allein der laute Lärm verhinderte ihn fortzufahren. Er hielt inne, und bat den Präsidenten, ihm Stillschweigen zu verschaffen. Endlich wurde die Versammlung etwas ruhiger und Herr Barnave sprach, obgleich oft unterbrochen. Er beschwor die Versammlung: daß sie einen einmal gefaßten Entschluß nicht zurücknehmen möchte; er stellte vor, daß die größten Unordnungen in den Kolonien entstehen würden, wenn man den gefaßten Beschluß abändern wollte; er zeigte, was das Interesse der Nation, was eine gesunde Politik forderte, — aber vergeblich. Herr Robespierre sprach nach ihm, und wiederholte alle die Ungereimtheiten, die er schon an den vorigen Tagen ausgekramt hatte.

Die Versammlung beschloß: daß die von freyen Vätern und Müttern gezeugten Mulatten und Neger alle Rechte der thätigen Bürger, in den Kolonien zu fordern und auszuüben befugt seyn sollten.

Herr de Virieu rief aus: „Dieser Beschluß wird Millionen Frankreichern in den Kolonien das Leben kosten. Ich erkläre hiemit öffentlich, daß ich an den Folgen desselben gänzlich unschuldig bin."

Unter schrecklichem Lärm und Tumult; unter dem lautem Beyfallklatschen der Gallerien; unter dem Freudengeschrey der linken Seite, welche den Beschluß ausgewirkt hatte, und unter dem Protestiren der rechten Seite, gieng die Versammlung auseinander. Die Freunde der Schwarzen feyerten jauchzend den, über Vernunft und Klugheit erhaltenen, Sieg.

Auf diese Weise wurde ein Feuerbrand nach den französischen Kolonien geschleudert, welcher daselbst in lichte Flammen ausbrechen, und Häuser und Güter verzehren sollte; auf diese Weise ward ein Gesetz ausgewirkt, von welchem voraus zu sehen war, daß Ströme von Blut würden fließen müssen, ehe dasselbe in Ausübung gebracht werden könnte. Warum soll die Vernunft auf Kosten der Menschlichkeit triumphiren? Warum soll eine kalte, gefühllose und grausame Metaphysik, über aufgethürmte Haufen gemordeter und zuckender Leichname, sich eine Bahn nach dem Throne bereiten, nach welchem sie strebet? Trauriges Schicksal des Menschengeschlechts, bald durch den religiösen Fanatismus, bald durch den metaphysischen Fanatismus, gequält, gemartert, und zum Theil ausgerottet zu werden! Traurige Aussicht in die Zukunft! Schon schwebt vor meinen Augen ein dreyßigjähriger metaphysischer Krieg; schon sehe ich eine metaphysische Inquisition Scheiterhaufen errichten, und Schaffote bauen, um alle Diejenigen, welche anders denken als die Norm gebeut, anders als die metaphysischen symbolischen Bücher befehlen, bey langsamen Feuer zu braten, oder durch den Schwertstreich aus der Welt zu schaffen! ein metaphysischer Tilly, ein metaphysischer Alba, und metaphysische Dragonerbekehrungen, sind nicht mehr ferne, wenn die gesunde Vernunft, in ihrem Kampfe mit dem politischen Fanatismus, unterliegen sollte.

In dieser Berathschlagung hatte sich die Versammlung selbst widersprochen. Anfänglich ward den Kolonien das Recht gelassen, über die Gesetze, welche bey ihnen gelten sollten, ihre Meynung zu sagen: und nachher wurden die Kolonien dieses, ihnen natürlicher Weise zukommenden Rechtes wiederum beraubt. Die Versammlung hatte die Kolonien dieses Rechtes, ungeachtet des ausdrücklichen Verlangens derselben; ungeachtet der förmlichen Protestation der, aus den Kolonien an die Versammlung gesandten Mitglieder; ungeachtet des Versprechens, welches ihnen die Versammlung in einem ihrer vorigen Beschlüsse gethan hatte, a) beraubt.

Herr Barnave erwarb sich, in diesem Streite, auf dessen Entscheidung das Wohl so vieler tausend französischer Kreolen beruhte, nicht geringen Ruhm. Er zeigte große Klugheit, und eine unerschütterliche Standhaftigkeit. Ob er gleich nicht siegte, so unterlag er doch auf eine ehrenvolle Weise der Uebermacht der Demagogen. Er achtete nicht seiner Popularität, welche er auf das Spiel setzte; er achtete nicht seines grossen Einflusses auf die Staatsgeschäfte, welchen er, von diesem Tage an, verlor; er achtete nicht des lärmenden Geschreyes, welches seine eigene Parthie gegen ihn erhob; nicht des Auszischens der Gallerien; nicht der Wuth des aufgewiegelten Pariser Pöbels; nicht der Broschüren und Flugschriften, welche in Menge gegen ihn erschienen, und vorgaben, er wäre von den Kreolen bestochen worden; er achtete nicht mancher anderer Verläumdung, die gegen ihn verbreitet wurde: er blieb fest und standhaft bey seiner Meynung, welche auf den unbeweglichen Grundsäulen der Vernunft und der Erfahrung beruhte.

---

a) Man sehe Band 3.

Nach diesem gefaßten Beschlusse der Versammlung, legten diejenigen Mitglieder, welche im Namen der Kolonien in der Versammlung saßen, ihre Stellen nieder, und erklärten, daß sie an allen ferneren Berathschlagungen keinen Antheil nehmen könnten. Die Abgesandten von St. Domingue schrieben, an den Präsidenten der Nationalversammlung, folgenden Brief:

„Mein Herr Präsident."

„Wir werden unsern Kommittenten den Beschluß welchen die Nationalversammlung gestern morgen, wegen der Mulatten und wegen der freyen Neger gefaßt hat, übersenden. Uebrigens glauben wir, bey dem gegenwärtigen Zustande der Dinge, uns des Antheils an den Sitzungen der Versammlung enthalten zu müssen, und wir bitten Sie, derselben dieses anzuzeigen."

„Paris, am 16. May 1791."

„Die Abgesandten der Kolonie St. Domingue."

Von Bordeaux kam, wegen dieses Beschlusses, eine Dankschrift an die Versammlung. Hingegen sandten die Städte Havre und Nantes Zuschriften, in denen sie um Zurücknehmung dieses Beschlusses baten, von welchem sie versicherten, daß er den Untergang der Kolonien verursachen würde.

Die Kolonien waren indessen noch gar nicht ruhig. Nachdem die fünf und achtzig Mitglieder der allgemeinen Kolonialversammlung, am 8. August 1790, nach Frankreich gereist waren a), entstand, wenige Tage nachher,

---

a) Man sehe Band 4.

schon am 25. August, eine neue Kolonialversammlung. Diese schien aber ganz andere Grundsätze zu haben, als die erste: denn es verhielt sich dieselbe den Befehlen des Gouverneurs und den Gesetzen der Nationalversammlung gemäß.

Kleine Empörungen ausgenommen, schien nunmehr die Kolonie St. Domingue eine Zeitlang ruhig zu seyn. Vielleicht wäre sie auch ruhig geblieben, wenn nicht die Gesellschaft der Freunde der Schwarzen zu Paris, von Zeit zu Zeit, einen Aufstand in derselben veranlaßt hätte. Oge, ein Mulatte, wurde von dieser Gesellschaft unterrichtet und alsdann nach St. Domingue, seinem Vaterlande, zurück gesandt. Kaum war er daselbst, im Oktober 1791, angelangt, als er eine Armee von Mulatten und von freygelassenen Negersklaven anwarb, sich an die Spitze derselben stellte, und gegen die weissen Einwohner der Insel zu Felde zog. Die Armee, welche aus mehr als acht tausend Köpfen bestand, plünderte und verheerte die, den weissen Einwohnern zugehörigen, Plantagen: und alle Weisse, welche nicht schnell genug entfliehen konnten, und diesen Räubern in die Hände fielen, wurden auf eine grausame Weise gemartert.

Die Armee dieser Räuber nahm an Anzahl täglich zu. Sie wagte einige Scharmützel gegen die Truppen, und endlich eine Schlacht, in welcher sie gänzlich geschlagen und zerstreut wurde. Der Anführer Oge flüchtete sich in den Spanischen Antheil der Insel. Er wurde aber, auf Verlangen, ausgeliefert und hingerichtet.

Im Februar 1791 reisten die Truppen, welche bestimmt waren die Ruhe in den Kolonien herzustellen, aus Frankreich ab. Von Brest lief, unter den Befehlen des Herrn de Behague, eine kleine Flotte, von vier Linienschiffen und zehen Fregatten, aus. Unter den Befehlen des Herrn de Village, liefen, auch aus Lorient, zwey Linienschiffe nebst einer Fregatte aus.

Herr de Village langte mit seiner kleinen Flotte, welche die Regimenter Artois und Normandie enthielt, auf der Rhede zu Port au Prince, in St. Domingue an. Herr de Blanchelande (welcher, an die Stelle des Herrn de Peynier, zum Gouverneur der Insel ernannt worden war) befahl, daß diese Truppen nicht zu Port au Prince, sondern zu St. Nikolas ausgeschifft werden sollten. Die Soldaten, vereinigt mit den Matrosen, empörten sich, und weigerten sich diesem Befehle zu gehorchen. Sie verlangten zu Port au Prince ausgeschifft zu werden, und fragten den General: aus welchem Grunde er dieses nicht zugeben wollte? Der General las den Beschluß der Nationalversammlung vor, und suchte die Soldaten zum Gehorsam zu bewegen. Aber sie riefen ihm zu: „Ihr seyd ein Aristokrate, und wir wollen Euch nicht länger unterwürfig bleiben."

Hierauf verlangten die Soldaten, die Depeschen zu sehen, welche der General von dem Minister nach St. Domingue gebracht hatte. Er gab die Depeschen. Es wurden dieselben erbrochen und gelesen. Die Soldaten fanden, daß Alles wahr sey, was der General gesagt hatte. Nunmehr verlangten sie drey Tage Bedenkzeit. Dieser Aufschub wurde bewilligt. Indessen aber nahm der Aufruhr zu. Die Soldaten, sowohl als die Matrosen, stiegen zu Port au Prince an das Land. Daselbst verführten sie die Soldaten der Garnison, welche bisher ihrem tapfern Generale, dem Herrn de Mauduit, getreu geblieben waren. a) Sie sagten aus: die Nationalversammlung wäre mit dem Betragen des Herrn de Mauduit höchst unzufrieden, und sie verlangte, daß derselbe gestraft würde. Einst kam Herr de Mauduit, von ungefähr, dazu, als eben einige der angekommenen Truppen die Soldaten seines Regiments zu überreden suchten, daß sie ihn gefangen nehmen möchten. Da er nun hörte, wie standhaft seine Leute der Verführung widerstanden, so sprach er: „wie glücklich bin ich, daß ich solche Truppen unter meinen Befehlen habe!"

Aber während der Nacht wurden diese Soldaten, durch Ueberredung und durch Bestechungen dennoch gewonnen, und verleitet an dem Aufruhr Theil zu nehmen. Sie verlangten mit Ungestümm Schießpulver und Kugeln: und der General sah sich genöthigt, beydes bewilligen zu müssen. Die ganze Nacht wurde in den größten Ausschweifungen zugebracht.

Am vierten März erhielt Herr de Mauduit ganz früh die Nachricht, daß man ihn umzubringen trachte, und daß für ihn kein anderes Mittel übrig bleibe, als sich durch die Flucht zu retten. Er aber gab zur Antwort: „Hier ist mein Posten; und hier will ich sterben, wenn es seyn muß!" Um neun Uhr Vormittags kam ein Haufe betrunkener und aufrührischer Soldaten in sein Haus. Sie verlangten von ihm: daß er, mit ihnen, nach dem Regierungshause hingehen, und daselbst Rechenschaft von seiner

---

a) Man sehe Band 4. S. 254.

Aufführung ablegen sollte. Er willigte ein. Aber in demselben Augenblicke dringt ein wilder Haufe, bestehend aus betrunkenen Soldaten, Matrosen, und aus derem Gesindel, in sein Haus; zerschlägt Thüren, Fenster, Spiegel; plündert und raubt was an Geld, oder Geldeswerth, vorhanden ist; bemächtigt sich seiner, und zweyer anderer Offiziere, welche sich bey ihm im Zimmer befinden; und schleppt diese drey unglücklichen Männer, durch die Straßen der Stadt, nach den Kasernen. Herr de Mauduit bemerkt, ganz nahe bey sich, einen Grenadier, welcher weint. „Worüber weinst du?" fragt er denselben. — „Ach! Herr Obrister, ich weine über das traurige Schicksal, welches Euer wartet." — „Guter Mann" antwortete Mauduit „das Leben eines Offiziers, welcher mehrere Jahre nach einander tapfer gefochten hat, steht jetzt in der Gewalt seiner Mörder: aber die Thränen eines ehrlichen Mannes, wie du bist, trösten mich."

Nunmehr zogen die Aufrührer nach dem Stadtgefängnisse, erbrachen dasselbe; ließen Räuber und Mörder aus demselben los; trugen einen Kerl, welcher schon gebrandmarkt und ausgepeitscht worden war, im Triumphe durch die Straßen; und sangen dann, in Gesellschaft des Pöbels, ein feyerliches Te Deum. Hierauf wurde, über die gefangenen Offiziere, von den Aufrührern Gericht gehalten. Während diesen Berathschlagungen rief ein Kerl aus dem Haufen dem Herrn de Mauduit zu: „Wir sind weit entfernt euch das Leben nehmen zu wollen." Dieser antwortete kaltblütig und unerschrocken: „Sagt der Versammlung, wenn, zu Herstellung der Ruhe, weiter nichts erfordert werde, als mein Kopf, so böte ich denselben hiermit selbst an."

Herr de Mauduit wird nach der Stelle geführet, wo sich vormals der Klub zu versammeln pflegte, und wo er, am 29. Julius 1790, in der Nacht, denselben aufhob. a) Hier wird er mit Schlägen und Schimpfwörtern gemißhandelt; die Achselbänder werden ihm abgerissen; er wird genöthigt öffentliche Abbitte zu thun, aber er weigert sich dessen; ein Grenadier haut mit dem Säbel nach ihm, aber der Säbel trifft nicht ihn, sondern spaltet einem Soldaten, welcher neben ihm steht, den Kopf, und streckt denselben leblos dahin; zwey Offiziere ergreifen ihn, entreißen ihn schnell den Händen der Aufrührer, und eilen mit ihm nach einer offen stehenden Hausthüre zu, um ihn in dem Hause zu verstecken, und der Wuth seiner Mörder zu entziehen: allein der Eigenthümer des Hauses schlägt die Thüre des Hauses vor ihnen zu.

Jetzt eilen die Mörder herbey. Ein Grenadier spaltet ihm den Kopf, ein anderer stößt ihm den Degen durch den Leib; kreuzweis schlägt er die Hände auf der Brust zusammen, und fällt. Nun stürzen die Rasenden über seinen Körper her, durchbohren denselben mit tausend Stichen, und baden sich die Hände in seinem Blute. Ein Soldat ergreift seinen Kopf, um denselben abzuhauen: und ein Weib, eine Furie, legt sich indessen über seine Beine, und hält seine Füße, welche noch zucken. Der Kopf wird auf einer Stange durch die Stadt getragen, und der Leichnam wird in tausend Stücken zerhackt. Dann zieht der Pöbel nach seinem Hause, um auch seine Bedienten zu ermorden: aber diese retten sich durch die Flucht.

Nun

---

a) Man sehe Band 4. S. 259.

Nun werden seine Pferde umgebracht. Nachher werden noch einige Häuse geplündert; es wird die Stadt die ganze Nacht über erleuchtet; die sogenannten Aristokraten werden verfolgt und ermordet; in allen Straßen fließt Blut; in allen Straßen trifft man unglückliche Flüchtlinge an, welche im Begriffe sind, ihre Häuser und diejenige Stadt zu verlassen, in welcher sie geboren wurden. Die Bösewichter lachen, freuen sich, und weiden ihre Augen an diesem schrecklichen Schauspiele.

Die vertriebenen und verfolgten Flüchtlinge eilen nach der nördlichen Abtheilung der Insel, welche aus Mitleiden sich ihrer annimmt. Zu Port au Prince wird, nachdem das Morden und Verbrennen endlich aufgehört hat, für Freude über die Ausrottung der sogenannten Aristokraten, ein Te Deum gesungen, und nachher ein Ball gegeben, auf welchem die Furie, die dem ermordeten Maubuit die Beine hielt, während ihm der Kopf abgeschlagen wurde, den ersten Tanz tanzt, und mit Lorbeeren gekrönt wird.

Der Obristlieutenant des Regiments Artois starb bald nachher aus Gram. Der Gouverneur Blanchelande floh verkleidet in die Wälder. Nach diesen verübten Grausamkeiten wurde die Ruhe auf eine kurze Zeit hergestellt: und in diesem Zustande befand sich die Kolonie St. Domingue, als der Beschluß der Versammlung vom 15. May 1791 daselbst anlangte.

―――――

Nicht nur in den Westindischen, sondern auch in den Ostindischen Kolonien wurden rechtschaffene Männer unschuldig ermordet. Jeder Theil des Erdbodens,

Fünfter Theil. H

welcher zu dem französischen Reiche gehörte, ward mit Blut befleckt.

Auf der Insel Isle de France wurde Herr de Macnemara, ein verdienstvoller Seeoffizier, am vierten November 1790, umgebracht. Man bemächtigte sich seiner, man schleppte ihn durch die Straßen, man hackte ihm den Kopf ab, und man trug denselben, auf einer Stange, durch die Straßen der Stadt: aus keinem andern Grunde, als weil man die, zu Paris vorgefallenen Auftritte, nachahmen wollte.

———

Eine wichtige Begebenheit ereignete sich zu Anfang des Aprils; eine Begebenheit, an welcher ganz Frankreich Antheil nahm. Mirabeau starb.

Mirabeau hatte von der Natur einen festen und starken Körper erhalten. Aber er hatte denselben, durch Ausschweifungen aller Art, schon in seiner Jugend geschwächt, und in seinem männlichen Alter gänzlich zu Grunde gerichtet. Seitdem er, als Mitglied der Nationalversammlung, zu Paris lebte, verband er, mit einer unermüdeten Thätigkeit und Anstrengung des Geistes, die Vergnügungen einer ausgesuchten, mit hitzigen Weinen und mit leckern Gerichten besetzten Tafel, nebst dem unmäßigen vertrauten Umgange mit Weibern, bey denen er öfters ganze Nächte zubrachte. Dabey fehlte es ihm, der an ein unruhiges und unstätes Leben gewohnt war, nun auf Einmal, beynahe an aller, der Gesundheit zuträglichen, körperlichen Bewegung. Seine Eingeweide wurden empfindlich und schwach; er fühlte herumziehende und fliegende Schmerzen in allen Gliedern; seine Füße schwollen zuweilen auf; ein rheumatischer Schmerz beklemmte die Brust, und erstreckte sich in beyde Arme; das linke Auge ward roth und entzündet: und auf diese Weise wechselte bey ihm ein Zufall mit dem andern ab.

Gegen das Ende des Monats März lebte er sehr unmäßig. Er aß Trüffeln in grosser Menge; trank viel von dem hitzigen Weine Cote=rotie; und besuchte, öfter als gewöhnlich, einige Weiber, mit denen er innigst vertraut lebte. Hiedurch zog er sich ein galliges Fieber, verbunden mit einer leichten Entzündung der Eingeweide, zu. Der Arzt la Cheze wurde gerufen. Er fand den Kranken in einer heftigen, krampfhaften Beklemmung der Brust, mit rothem und aufgetriebenem Gesichte. Der Puls war krampfhaft und setzte aus; das Athemholen schien äußerst beschwerlich von Statten zu gehen. Mirabeaus Freund, der Arzt Cabanis, wurde gerufen, und Mirabeau sprach: „Theurer Freund, ich fühle, daß ich unmöglich lange bey so schrecklichen Beängstigungen leben könnte. Eilen Sie, und verlieren Sie keine Zeit."

Der Arzt befahl, am Fuße eine Ader zu öffnen, grosse, blasenziehende Pflaster, an die Waden, und Senfaufschläge auf die Fußsohlen des Kranken zu legen.

Nach dem Aderlassen wurde der Puls regelmäßiger und weicher, und das Athemholen ward freyer. Mirabeau war sehr ängstlich, und wegen seines Lebens besorgt. Der Kranke wurde allmählig, aber merklich schlimmer. Herr Cabanis schlug vor: noch einen Arzt, Herrn Petit zu rufen. Mirabeau wollte dieses nicht zugeben. Dennoch ward Herr Petit gerufen. Allein er sah den Kranken nicht, und die Konsultation geschah in einem Nebenzimmer. Die Aerzte machten unter sich aus, daß der Kranke die Fieberrinde bekom=

men sollte. Herr Cabanis erzählte dem Kranken, die medizinische Behandlung seiner Krankheit würde geändert werden. Mirabeau freute sich darüber, und fieng an zu hoffen, daß er wohl wieder genesen könnte.

Indessen hatte die Nachricht, daß Mirabeau gefährlich krank sey, ganz Paris in Bewegung gesetzt. Seine Freunde, sowohl als seine Feinde, nahmen den größten Antheil daran. Die Straße, in welcher er wohnte, war ganz mit Menschen angefüllt, welche kamen um sich nach seinem Befinden zu erkundigen. Aristokraten und Demokraten, Jakobiner und Königlich Gesinnte: alle sandten zu ihm. Der König, die Königin und der Graf von Provence, sandten täglich mehr als Einmal. In seinem Bette konnte er hören, wie die Zeitungsträger, in den Straßen, die Nachrichten von seinem Krankenzustand (bulletins) Stunde für Stunde, laut feil boten.

Mirabeaus Betragen während seiner Krankheit war äußerst eitel und prahlerisch. Er lobte sich selbst ganz unverschämt: so, daß auch seine vertrautesten Freunde und seine größten Verehrer darüber erstaunten, und gestanden: sie hätten ihm mehr Größe und Erhabenheit der Seele zugetraut. Als ihm sein Kammerdiener den Kopf hielt, da sprach er zu demselben: „Halte ihn fest diesen Kopf. Du wirst, in deinem ganzen Leben, nicht mehr seines Gleichen halten." — Er hörte einen Kanonenschuß. Da sprach er feyerlich: „Kündigt man etwa schon das Leichenbegängniß des Achilles an?" Darauf legte er sich nieder, schien eine Zeitlang zu schlummern, richtete sich dann plötzlich auf, und sagte: „ich nehme die Thränen der Monarchie mit in mein Grab. Jetzt werden die Unruhſtifter dieſelbe zerreiſſen, und ſich in die Stücken theilen."

Die Jakobiner, mit denen er, ſeit einiger Zeit, in keinem guten Vernehmen geſtanden hatte, beſchloſſen, deſſen ungeachtet, eine Geſandtſchaft an ihn zu ſenden. Mirabeaus erklärte Feinde, Barnave und Karl Lameth, wurden zu Abgeſandten ernannt. Barnave gieng, aber Lameth weigerte ſich. Mirabeau erfuhr es, und fand ſich dadurch ſehr gekränkt. In ſeinem Zorne brach er in folgende Worte aus: „ich habe ſchon lange gewußt, daß ſie (die Lameths) feig und niederträchtig ſind; aber für ſo dumm habe ich ſie nicht gehalten. Bin ich doch ſelbſt zu Lameth hingegangen, als er ſeinen berüchtigten Ritz bekommen hatte." a)

Mirabeaus vertrauteſter Freund, der Graf de la Mark, war in ſeiner Krankheit beſtändig um ihn.

Die Fieberrinde that keine gute Wirkung. Man ſah ſich daher genöthigt, dieſelbe bey Seite zu ſetzen, und abermals Blaſenpflaſter aufzulegen. Der Kranke bemerkte dieſes, und fieng nunmehr an Gefahr zu ahnden. Er diktirte ſein Teſtament. Ein Freund Mirabeaus, Herr Frochot, wartete ſeiner mit groſſer Zärtlichkeit. Mirabeau ſagte: „Niemand dreht mich ſo geſchickt herum, Niemand pflegt meiner ſo gut, als Herr Frochot. Geneſe ich, ſo werde ich eine gute Schrift über die Kunſt ſchreiben, der Kranken zu warten. Herr Frochot hat einige Hauptgedanken

---

a) Mirabeau ſpielte auf den Zweykampf des Herrn Lameth mit dem Herrn de Caſtries an, in welchem Lameth eine leichte Wunde erhielt, und ſich dennoch ſtellte, als wäre er tödtlich verwundet.

darüber in mir erweckt, die eben so neu als nützlich seyn würden, wenn ich sie bekannt machte."

Täglich erkundigte er sich nach den, in der National-versammlung vorgefallenen Debatten. Er sprach viel von den Europäischen Staatshändeln, und vorzüglich von den geheimen Planen Englands. „Pitt" sagte er „ist der Minister der Zurüstungen. Er herrscht mehr durch dasjenige was er droht, als durch dasjenige was er thut. Wäre ich am Leben geblieben, so vermuthe ich, daß ich ihm würde Verdruß gemacht haben."

Der Kranke wurde schlimmer, und die Aerzte bestanden darauf, daß Herr Petit gerufen werden, und daß derselbe den Kranken sehen sollte. Petit erschien. Ungeachtet seiner Schwäche, empfieng Mirabeau den Arzt mit einer zierlichen und schmeichelhaften Anrede. Herr Petit untersuchte sehr genau den Zustand des Kranken. Mirabeau verlangte von demselben eine freymüthige und bestimmte Prognosis „Ich vermuthe" antwortete der Arzt „daß wir Sie retten werden; jedoch kann ich dafür nicht stehen."

Sobald Herr Petit, mit dem Herrn Cabanis, in ein anderes Zimmer abgetreten war, da sagte er, der Kranke wäre ohne Rettung verloren; aber man müsse, dessen ungeachtet, mit den angezeigten Arzneymitteln fortfahren, weil immer noch einige Hoffnung zur Genesung übrig bliebe, so lange der Mensch noch Athem hole.

Als Herr Cabanis in das Zimmer des Kranken zurück kam, da sprach Mirabeau: „Der Doktor hat einen strengen Ausspruch gethan; ich habe ihn wohl verstanden." Gegen Abend kam der Bischof von Autun, Mirabeaus Freund. Der Kranke erkundigte sich,

nach demjenigen was an diesem Tage in der Nationalversammlung vorgefallen wäre. Der Bischof sagte: über
die Erbschaften wäre debattirt worden. „Ich habe"
sprach Mirabeau „über diesen Gegenstand eine Arbeit
fertig. Es wäre doch sonderbar, wenn der Nationalversammlung über die Testamenter, die Meynung
eines Mitgliedes vorgelesen würde, welches behauptet,
man müsse gar keine Testamenter für gültig erkennen,
und welches dennoch selbst, am Abende vorher, sein
Testament gemacht hätte. Er vertraue Ihrer Freundschaft diese Schrift an, um dieselbe auf dem Rednerstuhle abzulesen."

Als Mirabeau bemerkte, daß er schwächer wurde,
und daß sein Tod heran nahe, da suchte er angenehme
Empfindungen zu erwecken, um die Schrecken des be-
vorstehenden Hinscheidens zu vermindern. An dem
Morgen seines Todestages ließ er die Fenster öffnen
und sagte zu Herrn Cabanis, seinem Arzte: „Heute,
mein Freund, werde ich sterben. Wenn man einmal
so weit ist, dann bleibt nur Eins übrig. Nemlich
sich mit wohlriechenden Wassern zu waschen, sich mit
Blumen zu krönen, und sich mit Musik zu umgeben,
um desto leichter in jenen Schlummer versinken zu
können, aus welchen man nicht wieder aufwacht."
Dann rief er seinen Kammerdiener: „Fort" sprach er
„nehmt meinen Bart ab, waschet mich, und ziehet
mich von dem Kopfe bis zu den Füßen, rein an."
Der Arzt wollte dieses nicht zugeben. Er sagte dem
Kranken: unter solchen Umständen wäre jede stärkere
Bewegung schädlich, gefährlich, vielleicht sogar tödlich.
„Ja wohl tödtlich; tödtlich ist meine Krankheit" gab
Mirabeau zur Antwort.

Bald nachher sagte er zu Herrn Cabanis: „Theuerster Freund, ich fühle, daß ich bald sterben werde. Geben Sie mir Ihr Wort darauf, daß Sie mich nicht mehr verlassen wollen. Ich möchte gerne mit einem angenehmen Gefühle mein Leben endigen." Hierauf ließ er Herrn de la Mark rufen. Als dieser erschien, da sprach Mirabeau: „Ich habe Ihnen beyden noch einiges zu sagen. Es wird mir schwer zu sprechen. Sollte ich wohl zu einer andern Zeit, besser als jetzt, im Stande seyn zu sagen, was ich gerne sagen möchte?" — „Sie sind matt" antwortete Herr Cabanis „Sie haben Ruhe nöthig. Ist es Ihnen aber möglich, so sprechen Sie jetzt." — „So, so, ich verstehe Sie. Setzen Sie Sich zu mir auf mein Bette, zu beyden Seiten." Nun redete Mirabeau noch beynahe drey viertel Stunden lang. Er sprach zuerst von seinen Privatangelegenheiten; dann von Personen die ihm lieb und theuer waren; endlich von den Angelegenheiten des Staates. Herr Cabanis hat dieses Gespräch aufgeschrieben, aber bisher hat er dasselbe noch nicht bekannt gemacht.

Nun verlor Mirabeau die Sprache, doch blieb er sich seiner selbst bewußt, und sprach durch Zeichen. Die Schmerzen nahmen zu und wurden beynahe unerträglich. Die Sprache kam wieder. Der Kranke brach in heftige Klagen aus, und verlangte ein Arzneymittel, um seine Leiden abzukürzen, und um seinen Tod zu beschleunigen. Er wollte Opium haben. Der Arzt verweigerte die Bitte. Mirabeau gab zu verstehen: daß er diese Verweigerung für grausam halte. Mit jener schwülstigen Beredsamkeit, die ihn auch in dem Augenblicke des Todes nicht verließ, rief er aus:

„Meine Schmerzen sind unerträglich. Ich habe noch Kräfte für ein Jahrhundert, aber nicht mehr für einen Augenblick Muth!„ Dann zeigten sich heftige Zuckungen. Er that einen Schrey und verschied, am zweyten April, um neun Uhr Vormittags, in dem zwey und vierzigsten Jahre seines Lebens.

Mirabeaus Sekretair, Herr de Comps, welcher mit ihm in Einem Hause wohnte, als er hörte daß sein Herr gestorben wäre, gab sich, aus Verzweiflung, einige Stiche mit seinem Federmesser, und verwundete sich, jedoch nicht tödtlich.

Am dritten April wurde der Leichnam geöffnet. Man fand die Eingeweide des Unterleibes leicht entzündet. Die innern Theile des Kopfes schienen vollkommen gesund zu seyn: aber, statt des Herzens, fand man, in dem Herzbeutel, einen Eitersack.

Seit langer Zeit hatte, zu Paris, der Tod keines Mannes so allgemein und in einem so hohen Grade, die Theilnehmung rege gemacht, als der Tod Mirabeaus: Seine Freunde, sowohl als seine Feinde, beklagten seinen Verlust: weil sie alle fühlten, daß der Verlust sehr groß wäre; weil sie alle, so sehr auch viele unter ihnen einzelne Theile von Mirabeaus Aufführung mißbilligen mochten, dennoch in dem Geständnisse überein kamen, daß ein außerordentlicher, daß ein talentvoller Mann gestorben sey. Man streute das Gerücht aus, Mirabeau wäre vergiftet worden, um hiedurch den Pöbel aufzuwiegeln: allein die Geschichte der Krankheit, sowohl als die Oeffnung des Leichnams, bewiesen unwidersprechlich, daß dieses Gerücht gänzlich ungegründet war.

Sobald Mirabeau gestorben war, hörte die Feindschaft der Jakobiner, welche er sich seit drey Wochen vor seinem Tode zugezogen hatte, auf einmal auf. Mirabeau wurde nunmehr, als ein unsterblicher, als ein übermenschlich grosser Mann verehrt, angebetet, in dem eigentlichen Sinne des Wortes, vergöttert. Er hieß der Held der Revolution, der heilige Mirabeau, ja sogar der erste Gott Frankreichs. a) Am zweyten April, an dem Tage seines Todes, befahlen die Jakobiner, daß alle Schauspielhäuser verschlossen bleiben sollten. Einige Demagogen verlangten: daß sein Leichnam zu St. Denis, in der Begräbnißgruft der französischen Könige beygesetzt würde; andere wollten: daß seine sterblichen Ueberbleibsel unter dem Altar des Vaterlandes, auf dem Märzfelde, begraben werden sollten. In einem jakobinischen Zeitungsblatte, in der Chronique de Paris, stand, im dritten Jahre der Freyheit, folgende Warnung: „Eine Gesellschaft von vierzig Patrioten hat feyerlich den Eid geschworen, alle die aristokratischen Schmierer mit eigenen Händen zu Tode zu prügeln, welche die niederträchtige Frechheit haben würden, Mirabeaus Asche zu beschimpfen." So groß war der Enthusiasmus dieser Schwärmer für Mirabeau; für eben den Mirabeau, welcher, kurz vor seinem Tode, diese Schwärmer, für niederträchtige, verächtliche und gefährliche Menschen, öffentlich erklärt hatte.

Das Verbot gegen Mirabeau zu schreiben, war ein sehr unpolitisches Verbot. Es bewies deutlich genug,

---

a) Le premier Dieut que la France a fait. So nennt ihn der Jakobiner Manuel. Lettres originales de Mirabeau, Préface. p. 4.

daß sich gegen den Verstorbenen sehr viel Gegründetes
sagen ließ. Wenn ein Cato stirbt; dann würde ein
solches Verbot überflüssig seyn: aber wenn ein Mira=
beau stirbt; dann mag es freylich nöthig scheinen, der
Wahrheit ein Schloß an den Mund zu legen! Die
religiösen Seligsprecher können Widerspruch dulden;
aber die politischen Seligsprecher vertragen ihn nicht.
Zu Rom wird, bey der Kanonisation eines Heiligen,
allemal ein Advokat des Teufels zugelassen; aber zu
Paris durfte bey der Kanonisation eines Demagogen,
nicht einmal der Advokat der Wahrheit sich zeigen!

Am zweyten April kündigte der Präsident Mira=
beaus Tod der Nationalversammlung an. „Ich habe"
sprach er „eine traurige Pflicht zu erfüllen, indem ich
Euch den frühzeitigen Tod des Herrn Riquetti
des Aeltern ankündige. Wenn ich Euch an die
wiederholten Beyfallsbezeugungen erinnere, welche er
mitten unter Euch erhalten hat, so setze ich dadurch
auf sein Grab den allerdeutlichsten Beweis Eures Be=
daurens."

(Tiefe Stille in der Versammlung)

Herr Barrere. Mirabeau ist gestorben! Die
Dienste, welche er dem öffentlichen Wesen geleistet hat,
sind allgemein bekannt. Ich verlange, daß die gesetz=
gebende Versammlung eine Gesandtschaft zu seinem
Leichenbegängnisse sende.

Herr de Liancourt. Erinnert Euch der letz=
ten Rede, welche Mirabeau auf diesem Rednerstuhle
hielt. Er übernahm feyerlich die Verpflichtung: die
Unruhestifter aller Parthieen zu bekämpfen. Diese Ver=
pflichtung müssen nunmehr die Freunde des öffentlichen
Wohls, an seiner Statt, übernehmen.

Herr Taleyrand (vormals Bischof von Autun).. Gestern Abend habe ich Mirabeau besucht. Eine grosse Menge Volks war um sein Haus versammelt. Traurige Empfindung des Schmerzens war auf allen Gesichtern zu lesen. Aber er schien ruhig. Er übergab mir eine, von ihm aufgesetzte Schrift, über die Testamenter. Ich will dieselbe vorlesen. Der Verfasser dieser Schrift lebt nicht mehr: aber seine Gesinnungen sind in derselben so deutlich enthalten, daß Ihr, während Ihr mir zuhört, glauben werdet, Ihr sehet Zeugen seines letzten Athemzuges.

Die Vorlesung der Rede Mirabeaus, in welcher er alle Testamenter als ungerecht verdammte, und sogar auf ein Gesetz drang, welches die Schenkungen unter Lebendigen nicht erlauben, oder doch bloß allein auf den zehnten Theil des ganzen Vermögens einschränken sollte, wurde mit dem lautesten Beyfall aufgenommen. Vortreflich mahlte Mirabeau, in derselben, die Nichtigkeit und die Vergänglichkeit aller menschlichen Dinge: „Es scheint mir, meine Herren, (so schrieb er) es sey ein eben so grosser Unterschied, zwischen dem Rechte, welches ein jeder Mensch hat, während seines Lebens mit seinem Vermögen zu schalten, und zwischen dem Rechte, nach seinem Tode damit schalten zu dürfen, als zwischen dem Leben und dem Tode selbst. Dieser Schlund, welchen die Natur unter den Füßen des Menschen eröffnet, verschlingt, mit ihm, zugleich auch alle seine Rechte: auf eine solche Weise, daß in dieser Rücksicht, gestorben zu seyn, oder niemals gelebt zu haben, eines und dasselbe ist. Wenn einmal der Tod uns vernichtet hat, wie könnten dann die mit unserer Existenz verbundenen Verhältnisse länger noch fortdauern? Es würde Täuschung seyn, so etwas voraussetzen zu wollen; es würde heißen, dem Nichts die Eigenschaften des Wirklichen beylegen zu wollen. Ich weiß wohl, daß die Menschen, von jeher, für den Willen der Verstorbenen eine heilige Ehrfurcht gehabt haben. Politik, Moral und Religion, haben dazu beygetragen, diese Empfindung stärker zu machen. Auch giebt es unstreitig Fälle, in denen der Wunsch der Sterbenden für die Ueberlebenden ein Gesetz seyn muß. Aber auch dieser Wunsch hat seine natürlichen Gränzen; und ich glaube, daß die Rechte des Menschen auf sein Eigenthum sich nicht über seine Existenz hinaus erstrecken können."

Am dritten April erschien vor der Nationalversammlung eine Gesandtschaft der acht und vierzig Quartiere, oder Distrikte der Stadt Paris, welche, im Namen aller Einwohner der Hauptstadt, von der Versammlung vor die Schranken gelassen zu werden verlangte. Der Präsident fragte an: ob diese Abgesandten sogleich sollten vorgelassen werden: und die ganze Versammlung beschloß einstimmig, daß dieses geschehen sollte. Die Abgesandten erschienen vor den Schranken; und Einer von ihnen sprach:

„Meine Herren. Die wahren Bürger des Staates sind bestürzt, über den Verlust, welchen die Nation, durch den Tod des Herrn Mirabeau, erlitten hat. Die Einwohner des Distrikts de la Rue Poissoniere, in Verbindung mit den Einwohnern aller übrigen Distrikte der Hauptstadt, kommen jetzt zu Ihnen, in der Absicht, dem Schatten des verstorbenen grossen Mannes einen öffentlichen Beweis der Dankbarkeit zu geben. Sie kommen hieher, um die Versammlung dringend zu ersuchen, daß dieselbe eine öffentliche Trauer auf eine bestimmte Zeit ankündigen möge; daß der Leichnam Mirabeaus, auf dem Bundesfelde, unter dem Altar des Vaterlandes, begraben werde; daß der Tag der Beerdigung bestimmt; und daß eine Leichenrede gehalten werde. Das Jahrhundert der Vernunft muß allen Völkern die Lehre geben, daß diese Ehrenbezeugungen, welche vormals nur den Fürsten zu Ehren geschahen, eigentlich dem tugendhaften Manne gebühren, der da Muth genug hatte, die Fesseln des Despotismus zu zerbrechen, und eine Konstitution zu gründen, welche der französischen Nation zum Ruhm und zum Glücke gereichen wird."

Bald nachher erschien eine Gesandtschaft der Direktoren der Abtheilung von Paris. Der Herzog de la Rochefoucault.sprach in ihrem Namen. „Die Directoren der Abtheilung von Paris (sagte er) haben, eine Zeitlang, Mirabeau unter die Zahl ihrer Mitglieder gerechnet. Daher kommen wir, in Trauer gekleidet, von ihm mit den Stellvertretern der französischen Nation zu sprechen, und für ihn die ersten Huldigungen zu verlangen, welche die französische Freyheit solchen Männern gewähren wird, die um das Vaterland sich werden verdient gemacht haben."

Nun verlangte Herr Pastoret, in dem Namen der Aufseher, daß: 1) eine Kirche besonders geweiht würde, um die Asche grosser Männer in derselben zu verwahren. 2) Daß die Kirche der heiligen Genoveva diese Kirche seyn sollte. 3) Daß es der Nationalversammlung überlassen würde, zu bestimmen, welche Männer dieser Ehre würdig wären. 4) Daß Herr de Mirabeau der Erste seyn sollte, der dieser

Ehre würdig geachtet würde. 5) Daß über den Eingang der Kirche die Worte gesetzt würden: **Den grossen Männern von dem dankbaren Vaterlande.**

Die Versammlung beschloß: daß dem **Honorius Riquetti Mirabeau** die Ehrenbezeugungen gebührten, welche die Nation dem Andenken grosser Männer bestimmt, die sich um das Vaterland verdient gemacht hätten.

Auch wurde der Vorschlag des Herrn Pastoret angenommen, und beschlossen: daß die ganze Versammlung dem Leichenbegängnisse des Verstorbenen beywohnen wollte. Die Aufseher der Abtheilung von Paris beschlossen: acht Tage lang Trauerkleider zu tragen; der Bürgerrath drey Tage; und der Jakobinerklub acht Tage lang.

Montags, am vierten April, wurde Mirabeaus Leiche feyerlich beygesetzt. Um fünf Uhr Nachmittags fieng der Zug an. Ein Detaschement der Pariser Nationalreiterey eröffnete denselben. Auf die Reiterey folgten die Artilleristen der sechszig Bataillone der Hauptstadt, und ihnen zur Seite giengen die Invaliden. Dann kam La Fayette, mit dem Generalstabe der Pariser Bürgermiliz und mit einem Theile dieser Miliz. Nach derselben folgten die hundert Schweitzer, und die Musikanten der Pariser Bürgermiliz, welche letztern auf den Trommeln Trauertöne angaben. Nun kamen die Geistlichen, und hinter ihnen her wurde der Leichnam, von sechszehn Bürgersoldaten, auf den Schultern getragen. Neben dem Leichname giengen

Bürgersoldaten, mit dem Gewehr unter dem Arme. Auf dem Sarge lag die Fahne eines Bataillons der Bürgermiliz: und, statt des adelichen Wappens, des Federhutes und des Degens, war an dem Sarge eine Bürgerkrone befestigt. Dem Sarge folgten die Mitglieder der Nationalversammlung, begleitet von dem Bataillon der Veteranen und von dem Bataillon der Kinder. Die Wahlherren, die Rathsherren, die Mitglieder des Jakobinerklubs, die königlichen Minister, die Mitglieder aller übrigen Pariser Klubs und Gesellschaften, nebst einer grossen Anzahl Bürgersoldaten, zu Fuße sowohl als zu Pferde, beschlossen den Zug, welcher mehr als eine Stunde Weges einnahm.

Diejenigen, welche zu dem Zuge gehörten sowohl, als die unermeßliche und unzählbare Menge der Zuschauer, beobachteten alle, ein tiefes, schwermuthsvolles Stillschweigen. Auf allen Gesichtern las man den Ausdruck der Traurigkeit. Weiber und Mädchen vergossen Thränen.

Drey Stunden lang dauerte der Zug. Endlich gelangte derselbe nach der Kirche St. Eustache. Der Tempel war inwendig schwarz ausgeschlagen, und mitten im Chor stand ein Todtengerüste. Die gewöhnlichen Todtengebete, für die Seele des Verstorbenen, wurden gen Himmel gesandt. Dann hielt der Exjesuit Cerutti eine Leichenrede, in welcher er sich nur zu sehr des Vorrechts bediente, welches allen Leichenrednern stillschweigend zugestanden wird: nemlich den Verstorbenen übermäßig loben zu dürfen. Nachdem die Leichenrede geendigt war, wurden, zu Ehren des Verstorbenen, von der Bürgermiliz, in der Kirche, mehrere Salven geschossen, wodurch die Fenster der

Kirche

Kirche größtentheils zersplittert herab fielen a). Hierauf brach der Zug abermal auf, und kam, in derselben Ordnung, nach der Kirche der heiligen Genoveva. Um Mitternacht langte derselbe in dieser Kirche an, und Mirabeaus Leichnam wurde, neben dem Leichnam des Kartesius, beygesetzt. Hier sollte derselbe so lange bleiben, bis die neue Kirche der heiligen Genoveva, das **französische Pantheon**, zu bauen geendigt seyn wird.

Niemals ist, in neueren Zeiten, irgend ein Mann, nicht einmal ein Fürst, so feyerlich, und mit so vielen Ehrenbezeugungen begraben; niemals irgend Jemand von einer so außerordentlich großen Menge von Menschen zum Grabe begleitet worden. Drey Tage lang wurde zu Paris von Nichts gesprochen, als von dem Tode Mirabeaus; drey Tage lang gieng die ganze Stadt in Trauerkleidern. An der Ecke der Straße, in welcher Mirabeau gewohnt hatte, wurde der Name derselben: **Chausse Dantin** abgerissen, und, statt desselben, der Name: **Rue de Mirabeau**, an der Ecke befestigt. Während des Leichenzuges fiel einigen Damen, die sich unter den Zuschauern befanden, der

---

a) Les nombreuses décharches, qui se firent dans l'église de St. Eustache, en l'honneur de Mirabeau, ont bien cassé deux mille carreaux. Desmoulins révolutions, No. 72, p. 324.

Als eine Probe der Rednertalente des Herrn Cerutti wollen wir die folgende Antithese anführen: „Das Grab (so sprach Cerutti) verschlang Denjenigen, welcher den Despotismus verschlungen hat!" La tombe dévore celui qui dévora le Despotisme).
Solcher Unsinn macht in Frankreich großes Glück!

Staub sehr beschwerlich, welcher in dicken Wolken auf sie herab fiel. Sie beklagten sich laut darüber, und sagten: der Bürgerrath hätte die Straßen vorher sollen mit Wasser besprützen lassen, um den Staub zu legen. Ein gemeines Weib, welches diese Klagen mit anhörte, gab zur Antwort: "Der Rath hat auf unsere Thränen gerechnet."

Der Bürgerrath der Stadt Paris beschloß: daß Mirabeaus Brustbild, in dem Saale ihrer Versammlungen, aufgestellt werden sollte. Sonderbarer Wechsel aller menschlichen Dinge! Mirabeaus Brustbild stand nunmehr in diesem Saale, neben den Brustbildern dreyer anderer Männer, mit denen er, während seines Lebens, in beständiger Feindschaft gelebt hatte: neben dem Brustbilde Neckers, den er stürzte; neben dem Brustbilde la Fayettes, den er fürchtete; und neben dem Brustbilde Baillys, den er nicht leiden mochte.

Aber nicht nur die Stadt Paris, sondern ganz Frankreich — ja, ich mag wohl sagen, ganz Europa, trauerte über den frühzeitigen Tod dieses außerordentlichen, dieses, ungeachtet aller seiner Fehler, dennoch durch seine Talenten grossen Mannes.

Niemand fiel über das Andenken Mirabeaus mit solcher Wuth her, als die drey und dreyßig Häupter der Jakobiner. Sie freuten sich über seinen Tod, weil sie fühlten, daß sie, in seiner Person, ihren gefährlichsten Feind verloren hätten. Karl Lameth war nicht einmal bey dem Leichenbegängnisse gegenwärtig. Auch die Vertheidiger des Despotismus beschimpften Mirabeaus Asche. Aber die kaltblütigen und die gemäßigten Männer beyder Parthieen, in ganz Europa, erkannten seine Verdienste; sie erkannten, daß er in einem Zeitpunkte gestorben wäre, in welchem er, durch Erfahrung weise gemacht, seinem Vaterlande die wesentlichsten Dienste hätte leisten können, und, wenn einigen seiner Aeßerungen zu trauen ist, auch wirklich zu leisten bereit war.

Es sey nunmehr erlaubt, die Geschichte seines Lebens zu erzählen; in so ferne erwiesene, und bekannt gewordene, Thatsachen dazu hinreichend sind, die Triebfedern seiner Handlungen aufzusuchen; das Große und das Kleine, das Gute das Böse, welches er in sich vereinigte, gegen einander abzuwiegen, und über seinen Karakter die Urtheile Derjenigen, die ihn kannten, zu sammeln; Urtheile, welche die Nachwelt, entweder bestätigen, oder berichtigen wird.

Gabriel Honorius Riquetti, Graf von Mirabeau, stammte aus einer adelichen Familie in der Provence. Sein Vater war der berühmte Marquis de Mirabeau, dessen physiokratische Schriften, und vorzüglich sein Buch; ammi des hommes betitelt, bekannt genug sind. Er wurde geboren zu Egreville, in dem Jahre 1749. Da er der älteste Sohn war, so bestimmte ihn sein Vater zu dem Militairstande. Schon sehr frühe machte er, durch viele Jugendstreiche, seinem Vater, dessen Erziehungsmethode äußerst strenge war, vielen Verdruß. Daher wurde beschlossen, ihn nach Korsika zu senden, woselbst damals (im Jahre 1769) französische Truppen sich befanden, welche die Insel erobern sollten. Mirabeau kam dahin, und diente, als Unterlieutenant, in der Legion de Lorraine, unter dem Baron de Viosmenil. Die Offiziere, welche neben ihm dienten, fanden Mirabeaus Karakter unausstehlich, und daher war er ihnen allen verhaßt. Vorzüglich tadelten sie an ihm, seine Furchtsamkeit und seine Feigherzigkeit. Mirabeau kehrte nach der Provenze zurück, und gab seine Offiziersstelle auf. Einige Zeit nachher befand er sich zu Aix, in Gesellschaft mit einigen Freunden. Man erzählte, daß eine junge und liebenswürdige Dame, deren Vermögen über eine Million Livres geschätzt würde, im Begriffe wäre, sich zu verheyrathen, und daß der Liebhaber dieser Dame, von den Eltern derselben, die Einstimmung zu der Heyrath schon erhalten hätte. Mirabeau kam auf den Einfall, diese Heyrath rückgängig zu machen, und die Dame selbst zu heyrathen. Er schmeichelte sich bey den Eltern des Frauenzimmers ein, und durch seine Beredsamkeit brachte er es dahin, daß die Heyrath rückgängig wurde. Nach einiger Zeit gewann er die Eltern der Dame so sehr für sich, daß sie an seinen Vater, an den Marquis de Mirabeau, nach Paris schrieben, und denselben baten, daß er seinem Sohne erlauben möchte, ihre Tochter heyrathen zu dürfen. Der Marquis antwortete: ihm wäre unbekannt, ob sein Sohn gesetzt genug sey, um die Bande des Ehestandes zu knüpfen; übrigens könnten ja die Personen, welche täglich mit ihm umgiengen, seinen Karakter prüfen und beurtheilen: was ihn betreffe, so würde er in Alles einwilligen; nur möchten sie vorher wohl überlegen, was sie thäten, damit sie nicht in der Folge eine Veranlassung bekämen, ihre Uebereilung bereuen zu müssen. Die Eltern der Dame willigten ein in die Hayrath, und in dem Monate Junius des Jahres 1772 wurde dieselbe vollzogen a).

---

a) Mirabeau beschreibt selbst die Geschichte dieser Heyrath auf folgende Weise: Le mariage de Monsieur

Mademoiselle de Marignane (so hieß die Dame) war jetzt die Gemahlin des Grafen von Mirabeau. Sie war ein junges, sehr liebenswürdiges und verständiges Frauenzimmer; die einzige Tochter eines reichen Vaters. Mirabeau fieng nunmehr an, großen Aufwand zu machen; er zehrte sein eigenes Vermögen und das Vermögen seiner Frau auf; er war, in kurzer Zeit, über 300,000 Livres schuldig; er mißhandelte seine Frau; ja er schlug sogar dieselbe, während sie schwanger war; und nöthigte sie hiedurch, das Haus ihres Mannes zu verlassen; und zu ihren Eltern zurück zu kehren.

Um so großen Unordnungen Einhalt zu thun, ließ der Marquis de Mirabeau seinen Sohn für einen Verschwender erklären, und wirkte einen Verhaftbrief gegen ihn aus. Mirabeau wurde nach dem Staatsgefängnisse Chateau Dif, welches, unweit Marseille, auf einer Insel in dem Meere liegt, gebracht. Dort hatte er einen vertrauten Umgang mit der Frau des Gefangenwärters. Er bewog dieselbe, die Schatulle ihres Mannes zu erbrechen, und zu fliehen, an einen Ort, welchen er ihr bestimmte, und wohin er ihr

---

de la Valette avec Mademoiselle de Marignane étoit arrangé, et les articles dressés, avant que j'eusse paru à Aix. Malheureusement, et très malheureusement, je m'en piquai, et j'entrepris de renverser un mariage presque fait. Vous savez aussi bien que moi ce qui en arriva. En huit jours M. de la Valette fut congédié. En huit autres je fus proposé, et j'avois un parti dans la famille de la Demoiselle. Letres originales de Mirabeau. T. I. p. 303.

Briefe mit gab. Der Gefangenwärter klagte Mirabeau als einen Verführer seiner Frau an a). Der Aufseher des Schlosses wollte nun nicht länger einen Gefangenen unter seiner Aufsicht behalten, welcher, sogar in dem Gefängnisse, solche Streiche auszuführen fähig war. Er drang in den Marquis, daß er seinen Sohn anders wohin bringen lassen möchte. Dieses geschah. Mirabeau wurde nach dem Schlosse zu Joux, in die Franche Comte gebracht. Bey dem Aufseher dieses Schlosses wußte er sich beliebt zu machen. Und da Mirabeau kein Staatsgefangener war, so erlaubte ihm derselbe, das Schloß zu verlassen, und die benachbarte Stadt Pontarlier zu seinem Aufenthalte zu wählen: jedoch nahm er vorher, von Mirabeau, sein Ehrenwort: daß er nicht, ohne Erlaubniß, diese Stadt verlassen, viel weniger entfliehen wolle b).

Zu Pontarlier machte Mirabeau Bekanntschaft mit der Marquise de Monnier. Sie war die Gemahlin des vormaligen ersten Präsidenten der Rech-

---

a) Man höre Mirabeau selbst. Il n'y avoit qu'une femme au chateau d'If, qui eut figure de femme. J'avois vingt six ans. C'est un furieux délit, que d'avoir donné lieu à soupçonner qu'elle me paroissoit jolie! Elle quitta son mari, qui deux ou trois fois avoit pensé la tuer..... Sa femme gagna la frontière... Je la recommendai à Monsieur de Briançon qui la garda. Le mari cria à l'enlevement, au crime. Lettres originales de Mirabeau. T. I. p. 344.

b) Le séjour de Joux ne seroit pas supportable sans le voisinage de Pontarlier. C'est un veritable nid de hiboux égayé par quelques invalides. Lettr. orig. de Mirabeau. p. 354.

nungskammer zu Dole in Burgund. Nachdem die
Rechnungskammer aufgehoben worden war, hatte sich
der Präsident nach Pontarlier zurück gezogen, und
lebte daselbst von seinen Einkünften. Madame de
Monnier war eine junge, liebenswürdige Dame; sie
war die junge Frau eines alten Mannes. Es ent-
spann sich bald ein Liebesverständniß zwischen Mirabeau und der Marquise a). Mirabeau suchte sie zu
überreden, in seiner Gesellschaft Frankreich zu verlassen.
Auch verlangte er von ihr, daß sie sich einer Schatulle
ihres Mannes bemächtigen, und dieselbe, zu Bestrei-
tung der Kosten der Reise, mitnehmen sollte. Madame de Monnier floh, in Mirabeaus Gesellschaft,
nach der Schweitz, und die Schatulle, welche eine
beträchtliche Summe an Geld und Geldeswerth enthielt, würde mitgenommen. Mirabeau reiste mit seiner

---

a) *Mirabeau entschuldigt die Verführung dieses uner-
fahrnen Weibes auf eine ihm eigene Weise. Man lese
dieses Kapitel aus seiner Moral.* Sans doute Madame de Monnier devoit à l'homme, dont elle
partageoit le nom et la fortune: mais on peut
proportionner la reconnoissance au bienfait.
Qu'elle procutât à Monsieur de Monnier une
vieillesse douce et sereine, qu'elle soignât sa
santé, qu'elle l'aidât dans l'adminiſtration de
ses affaires, n'étoit-elle pas acquittée envers
lui? quelle prétention, quel droit pouvoit-il
avoir sur des jouissances, dans tous les tems
hors de sa portée? devoit-il être auprès d'elle
à la fois vil eunuque et sultan impuissant?....
Voilà ce que je me dis; voilà ce que l'irrési-
stible voix de l'amour persuada pour moi.
Sans doute ce ne sont point les principes d'un
casuiste; mais sans doute aussi ils ne sont pas
contraires à la morale. *Ebendaselbst. S.* 360, 361.

Geliebten aus der Schweitz nach Holland. Hier lebte er mit derselben, anfänglich sehr verschwenderisch, und nachher sehr dürftig.

Der Präsident de Monnier klagte Mirabeau bey dem Parlamente, wegen Verführung und wegen Diebstahl an. Der Angeklagte wurde vorgefordert. Er erschien nicht. Da ward er verurtheilt, seinen Kopf auf dem Schaffotte zu verlieren; und an seinem Bilde wurde der Urtheilsspruch auch wirklich vollzogen. Madame de Monnier ward verurtheilt, in dem Kloster Sainte Pelagie lebenslänglich eingeschlossen zu bleiben.

Mirabeaus Anverwandte bemühten sich nunmehr, seiner habhaft zu werden. Ein Spion der Pariser Polizey, Jacquet de la Douri, bietet sich an, ihn zu fangen. Das Anerbieten wird angenommen. Der Spion hängt ein Ludwigskreuz vor, reiset nach dem Haag, sucht Mirabeaus Bekanntschaft, gibt sich für einen, von dem Minister verfolgten, Offizier aus, gewinnt die Freundschaft Mirabeaus, bemächtigt sich seiner, und führte ihn, in dem Monate May 1777, nach Frankreich zurück. Nun wird Mirabeau in dem Schlosse zu Vincennes festgesetzt, und Madame de Monnier wird in ein Kloster gebracht.

Zu Vincennes brachte Mirabeau drey Jahre und sieben Monate zu, und wurde erst am 17ten Dezember 1780 aus dem Gefängnisse losgelassen. Während dieser Zeit unterhielt er, mit Erlaubniß des Polizeylieutenants, Herrn le Noir, einen Briefwechsel mit seiner Geliebten, Madame de Monnier. Dieser Briefwechsel ist seither gedruckt erschienen. Die Briefe sind zwar von dem Herausgeber, Herrn Manuel,

137

ſehr verfälſcht worden: indeſſen erkennt man doch noch in denſelben Mirabeaus Geiſt, und ſeine Denkungsart. a)

───────────────

a) Das Weglaufen der Madame de Monnier von ihrem Manne entſchuldigt Mirabeau, in einem Briefe an ſeinen Vater, nach eigenen Grundſätzen. Cette chimère, appellée réputation, si souvent usurpée et perdue avec une égale injustice, ne lui parut point faire équilibre avec son bonheur, et dans l'alternative inévitable de son infortune ou de sa félicité, elle choisit celle-ci. Elle fuit la terre habitée de ses tyrans, pour aimer en liberté. Voilà son crime. S. 393.

Von ſeiner Enthauptung in effigie ſchreibt er an ſeine Geliebte: Je ne sais pourquoi tu es si sensible à cette tragicomédie de ma décapitation en effigie. Quoique cela soit passablement insolent, et que je sois très-convaincu, que toute la France compte bien que j'en marquerai quelque jour ma reconnoissance à Monsieur de Valdhaon, cependant je te jure, qu'en attendant j'en ris. Ebendaſelbſt. T. 3. p. 209.

Um aus dem Gefängniſſe zu Vincennes los zu kommen, ſchwor Mirabeau, mit einem Eide, daß er geſonnen ſey, ſich umzubringen. Sein Vater, welcher ſeinen Sohn durchaus kannte, und wohl wußte, daß von demſelben kein Selbſtmord zu befürchten war, erwartete ruhig den Ausgang: und Mirabeau brachte ſich nicht um, ungeachtet er geſchrieben hatte, wie folgt: Je jure par le Dieu, auquel vous croyez, je jure par l'honneur, qui est le Dieu de ceux qui n'en reconnoissent point d'autre, que la fin de cette année, 1778, ne me verra point vivant au donjon de Vincennes. Je profère hardiment un tel serment. Car la liberté de disposer de sa vie est la seule, que l'on ne puisse ôter à l'homme, même en le gênant sur les moyens. Ebendaſelbſt. T. I. p. 435.

Da das Kind, welches Madame de Monnier mit Mirabeau gezeugt hatte, gestorben war, so ließ sich Herr de Monnier bewegen, den Prozeß nicht weiter fortzusetzen. Mirabeau wurde aus dem Gefängnisse entlassen und gieng nach der Provenze. Hier machte er seiner Gemahlin den Antrag, daß sie wieder mit ihm leben sollte. Sie aber schlug das Anerbieten unwillig aus, und sagte: sie verlangte nicht länger mit einem Manne zu leben, welcher sie gemißhandelt hätte; welcher aus einem Gefängnisse in das andere gebracht worden wäre; und welcher sich, durch wiederholte Verbrechen, in den Augen aller Rechtschaffenen entehrt hätte. Bald nachher klagte sie, vor dem Parlamente zu Aix, gegen Mirabeau, und verlangte die Ehescheidung, in so ferne die Gesetze der römisch-katholischen Kirche dieselbe zulassen. Mirabeau führte selbst seinen Prozeß, aber er verlor denselben. Von seiner Frau und von seiner Familie verstoßen; von allen Rechtschaffenen verachtet; von seinen Gläubigern überall verfolgt; ohne Geld und voller Schulden, wandte er sich an die berühmte Sängerin, Madame Huberty. Er stellte sich, als wäre er in sie verliebt, und lebte auf ihre Kosten, so lange als sie dieses zugeben wollte. Er folgte ihr nach Paris. Dann reiste er, mit einer französischen Dame von leichter Tugend, nach England. Hier lebte er kümmerlich und nährte sich von Bücherschreiben. Aus den gedruckten engländischen Kriminalakten erhellt, daß er, zu London, seinen Bedienten, wegen eines von demselben nicht begangenen Diebstahls, fälschlich anklagte, daß er falsche Zeugen miethete, und den Bedienten an den Galgen zu bringen suchte. Die Scharfsichtigkeit der engländischen Justiz entdeckte den schändlichen Plan, und der Unschuldige wurde frey gesprochen.

Madame de Monnier, als sie sich, von demjenigen Manne, welchem sie Tugend, Ehre und Glück, aufgeopfert hatte, verlassen sah, gerieth in Verzweiflung, und brachte sich selbst um das Leben, indem sie sich im Kohleydampfe erstickte.

Aus England kam Mirabeau nach Paris zurück. Und da die Regierung, eben zu dieser Zeit, eines Spions an dem preußischen Hofe bedurfte, so bot er sich dazu an, und wurde gewählt. Er hatte bey dieser Reise noch einen andern geheimen Zweck, welchen Herr Nicolai aufgedeckt hat. a) Mirabeau wollte, um das Defizit der französischen Finanzen zu decken, den preußischen Hof zu überreden suchen, daß derselbe das Geld aus dem königlichen Schatze in die französischen Fonds legen möchte. Er verließ sich hiebey auf seine Beredsamkeit, und war eitel genug, von sich zu glauben, daß es ihm sehr leicht werden müßte, die schwerfälligen Deutschen zu überreden. Er wollte sich, durch Ausführung dieses Plans, in Frankreich eine Stelle in dem diplomatischen Körper erringen: denn eine solche Stelle war damals das höchste Ziel seiner Wünsche. „Die neue Regierung schien ihm der rechte Zeitpunkt zu seyn. König Friedrich der Zweyte (dachte er) hat zu einem Frankreicher in Finanzsachen Zutrauen gehabt, warum sollte Friedrich Wilhelm der Zweyte nicht zu einem andern Frankreicher Zutrauen gewinnen? Dahin gieng seine Lettre rémise

---

a) Allgemeine deutsche Bibliothek, Band 105, Stück 2, Seite 111.

à Frédéric Guillaume II. Er glaubte, dem Könige ganz neue Wahrheiten gesagt, und sie auch so eingekleidet zu haben, wie sie Wirkung thun müßten. Er glaubte dadurch die größte Aufmerksamkeit zu erregen und sich den größten Einfluß zu verschaffen: aber freylich erregte er nur ein allgemeines Lächeln, über seine Unwissenheit und über seine Anmaßung."

Von dieser Anmaßung und von seiner unglaublichen Eitelkeit, gab er, während seines Aufenthaltes zu Berlin, die deutlichsten und auffallendsten Beweise. Herr Nicolai erinnert sich genau, daß ihn Mirabeau, welcher, in einer Gesellschaft, sehr viel von Geld und Zirkulation gesprochen, und vermuthlich das Stillschweigen der meisten Anwesenden für Beyfall genommen hatte, fragte: ob ein Deutscher wohl etwas über Geld und Zirkulation geschrieben hätte, das gelesen zu werden verdiente? (q'un peut lire.) Ihm ward geantwortet: Herr Professor Büsch habe ein Werk über Zirkulation geschrieben, welches alles hinter sich ließe, was in irgend einer Sprache geschrieben wäre, und welches nicht gelesen, sondern studiert werden müßte. „Wohlan!" sprach Mirabeau, „ich will es übersetzen lassen, um zu sehen, was daran ist." Auf die Bemerkung, daß die Uebersetzung nicht so leicht seyn möchte, da das Werk zwey starke Bände ausmache, und daß sich schwerlich ein Uebersetzer finden möchte, der der Materie sowohl, als auch beyder Sprachen mächtig wäre, fuhr Mirabeau heraus: „Was! zwey Bände! Das würde ich alles besser auf zwey Blättern sagen!" a)

---

a) Allg. deutsche Bibl. Bd. 105, St. 2, S. 112.

Während seines Aufenthalts in Deutschland, sammelte Mirabeau Nachrichten und Beyträge zu einem Werke über die preußische Monarchie. Dieses Buch, welches nachher gedruckt wurde, ist (wie in der Allgem. deutschen Bibl. Band 105, Stück 2 bewiesen wird) ein höchst unvollkommenes, fehlerhaftes Werk, und voller Irrthümer und Unrichtigkeiten.

Mirabeau mußte, mit seinem Gehülfen, dem Marquis de Luchet, Berlin verlassen. Er reiste nach Paris zurück, und nunmehr floß eine Broschüre nach der andern aus seiner fruchtbaren Feder. Er schrieb gegen den neuen Vorschlag, die Stadt Paris mit Trinkwasser zu versorgen; gegen den Wucher mit dem Papiergelde; gegen die Taktik des Grafen Guibert; gegen Herrn Cerutti, u. s. w. Endlich erschien auch seine geheime Berliner Korrespondenz: ein Gewebe der frechsten und schändlichsten Verläumbungen, über Personen, welche zu erhaben waren, als daß so ungegründete und niedrige Schmähungen bis an sie hinauf hätten reichen können.

Indessen rief der König die Stände des Reichs zusammen; und da eröffnete sich dem Herrn Mirabeau ein neues Feld für seine unermüdete Thätigkeit. Er gieng nach der Provenze, und nahm eine Stelle in der Versammlung des Adels ein: ob er gleich, da er kein adeliches Gut besaß, und kaum vier Ahnen beweisen konnte, in dieser Versammlung zu sitzen kein Recht hatte. Kaum hatte er diese Stelle eingenommen, als er auch schon seine Rednertalente zeigte. Er suchte zu beweisen, daß die Art, wie der Adelstand sich versammelt hätte, unrechtmäßig wäre, und daß demzufolge alle Beschlüsse, die derselbe fassen könnte, ungültig seyn würden. Mirabeau hatte die Absicht, Auffehen zu machen: denn was er behauptete war ungegründet, indem der König den Adelstand der Provence, nach der gehörigen Norm, so wie in dem Jahre 1639, versammelt und zusammenberufen hatte. Mirabeau verlangte, als Gesandter des Adelstandes, bey den Reichsständen eine Stelle zu erhalten. Allein seine Rede hatte den Adelstand gegen ihn aufgebracht, und sein Verlangen wurde ihm abgeschlagen.

Nachdem Mirabeau von dem Adelstande abgewiesen worden war, da erschien er plötzlich unter einer neuen Gestalt, als Vertheidiger der Rechte des Bürgerstandes. Das Volk in der Provenze glaubte an ihm seinen Retter, seinen Schutzgott, zu sehen, und erwies ihm die größten Ehrenbezeugungen. Dessen ungeachtet erschien er noch immer in den Versammlungen des Adelstandes. Aber, da er kein adeliches Gut besaß, so wurde er endlich aus der Versammlung ausgeschlossen, und sein Name ward, in dem Verzeichnisse der Adelichen, durchgestrichen. Nun zeigte er sich gänzlich als einen Vertheidiger des Bürgerstandes. Er miethete einen offenen Laden; er verkaufte selbst Tuch ellenweise; und hielt öftere Anreden an den Pöbel zu Aix. Mirabeau wurde, von dem Bürgerstande, weil er so vortreflich die Rolle eines Demagogen zu spielen wußte, beynahe vergöttert. Mehr als zwey hundert Bauren zogen vor das Haus seiner, von ihm geschiedenen, Gemahlin und ersuchten dieselbe, in dem Namen des Bürgerstandes, daß sie sich mit ihrem Manne wiederum aussöhnen möchte, damit, wie sie sich ausdrückten, ein so vortreflicher Menschenschlag nicht ganz ausgienge a). Von da begaben sie sich nach dem Hause des Grafen, und thaten auch an ihn dieselbe Bitte. Mirabeau erschien auf dem Balkon seines Hauses, und dankte diesen Bauern, mit weinenden Augen, für ihre Zuneigung. Seine ferneren Thaten und Reden, seit diesem Zeitpunkte, sind in den vorigen Bänden, und zum Theil auch in dem gegenwärtigen Bande ausführlich erzählt worden.

Mirabeaus vorzüglichste Schriften waren folgende: 1) Das Buch: des lettres de cachet et des prisons d'état. Der raisonnirende Theil dieses Werks, nebst den Zitaten, gehört seinem Oheim; von ihm ist bloß allein die Beschreibung des Schlosses Vincennes. 2) Le libertin de qualité, ou ma conversion. 3) Erotika biblion. Zwey abscheuliche, schändliche Schriften, in denen zu allen Arten der ausgelassensten Wollust genaue Anleitung gegeben wird. 4) Eine Vertheidigungsschrift seiner Mutter gegen seinen Vater. 5) L'éspion dévalisé. Ein Pasquill. 6) Sur la caise d'escompte. Von Herrn Panchaud, einem der Direktoren der Diskontokasse geschrieben, und unter Mirabeaus Namen gedruckt. Sur la banque de St. Charles. Von Herrn Claviere geschrieben. 8) Dénonciation de l'agiotage. Von Herrn Claviere geschrieben. 9) Sur les eaux de Paris. Von Herrn Claviere geschrieben. 10) Lette sur M. Necker. Von Herrn Clavier geschrieben. 11) Doutes sur la liberté de l'Escaut. Von Herrn Marron, hol-

---

a) Die Bauern sagten, in ihrem provenzalischen Plattfranzösisch: Aquo es una trop bella race, seria pecca que manqueos.

ländischen Gesandtschaftprediger zu Paris. 12) Sur l'ordre de Cincinnatus. Eine bloße Uebersetzung der Schrift des Herrn Doktor Price, welcher Letztere sich über Mirabeaus Plagiat öffentlich beklagt hat. 13) Aux Bataves sur le Stathouderat. Von Herrn Maron, 14) Discours aux états de Provence. Von Herr Bourges aufgesetzt. 15) De la monarchie Prussienne. Größtentheils von dem Herrn Obristlieutenant Mauvillon zu Braunschweig. 16) Lettre rémise à Frederic Guillaume II. Von Mirabeau. 17) Histoire sécrette de la Cour de Berlin. Von Mirabeau. 18) Lettre à ses Commettans. Von ihm selbst. 19) Courier de Provence. Von Herrn Dumont, einem Genfer.

Die meisten Schriften, welche Mirabeau unter seinem Namen herausgegeben hat, sind nicht von ihm selbst geschrieben worden. Er besaß, in einem vorzüglichen Grade, die Gunst, Andere für sich arbeiten zu lassen, und ihrer Arbeit seinen Namen zu leihen. Mehrere Reden, welche er in der Nationalversammlung gehalten hat, sind von Andern aufgesetzt. Die Rede über den spanischen Familienpakt war von Herrn Du Roveray; die Rede über die Assignate von Herrn Claviere, zweyen, im Jahre 1781 aus ihrem Vaterlande verbannten, Genfern a). Die vortrefliche Rede

---

a) Bemerkenswerth scheint es, daß die Genfer so großen Antheil an der französischen Revolution gehabt haben. Rousseau bereitete die Denker, Necker das Volk zu der Revolution vor. Der Uhrmacher Hulin führte den Pariser Pöbel an, als derselbe die Bastille einnahm. Du Roveray setzte wichtige Reden für Mirabeau auf.

Rede über die bürgerliche Einrichtung der Geistlichkeit hatte Herr Lamourette, Bischof von Lyon, aufgesetzt a).

In seinem politischen Leben bewies Mirabeau, daß er nach keinen festen Grundsätzen sprach, schrieb und handelte: daher die unaufhörlichen Widersprüche in seinen Reden und Schriften. Dennoch that er sich auf die Unveränderlichkeit seiner Grundsätze sehr viel zu gut: und am 18. August 1789 sagte er, in der Nationalversammlung: „Wegen meiner, durch die Fehler Anderer, und auch durch meine eigenen Fehler, sehr stürmisch verlebten Jugend, habe ich mir in der That sehr viel vorzuwerfen. Wenige Menschen haben, in so hohem Grade als ich, durch ihr Privatleben der Verläumdung einen Vorwand, und der Bosheit Mittel in die Hand gegeben. Aber, ich darf Euch alle zu Zeugen anrufen, ob jemals ein Schriftsteller, ein Mann welcher eine öffentliche Stelle

---

und Claviere endigte die Revolution, indem er den Assignatenplan erfand, welcher Frankreich den Untergang gebracht hat.

a) Mirabeaus größte Bewunderer gestehen, daß die meisten, unter seinem Namen gedruckten, Arbeiten nicht von ihm waren. Der Dichter Cubieres sagt: Quant aux ouvrages, que Mirabeau a publiés depuis que nous avons une assemblée nationale, quant aux différents rapports et addresses qu'il a prononcés avec tant d'éclat à la tribune, il paroit certain à présent que ces rapports et addresses ne sont pas de lui, et qu'ils lui ont été fournis par différents hommes d'état et hommes de lettres. Mirabeau jugé par ses amis et par se sennemis. p. 91.

bekleidete, mehr als ich das Recht gehabt habe, sich seine muthvollen Aeßerungen, seine uninteressirten Vorschläge, seine stolze Unabhängigkeit, die unerschütterliche Gleichheit seiner Grundsätze, zur Ehre anzurechnen." a) Dessen ungeachtet hat sich kein Mitglied der Nationalversammlung so oft, und so auffallend widersprochen. Nur einige Beyspiele wollen wir anführen.

An dem 15. Junius 1789 behauptete er: die königliche Genehmigung würde unumgänglich nothwendig erfordert, um den Beschlüssen der Nationalversammlung Gültigkeit zu geben: ja die Versammlung könnte nicht einmal sich den Namen Nationalversammlung beylegen, wenn nicht der König diesen Namen genehmigte b). Am 16. Jun. nannte er die Nationalversammlung, Stellvertreter des Oberherrn, und behauptete: die Versammlung wäre selbst der Oberherr, und weit über den Monarchen erhaben c).

Am 7. August 1789 sagte er, in der Nationalversammlung, als er gegen Necker sprach: „Das vorgeschlagene Anlehen dürfe von der Versammlung nicht angenommen werden, weil die Versammlung die befehlenden Aufträge ihrer Kommittenten befolgen müßte, in denen alle zu machenden Anlehen vorläufig schon verworfen wären." Am 29. August sagte er, als von der neuen Konstitution die Rede war: „Man brauche sich um den Willen des Volks, und um die

---

a) Courier de Provence. No. 29.
b) Onziéme lettre à ses Commettans.
c) Dix-neuviéme lettre à ses Commettans.

befehlenden Aufträge desselben, auf keine Weise zu bekümmern."

Am 19. August 1789 sagte er: „Die Beschlüsse des vierten Augusts wären zum Theil Eingriffe in das individuelle Eigenthum." Am 18. September, als der König dieselbe Bemerkung machte, da rief Mirabeau aus: „Er möchte wohl wissen, worinn die Beschlüsse des vierten Augusts das Eigenthum angriffen!"

Am 15. Junius 1789 hatte er behauptet: „Die Genehmigung des Königs wäre zu einem jeden Schritte der Versammlung unumgänglich nothwendig, um denselben gültig zu machen." Und am 18. September behauptete er: „Die Versammlung hätte das Recht, für das Königreich eine neue Konstitution zu beschließen, ohne den König darüber zu befragen; als dessen Genehmigung zu der Gültigkeit der Beschlüsse gar nichts beytragen könne."

Ein Hauptzug in Mirabeaus Karakter war Furchtsamkeit und Feigherzigkeit. Niemals, in seinem ganzen Leben, hat er eine Herausforderung zum Zweykampfe angenommen; sondern sich lieber gefallen lassen (was die natürliche Folge dieses Betragens seyn mußte, und auch mehr als Einmal geschah) von seinem Gegner geprügelt zu werden. In der Nationalversammlung wurden, von den Mitgliedern der rechten Seite, unaufhörliche Anspielungen auf diesen Zug seines Karakters gemacht. Zu der Zeit als Mirabeau beschäftigt war, den Pariser Pöbel aufzuwiegeln und in Bewegung zu erhalten: da erschien ein Kupferstich, auf welchem Mirabeau als der Haase in der Fabel vorgestellt wurde, welcher in den Sumpf springt, und die

Frösche aufschreckt, aber bey ihrem schnellen Herumhüpfen selbst in Furcht geräth.

Daß Mirabeau Bestechungen annahm, und sich bezahlen ließ, um für oder gegen einen Beschluß in der Versammlung zu sprechen: dieses ist keinem Zweifel unterworfen. Zwey oder drey Monate vor der Eröffnung der Reichsstände war Mirabeau so arm, daß er silberne Schuhschnallen auf dem Leihhause zu Paris versetzte. Einige Zeit nachher starb sein Vater, und er erbte das Vermögen desselben. Aber Herr Vignon, Mirabeaus Sachverwalter, hat feyerlich ausgesagt: daß an dem nachgelassenen Vermögen des Markis de Mirabeaus noch mehr als 150,000 Livres gefehlt hätten, um zu Bezahlung der Schulden des Sohns hinreichend zu seyn. Dennoch sah man, einige Monate später, den Grafen Mirabeau einen fürstlichen Aufwand machen. Er hielt eine prächtige, und für seine Freunde täglich offene Tafel; er kaufte, in der Nähe von Paris, ein Landgut, welches jährlich 40,000 Livres eintrug; er kaufte ferner das grosse und ausserordentlich schöne Haus des vormaligen Präsidenten Le Pelletier, in der Straße Chaussé Dantin; auch erstand er die, in ihrer Art einzige, Bibliothek des berühmten Grafen von Büffon, nebst vielen andern, theuren und seltenen Kostbarkeiten. Den Einwohnern desjenigen Distriktes der Stadt Paris, in welchem er wohnte, gab er einst ein Gastmahl, welches ihm 15,000 Livres kostete. Dennoch lautet sein Testament wie folgt: „Ich hinterlasse:

„Einem Kinde, welches mir theuer war, 24,000 Livres."

„Meinem Sekretair — 24,000 Livres."

„Meinem Arzte. — 24,000 Livres."

„Den beyden Demoiſellen de Saillant, einer jeden 2,800 Livres jährlicher Einkünfte."

„Meinen andern Nichten; einer jeden 600 Livres jährlicher Einkünfte."

„Herrn de la Mark, meine Bibliothek." (Dieſe hatte er für 200,000 Livres gekauft).

„Der Madame Le Jay laſſe ich alles, was ſie mir ſchuldig ſeyn mag."

„Und den Herrn du Saillant ſetze ich zu meinem Univerſalerben ein."

Der Schwärmer Desmoulins, Mirabeaus vertrauter Freund, verſichert ſelbſt, daß der Graf monatlich 12,000 Livres aus der Ziviliſte des Königs bezahlt erhalten habe. Dabey erzählt er folgende Anekdote: „Einige Tage, nachdem der Beſchluß über das Recht Krieg und Frieden zu ſchließen, in der Verſammlung gefaßt war, ſtieß ich auf Mirabeau, als er aus der Verſammlung heraus kam. Ich befand mich in Geſellſchaft eines ſeiner groſſen Feinde, und wir goſſen zuſammen unſere patriotiſche Galle aus. Ich warf auf Mirabeau einen Blick voller Verachtung und Unwillen. Er winkte mir mit den Augen, auf eine Weiſe, die mich ſo freundſchaftlich einlud, bey ihm Erläuterung zu holen, daß ich ihm nachfolgte. Ich blieb hinter ihm, in einiger Entfernung, ungewiß, ob ich ihn anreden ſollte, um ihn mit Vorwürfen zu überhäufen. Er ſah mich kommen, und ſtand ſtille. Wie dürfen Sie es wagen (ſo ſprach ich) am hellen Mittage durch die Straßen zu gehen? Fürchten Sie ſich nicht vor dem Laternenpfahle? Wahrlich! wenn die vollziehende Gewalt, für Ihre letzten Reden, Ihnen nicht 300,000 Livres bezahlt hat, so sind Sie betrogen." Die Richtigkeit meines Einfalls fiel ihm so sehr auf, daß er nicht im Stande war, sich zu verstellen. Er lächelte, auf eine ihm eigene, nicht zu beschreibende Weise. Noch sehe ich das Vergnügen auf seinem Angesichte schweben, gleichsam als hätte er die 300,000 Livres vor sich. Daß er dieselben erhalten hätte, gestand er zwar nicht; aber wahrlich, man konnte das Geständniß in seinen Gesichtszügen lesen. Er faßte mich unter den Arm (so freundschaftlich war er noch niemals gewesen); er führte mich bis zu der Straße de Lechelle; ließ mich versprechen, daß ich, am folgenden Tage, zu Mittag bey ihm speisen wollte; und versprach, alsdann mir völlige Erläuterung zu geben. Die Erläuterung bestand, in einem herrlichen Mittagsmahle, prächtig genug, um, in den Augen eines Demades, den Hang des Demosthenes zu dem Golde Macedoniens zu entschuldigen; aber nicht, um mich von seiner Uneigennützigkeit zu überzeugen. a)"

Desmoulins, welcher Mirabeau genau kannte, welcher ihm die Beynamen: Mirabeau der Große; Mirabeau der Demosthenes; Mirabeau der Donnerer; Mirabeau der Herkules; und Mirabeau der Heilige, gegeben hatte: dieser erzählt noch einige Züge von ihm, die wohl verdienen der Nachwelt aufbehalten zu werden.

Unter allen Mitgliedern der Nationalversammlung schätzte Mirabeau Niemand höher, hatte für Niemand eine so unbegränzte Ehrfurcht, als für den Abbe

---

a) Desmoulins révolutions No. 73. p. 340.

Sieyes. Mehr als Einmal sagte er: „Wir beyde, der Abbe Sieyes und ich, sind die Väter der Konstitution." Auch gestand er, daß er zuweilen seine Ideen von dem Abbe Sieyes borgte a).

Mirabeau, der so viel von Freyheit sprach, der mit so grossem Geschrey die Preßfreyheit vertheidigte: dieser Mirabeau konnte so wenig vertragen, daß etwas gegen ihn geschrieben würde, daß er gegen La Croix, den Verfasser der Broschüre: **die grosse Verrätherey des Grafen Mirabeau**, einen Verhaftbefehl (décret de prise de corps) auswirkte. Zwar machte er von diesem Befehle keinen Gebrauch, er verwahrte denselben in seinem Schreibtische; aber er hatte doch den Befehl ausgewirkt, und er sprach selbst darüber mit Desmoulins b).

Die beyden Lameths waren ihm verhaßt. Karl Lameth, sagte er, hätte viel Verstand und Offenherzigkeit: aber den Alexander Lameth hielt er für den feinsten und für den verstelltesten Mann in der ganzen Versammlung. Duport war ihm unausstehlich; und mit Barnave konnte er sich gar nicht vertragen, weil dieser so oft, in der Versammlung, über ihn gesiegt hatte. Fünf mal stritt Barnave, auf dem Rednerstuhle, gegen Mirabeau, in wichtigen Debatten: und fünf mal trug Barnave den Sieg davon.

Unter allen Beschlüssen der Versammlung mißbilligte Mirabeau keinen so sehr, als den Beschluß des 19. Junius 1790, vermöge welches die adelichen Titel, die Wappen und die Livreen, abgeschaft wurden. Bis

---

a) Desmoulins révolutions. No. 72. S. 309.
b) Ebendaselbst S. 310.

an seinen Tod ließ er sich, von seinen Bedienten, Herr Graf nennen a).

Desmoulins urtheilt über Mirabeau auf folgende Weise: „Ungeachtet sich Mirabeau selbst, sehr bescheiden, den Beynamen Achilles gegeben hat: so bin ich dennoch überzeugt, daß beynahe alles, was die Nationalversammlung Gutes that, ohne ihn geschehen wäre; das beynahe alles, was Böses geschehen ist, durch ihn geschah; und daß das Vaterland von ihm mehr zu fürchten, als zu hoffen hatte. Jeder aufmerksame Beobachter, wenn er überlegt, wie geraue Verbindung Mirabeau mit allen Partheien unterhielt; wie grosse Hoffnung, von Personen, die ganz entgegengesetzte Wege giengen, auf ihn gesetzt wurde: so kann er Mirabeau nicht besser, als mit jener spielenden Kokette vergleichen, deren Bild ich irgendwo gesehen habe. Aufmerksam auf ihr Spiel, und, zu gleicher Zeit, beschäftigt drey Liebhaber zu unterhalten, hat sie beyde Füße unter dem Tische, auf den Füßen ihrer beyden Nachbarn, und ihre schmachtenden Blicke dreht sie gegen den dritten, so daß Jeder von ihnen eines Vorzugs genießt, welchen er für ausgezeichnet hält. Jeder der Dreyen spottet der beyden Andern, und hält dieselben für getäuscht. Aber alles dieses verhindert nicht, daß nicht die Schöne noch von einem Vierten, der neben ihr steht, eine Prise Tabak verlange, und mit ihren Fingern den Tabak fest in die Dose drücke; es verhindert nicht, daß sie noch einem Fünften die Hand drücke, unter dem Vorwande, seine Spitzenmanschetten zu betrachten. So war Mi-

---

a) Ebendaselbst No. 72. S. 290.

rabeau. Er befand sich mitten unter allen Parthieen. Wenn er der Einen Parthie am eifrigsten zugethan war, dann besuchte er am fleißigsten die entgegengesetzte Parthie; er ließ sich, von dem Gericht des Chatelet, einen Verhaftbefehl gegen Herrn La Croix geben, zu eben der Zeit, da das Chatelet ihn selbst in Verhaft nehmen wollte; im Monate Februar 1789 spielte er die Rolle eines Tuchhändlers zu Aix, und im Monate Februar 1791 ließ er sich Herr Graf nennen; er frühstückte mit den Jakobinern, er speiste zu Mittag mit dem Klub der Siebenzehn-hundert- und Neun-und Achtziger, zu Nacht mit Herrn la Mark und den Königlich-Gesinnten; wo er schlief, das gehört nicht hieher. An dem 5. Oktober 1789 gab er, zu Versailles, dem Anführer der Weiber, Maillard, einen Verweis; befahl den Weibern, sich ruhig zu verhalten; und nahm sich die Mühe, zu gleicher Zeit, einen Brief an den Grafen von Provenze zu schreiben, worinn er Ihn bat, daß er sich ja nicht entfernen möge, weil die Regentschaft auf ihn fallen würde. Auf eine solche Weise war Mirabeau überall gegenwärtig." a)

Das richtigste Urtheil über Mirabeau, ist wohl Dasjenige, welches der vortrefliche Malouet über ihn fällte, und welches in der folgenden Rede enthalten ist, die er, am dritten April, in der Nationalversammlung gehalten hat.

„Ja, meine Herren, ich wiederhole es, so sehr sich auch mehrere unter Euch darüber wundern mögen; ich wiederhole es, daß ich den Verlust Mirabeaus be-

---

a) Ebendaselbst. S. 330. u. ff.

daure. Ich halte dafür, daß er zu dem Zeitpunkte gekommen war, in welchem er, ohne seine Popularität in Gefahr zu setzen, der öffentlichen Sache nützlich werden konnte. Ich bin überzeugt, daß dieses seine Absicht war. Ich habe gesehen, wie sehr die Gefahren derjenigen Anarchie, die uns aufreibt, seinen Geist beschäftigten; ich habe gesehen, wie er sich völlig überzeugt hielt, daß die Konstitution, deren Helden man jetzt aus ihm macht, sich nicht aufrecht erhalten könne, so lange nicht geschicktere Hände die Grundsäulen derselben unterstützten; ich habe gesehen, mit welchem Schrecken er die Unordnungen und die Parthien betrachtete, zwischen denen wir uns befinden; ich habe gesehen, wie er mehrere von Denjenigen, welche mit ihm die Gunst des Volkes theilten, verachtete und verabscheute. Niemals habe ich Herrn Mirabeau besucht, auch hat er mich niemals besucht. Aber verschiedene Unterredungen, die ich mit ihm, zu Anfange der Revolution, und auch seither, in Gegenwart von Zeugen, hielt haben in mir den Wunsch rege gemacht, daß man ihn nicht möchte so lange der Verachtung überlassen haben, welche sein Privatleben ihm zuzog. Man hätte frühe in ihm einen Manne erkennen sollen, welcher, vermöge seiner ausgebreiteten Kenntnisse, vermöge der Richtigkeit seines Verstandes, und vermöge der Dreistigkeit seines Karakters, bestimmt war, eine wichtige, öffentliche Rolle zu spielen. Er war der Mann nicht, der sich niederträchtiger Weise dem Despotismus verkaufen konnte. Freyheit war seine Leidenschaft, und was der Freyheit entgegen war, das konnte er nicht vertheidigen. Er wollte nicht bloß Geld, er wollte auch Ruhm; er wollte, zu gleicher Zeit, berühmt und reich werden. Er fühlte das Bedürfniß seinen schlechten Ruf gegen einen bessern zu vertauschen. Schon im Monate Junius 1789, wenn damals die guten Bürger des Staates die Kunst verstanden hätten, ihn auf ihre Seite zu ziehen; wenn er in die Plane der Regierung hätte Zutrauen setzen können: wenn alles dieses schon damals geschehen wäre: dann, glaube ich, würde dieser ausserordentliche Mann einen ganzen andern Einfluß auf das Schicksal Frankreichs gehabt haben. Er verlangte eine zwar freye, aber eine deutlich monarchische Konstitution. Die Abneigung und die Verachtung, mit welcher die Minister ihn behandelten; die Vorurtheile gegen seine Person, welche er in der Versammlung zu überwinden hatte, selbst unter der Volksparthie: diese verleiteten ihn zu allen Uebertreibungen der demokratischen Grundsätze. Und dennoch kehrte er, bey allen grossen, bey allen wichtigen Debatten, zu den monarchischen Grundsätzen zurück. Bey allen Debatten, welche ihm gefährlich zu seyn schienen, enthielt er sich seine Meynung zu geben, oder er gelangte, durch viele demokratische Umwege, endlich zu einem Resultat, über welches er, bald nachher, unwillig wurde, denn er trug sehr ungerne das Joch, welches er sich selbst aufgelegt hatte; das Joch der Menge zu gefallen. — Und nun, zu der Zeit, da er sich stark genug glaubte, um aus einem andern Tone sprechen zu können; zu einer solchen Zeit versetzt man ihn, ohne weitere Untersuchung, unter die grossen Männer! Viele von denen, welche ihm jetzt diese ausserordentliche Ehre zugestehen, werden dereinst nicht wenig erstaunen, wenn alle seine Meynungen über Personen und Sachen bekannt werden. Ja, es ist beynahe unmöglich, daß ein grosser Theil der Mitglieder dieser Versammlung nicht jetzt schon wissen sollte, was Mirabeau von der Majorität der Versammlung, von der Minorität derselben, und von der Konstitution gedacht habe. Wer könnte wohl vergessen haben, wie er, bey so vielen Gelegenheiten, allen, wechselsweise, gezeigt hat, wie weit er entfernt wäre ihren Zweck und ihre Mittel billigen zu wollen? Sein Ungestümm hat, mehr als Einmal, Ausbrüche der Verachtung, des Unwillens, oder des Mitleidens veranlaßt, welche gegen alle Partheien, und beynahe gegen alle Operationen gerichtet waren, die nicht von ihm selbst angegeben wurden. Hingegen haben wir auch gesehen, daß sich die Majorität der Nationalversammlung zwey Jahre lang geweigert hat, ihn zum Präsidenten zu ernennen. Bald war man unwillig über die Gewandtheit, mit welcher er seine Grundsätze wechselte, und wir hörten, wie, in den patriotischen Blättern, von der **grossen Verrätherey des Grafen Mirabeau** gesprochen wurde; bald wurden Eifer und Dankbarkeit, durch einen Blick auf seine schlechten Sitten und auf seine Jugendstreiche, zurück gehalten; und man hat sehr oft den Präsidentenstuhl besetzen, und das Verzeichniß aller berühmten Männer vorher erschöpfen müssen, ehe man ihm erlaubte, von demselben Besitz zu nehmen. Das grosse Ansehen Mirabeaus hat eigentlich mit seiner Präsidentschaft, folglich sechs Wochen vor seinem Tode, zuerst angefangen. Und auch seither haben wir noch gesehen, daß er in der Versammlung einigemal unterlag. Aber Siege, grösser als diese Niederlagen, waren ihm aufbehalten, wenn er länger gelebt hätte. Und diese

Sieges hätte er seiner Rückkehr zu der Ordnung und zu der Gerechtigkeit zu verdanken gehabt: eine Rückkehr von welcher wir leider! nichts weiter als den Anfang gesehen haben. — Nun frage ich jetzt: was sind das für Tugenden, was sind das für Verdienste, welche die Versammlung, durch den Beschluß, welchen dieselbe, um sein Andenken zu ehren, gefaßt hat, eigentlich belohnen wollte? Will man den Mirabeau des Jahres 1789; will man den Mirabeau des Jahres 1790 verherrlichen? Die Nationalversammlung hat doch während dieser langen Zeit nicht geglaubt, daß er gegründete Ansprüche auf ihre Achtung machen könnte: und alle Freunde der Ordnung, wären sie auch übrigens noch so eifrige Anhänger der Freyheit, haben ihm wichtige Vorwürfe zu machen. Ich wenigstens, ich habe ihm diese Vorwürfe nicht erspart: und ich kann dereinst den Beweis vorbringen, daß er sich durch dieselben nicht beleidigt gehalten hat. — Oder ist der Mirabeau des Jahres 1791 ein so herrlicher Mann? Vielleicht war er im Begriffe es zu werden. Vielleicht war der Zeitpunkt da, in welchem er dem Staate grosse Dienste thun sollte. Aber, wißt Ihr wohl auf welche Weise? Indem er Euch seine und Eure Fehler freymüthig gestanden hätte; indem er von der Revolution alles dasjenige, was an derselben gut ist, behalten, und Euch mit Nachdruck das Uebertriebene derselben sowohl, als die Gefahr dieser Uebertreibung, gezeigt hätte; indem er dem Volke die Gefahr seiner Verblendung, und den Unruhestiftern die Gefahr ihrer Kabalen dargethan hätte. Aber er starb, ehe er noch dieses grosse Werk ausführen konnte; kaum hatte er Zeit den Plan zu demselben zu entwerfen. — Was sind denn das für

Verdienste, ich frage noch einmal, welche man durch so ausserordentliche Ehrenbezeugungen hat belohnen wollen? Blieb er nicht, in seiner politischen Laufbahn, hinter seinen eigenen Grundsätzen weit zurück? So oft er von seinen Leidenschaften, so oft er von den Umständen beherrscht wurde, so oft hat er auch viel Böses gethan; und das Gute, wozu er beygetragen hat, würde auch ohne ihn geschehen seyn: denn der Despotismus stürzte auf allen Seiten zusammen. Es gehörte weit mehr Kunst, weit mehr Vorsicht dazu, die neue Regierungsform zu stürzen, als dazu gehörte, die alte Regierungsform umzuwerfen. — Als Privatmann, und in seinem Privatleben betrachtet, kann Mirabeau auf Vergötterung keinen Anspruch machen: als ein Mann von Genie betrachtet, konnten ihn seine Talente nur in so ferne verherrlichen, als er von denselben einen nützlichen Gebrauch würde gemacht haben. — Wenn man aber den Gesinnungen, welche er in der letzten Zeit seines Lebens gezeigt hat, so grosse Ehrenbezeugungen beweiset: dann freue ich mich, über die schöne Aussicht, die sich für uns eröffnet. Endlich fängt man also an, Ordnung und Ruhe für nothwendig zu halten, weil man den Herrn Mirabeau wegen der Wahrheiten so sehr ehrt, die er zu entwickeln anfieng. Nun dann, man richte ihm ein Grabmahl auf; ich stimme dazu. Aber man grabe auf dasselbe die folgende Inschrift:

„Dem Mirabeau, weil er, erschrocken über die Anarchie, sich in Bereitschaft setzte, dieselbe zu bekämpfen; weil er sich über die Kabalen und über die Unruhestifter endlich erhob; weil seine Fehler gut zu machen suchte; und weil er seine Kräfte sammelte, um die Freyheit, die Monarchie und die Ruhe, in dem Reiche wiederum herzustellen."

Da man über die Ursache, wegen welcher der Secretair des Herrn de Mirabeau, Herr Decomps, sich hatte umbringen wollen, sehr viele ungegründete Gerüchte ausgestreut hatte; so machte derselbe in den öffentlichen Blättern bekannt: daß diese rasche Handlung keinem andern Beweggrunde, als dem Gefühle eines unersetzlichen Verlustes, den er durch den Tod seines Herrn erlitten hätte, zuzuschreiben wäre. a)

Am vierten April wurde beschlossen: daß Ludwig Renatus Eduard, Kardinal von Rohan, vormals Bischof von Strasburg, wegen mehrerer Versuche, das Volk in dem Elsaß aufzuwiegeln und Aufruhr zu erregen, des Verbrechens der beleidigten Nation schuldig befunden werde, und daß derselbe in Verhaft zu nehmen und vor den höchsten Gerichtshof zu Orleans zu bringen sey. Da sich der Kardinal in Deutschland aufhielt, so konnte der Beschluß nicht vollzogen werden.

Unter die wichtigsten Berathschlagungen, welche die Versammlung um diese Zeit beschäftigten, gehören diejenigen, welche die Stadt und die Grafschaft Avignon betrafen. Zu diesem Gegenstande kehrte die Versammlung immer wieder zurück, weil es zu dem Plane der Majorität gehörte, dieses Land mit Frankreich zu vereinigen.

---

a) Journal général de France. 1791. No. 118.

Am dreyßigsten April hielt Herr de Menou einen Vortrag, in welchem er ausführlich zu beweisen suchte, daß Frankreich ein Recht hätte, sich der, dem Pabste gehörigen, Grafschaften Avignon und Venaßin, zu bemächtigen.

Herr de Cazales. Wie ist es möglich, daß man das Recht des Pabstes auf diese Länder bestreite? Wahrlich! wenn fünf hundert Jahre in dem Besitze eines Landes gewesen zu seyn, kein unwidersprechliches Recht zu dem Besitze dieses Landes gibt: so möchte ich wohl wissen, welcher Fürst auf seinem Throne ruhig sitzen könnte!

Herr de Liancourt. Der Vorschlag, Avignon mit Frankreich zu vereinigen, ist ungerecht und unpolitisch. Ungerecht ist derselbe, weil, wenn man auch den Grundsatz annehmen wollte, daß die Völker ein Recht haben sich ihren Oberherren zu wählen, es dann noch zweifelhaft bleiben würde, ob die Mehrheit der Stimmen zu Avignon wirklich für die Vereinigung mit Frankreich ist. Unpolitisch ist der Vorschlag, weil ein solcher Beschluß den ehrenvollen Eindruck vernichten müßte, welchen das feyerliche Verzichtthun der Versammlung auf alle Eroberungen in Europa gemacht hat. Man wird Eure Absichten, man wird Eure Mittel verläumden; man wird sagen: Ihr hättet Avignon erobern wollen, und darum einen Aufstand daselbst veranlaßt; Ihr hättet, durch diese Unruhen, durch die blutigen Auftritte, welche mit denselben verbunden waren, die Einwohner in Schrecken gesetzt, und Ihr hättet Euch diesen Schrecken sowohl, als die Schwäche dieses Pabstes, zu Nutze gemacht, um Ansprüche zu erneuern, welche sogar die vormalige Politik

litik Frankreichs nicht für möglich hielt, gültig machen zu können.

Herr Malouet. Allerdings hat ein ganzes, versammeltes Volk, das Recht, sich für frey und unabhängig zu erklären, und seine Regierungsform zu verändern; jedoch unter der Voraussetzung, daß die Gesinnungen eines Jeden freywillig, und auf eine gesetzmäßige und feyerliche Weise, bekannt gemacht werden können. Ist es etwa auf diese Weise, daß die Einwohner der Grafschaft Avignon verlangen mit Frankreich sich zu vereinigen? Nein! Statt der majestätischen Stimme eines sich berathschlagenden Volkes, höre ich bloß die Stimme der Räuber, das gräßliche Geschrey der Mörder, das Aechzen der Erschlagenen, und die Klagen der Entflohenen: das ist's, was ich höre, seit der Zeit da der Aufruhr angefangen hat. Vor dieser Zeit, als die Einwohner jenes unglücklichen Landes noch frey waren, als sie noch freymüthig ihre Gesinnungen zu erkennen geben durften: da haben sie einmüthig beschlossen: dem Pabste ihren Eid der Treue zu erneuern. Dieses war damals der Wunsch des Volkes. Was seither geschehen ist, das ist ein Gewebe von Verbrechen und von Frevelthaten, vor welchen die menschliche Natur zurück bebt. Ermordete Leichname, verbrannte Häuser und Dörfer, geplünderte Kirchen: dieß, dieß sind die Heldenthaten der sogenannten Patrioten von Avignon, und der Räuber, welche sich mit denselben vereinigt haben; und zwar mit der stillschweigenden Erlaubniß des Kriegsministers, Herrn Duportail, welcher nicht hat zugeben wollen, daß man den Unterdrückten zu Hülfe komme, und welcher dennoch die, zu der Armee der

Fünfter Theil. L

Räuber übergegangenen, französischen Ausreißer nicht
zurückgefordert hat. — Bedenken Sie, meine Herren,
daß die fremden Mächte uns beobachten. Die allge⸗
meine Unordnung in unsern ungeheuren Besitzungen
interessirt alle politischen Gesellschaften. Und Ihr könnt
Euch für überzeugt halten, daß der Plan einer allge⸗
meinen Verbindung gegen Euch statt finden wird, wenn
Ihr Rechte verletzt, wenn Ihr Grundsätze umstoßt,
die von allen Regierungen als heilig und unerschütter⸗
lich angesehen werden. Unsere Revolution hat etwas
eigenes, wodurch sich dieselbe von allen andern Revo⸗
lutionen un'erscheidet. Nemlich die weite Ausdehnung
der Grundsätze; den Wunsch, dieselben allen Völkern,
allen Ländern, allen Regierungsformen anzupassen.
Ein Eroberungsgeist, ein Apostelgeist hat sich der Ge⸗
müther bemächtigt, und sucht sich auswärts zu verbrei⸗
ten. Könnte nun nicht diese Revolutionswuth andern
Mächten ein wirklicher Angriff scheinen; ein Angriff,
der sie auffordert, sich vor Euch zu hüten, sich gegen
Euch zu bewaffnen? Kann man Euch nicht, noch
überdieß, mit Recht vorwerfen, daß ihr mit dieser
fürchterlichen Theorie eine noch fürchterlichere Praxis
verbändet; daß Ihr den Aufruhr begünstiget; und
daß Ihr Völker, die Euch gar nichts angiengen, auf⸗
fordertet, sich unabhängig zu machen? Ja, meine
Herren, Ihr wisset es, Ihr wisset, daß die Unruhen
zu Avignon erregt, angefacht, und begünstigt worden
sind. Gleich von dem ersten Anfange an, hat man
Diejenigen, welche vorgaben, sie wären mit der päbst⸗
lichen Regierung unzufrieden, Patrioten, und Die⸗
jenigen, welche derselben anhiengen, Aristokraten
genannt. Man hat diese Aristokraten, hier, in diesem

Saale, vor Euch angeklagt: gleichsam als wäre es, in Euern Augen, ein Verbrechen, den Gesetzen, den Sitten und den Gewohnheiten seines Vaterlandes, getreu zu verbleiben! Ich gestehe es, meine Herren, ich finde, in dem Vorschlage, Avignon mit Frankreich zu vereinigen, weder Vernunft, noch Gerechtigkeit, noch Politik. Die Vernunft befiehlt Euch, die Menge der Geschäfte, die Euch schon drückt, nicht noch durch neue Geschäfte zu vermehren; die Gerechtigkeit fordert Ehrfurcht vor den Rechten Anderer; und die Politik räth Euch, keine neuen Feinde gegen Euch aufzuwecken. Ich verlange daher: daß der Vorschlag der Vereinigung verworfen werde.

Herr Robespierre wiederholte die gewöhnlichen, demokratischen Kraftwörter: Despotismus, Wille des Volks, Menschenrechte, u. s. w. und verlangte: daß sich Frankreich der Grafschaft Avignon bemächtigen sollte.

Aus eben diesem Tone sprach auch Herr Pethion.

Abbe Maury. Neben dem gefährlichen Grundsatze, vermöge welches ein jedes Volk das Recht hat, täglich, stündlich sogar, wenn es nöthig ist, sich einen neuen Oberherrn zu wählen, hat man noch eine andere Theorie, welche man jetzt sehr häufig anwendet, und welche in einem rechten Gebrauche der Stärke besteht. Ein Mann unseres Jahrhunderts hat diese Theorie vorzüglich gut in der Praxis anzuwenden verstanden. Er besaß sehr viel Ehrgeiz; er wollte sich ein großes Vermögen erwerben, und das Zutrauen, welches man auf seine Geschicklichkeit und auf seine Talente setzte, verschafte ihm einen zahlreichen Anhang. Sein erster Grundsatz war: niemals Jemand anzugreifen, der stärker gewesen wäre als er; sein zweyter Grundsatz: bey gleicher Stärke müsse man sich in keinen Kampf einlassen, weil man eben so leicht überwunden werden, als den Sieg davon tragen könne: aber er hielt dafür, wie Herr de Menou: daß er gar wohl alle Diejenigen, die schwächer wären als er, plündern und aus dem Wege schaffen könnte. Dieser Mann hieß Pierre Mandrin. — Warum sollten die Einwohner der Grafschaft Avignon verlangen, sich mit Frankreich zu vereinigen? Sie leben ja glücklich. Die Regierung des Pabstes daselbst ist die sanfteste Regierung, die sich denken läßt. Die Einwohner bezahlen gar keine Abgaben; sie wissen nichts von Verhaftbriefen; und ihre Landstände bestehen aus Abgesandten, unter denen nur ein einziger Edelmann und nur sieben Geistliche Sitz und Stimme haben. Sehet, meine Herren, eine solche Regierungsform stellt man Euch als aristokratisch vor.

Herr de Clermont Tonnerre hielt eine vortrefliche Rede, gegen die Vereinigung der Grafschaft Avignon mit Frankreich.

Endlich, nach langen und lärmenden Debatten, wurde in der Versammlung die lächerliche Frage aufgeworfen: ob die Grafschaft Avignon einen Theil des französischen Reiches ausmache? Die Stimmen wurden gezählt, und es ward, durch 496 Stimmen gegen 316, entschieden: daß die Grafschaft keinen Theil des französischen Reiches ausmache.

Die Jakobiner, welche die Vereinigung der Grafschaft Avignon mit Frankreich verlangten, waren mit diesem Beschlusse höchst unzufrieden, und wandten alle Mittel an, die sie in ihrer Macht hatten, um denselben umzustoßen. Sie verfuhren gerade so, wie bey den Berathschlagungen über die Rechte der Mulatten.

Am vierten May, an dem Tage da der Beschluß über Avignon gefaßt werden sollte, umgab der aufgewiegelte Pöbel den Versammlungssaal, und es verlangte derselbe laut die Vereinigung. Als, nach aufgehobener Versammlung, bekannt wurde, auf welche Weise die Frage durch die Versammlung entschieden worden wäre: da fiel der Pöbel wüthend über diejenigen Mitglieder her, welche gegen die Vereinigung gestimmt hatten; so, daß Herr de Clermont Tonnerre sich in großer Lebensgefahr befand.

Schon an dem folgenden Tage, am fünften May, gelang es den Jakobinern, die Versammlung zu bewegen, daß sie den gefaßten Beschluß einigermaßen abänderte und einschränkte. Herr Bouche rief aus: „Allerdings weiß Jedermann, daß die Grafschaft Avignon keinen Theil des französischen Reiches ausmacht; aber Jedermann weiß auch, daß diese Grafschaft dereinst einen Theil dieses Reiches ausmachen wird!" Dieser Einfall wurde mit dem lautesten Beyfallklatschen aufgenommen, und der gefaßte Beschluß ward auf folgende Weise abgeändert: „Die Nationalversammlung erklärt nicht, daß die Grafschaft Avignon einen Theil des französischen Reiches ausmache." Hiedurch war die Frage nunmehr noch eben so unentschieden, als zu der Zeit da die Debatten über diesen Gegenstand noch gar nicht angefangen hatten: und das Resultat so vieler Sitzungen war ein Beschluß: daß man nichts erkläre! Ein Beschluß, welcher eigentlich, mit andern Worten, sagen wollte: der Grafschaft Avignon haben wir uns zwar noch nicht bemächtigt; jedoch halten wir dafür, dieses schöne Land verdiene gar wohl, daß wir dasselbe in Besitz nehmen, und wir werden uns künftig berathschlagen, auf welche Weise dieses am leichtesten zu bewerkstelligen seyn mögte.

Am vier und zwanzigsten May berathschlagte sich die Versammlung abermals über die Vereinigung der Grafschaft Avignon mit Frankreich. Herr de Menou hielt einen Vortrag über diesen Gegenstand, und wiederholte, was er schon in seinem ersten Vortrage gesagt hatte. Die Debatten waren nicht interessant. Herr de Clermont Tonnerre und der Abbé Maury sprachen gegen die Vereinigung; Herr Bouland und Herr Rabaut sprachen dafür. Herr de Virieu trat auf den Rednerstuhl. Allein, als er eben seine Rede anfangen wollte: da hörte man aussen, vor dem Versammlungssaale, ein gräßliches Geschrey. Die Versammlung war bestürzt, und einige Mitglieder verlangten, daß die Sitzung aufgehoben werden sollte. Aber Herr de Foucault sagte ironisch: „Lassen wir uns nicht stören! Das Geschrey hat nichts zu bedeuten. Es sind tapfere Kerle, die uns umringen, und die uns zurufen: wir sollten entweder Avignon mit Frankreich vereinigen, oder erwarten, daß sie uns aufhängen würden." Nun ertönte abermals das Geschrey des, in dem Solde der Volksverführer stehenden Gesindels, welches, in lumpigten Kleidern, den Versammlungssaal umringte: „Vereinigt Avignon mit Frankreich! Avignon mit Frankreich! Viktoria! Viktoria! Viktoria!" — Dieß war ein Kommentar, über den schönklingenden Grundsatz der Versammlung: sich aller Eroberungen enthalten zu wollen!

Nachdem der Pöbel etwas ruhiger geworden war, ließ der Präsident über folgenden Artikel stimmen: „Die Nationalversammlung vereinigt die Einwohner der Grafschaft Avignon mit der französischen Nation, von welcher dieselben künftig einen Theil ausmachen werden, und sie bewilligt ihnen alle Rechte und Vorzüge der französischen Konstitution." Die Stimmen wurden gezählt, und der Artikel wurde, mit 394 Stimmen gegen 374, folglich mit einer Mehrheit von zwanzig Stimmen, verworfen, und beschlossen: daß Avignon nicht mit Frankreich vereinigt werden sollte.

An dem folgenden Tage, am fünf und zwanzigsten May, bemerkte Herr Bouche: daß die Versammlung, durch den am vorigen Tage gefaßten Beschluß, weiter nichts habe sagen wollen, als, daß Avignon für jetzt noch nicht mit Frankreich vereinigt werden sollte.

Herr Goupil kramte ein ganz anderes Gewebe von feinen Sophistereyen aus. „Der am vierten May (so sprach er) sowohl, als der gestern gefaßte Beschluß, sind weder Verträge noch Urtheilssprüche. Man kann nicht mit sich selbst einen Vertrag schließen; sondern es gehören, zu einer jeden Uebereinkunft, zwey Personen. Zu einem Urtheilsspruche gehören drey Personen: der Richter und zwey Parthieen. Hier ist nun weder das eine noch das andere. Demzufolge habt Ihr noch gar nichts entschieden."

Herr de Liancourt, Herr Rabaud und Herr de Tracy behaupteten: die Versammlung wäre keinesweges gesonnen, ihre Rechte an die Grafschaft Avignon aufzugeben. Herr Charles de Lameth verlangte noch einmal, mit großer Heftigkeit, die Vereinigung der Grafschaft Avignon mit Frankreich.

Endlich, nach langen und lärmenden Debatten, faßte die Versammlung folgenden Beschluß:

„Die Nationalversammlung trägt ihrem Präsidenten auf, sich zu dem Könige zu begeben, und Denselben zu ersuchen: 1) Vermittler nach Avignon zu senden, welche alles anwenden sollten, um den Feindseligkeiten Einhalt zu thun. Diese vorläufige Maaßregel scheint nothwendig, ehe man, wegen der Rechte Frankreichs über jenes Land, einen fernern Beschluß fassen kann. 2) Alles anzuwenden, um zu verhindern, daß die Truppen, welche in der Grafschaft Venaissin unter sich Krieg führen, nicht einen Einfall in das französische Gebiet wagen. 3) Alle Frankreicher, die sich unter den beyden Armeen befinden, zurück zu fordern, und zu diesem Ende eine Proklamation bekannt zu machen, welche alle französischen Ausreisser, die in einer gewissen, bestimmten Zeit, zurückkehren würden, von aller Strafe frey spreche."

Vor der französischen Revolution rechnete man in der Grafschaft Avignon 126,684 Einwohner. Diese bezahlten dem Pabste gar keine Abgaben, und lebten unter einer sehr gelinden Regierung. Nach der Verbindung mit Frankreich hätte diese Grafschaft, zufolge einer genauen Ausrechnung, über drey Millionen jährlich bezahlen müssen. Hierinn lag der Grund, warum die größte Anzahl der Einwohner sich der Vereinigung mit Frankreich so hartnäckig widersetzte, daß die Jakobiner zu Paris, aus Rachsucht, dieses glückliche und schöne Land, durch eine gedungene Räuber- und Mörderbande, ganz verheeren liessen.

Die ersten Thaten dieser Räuber sind oben erzählt

worden. a) Nachdem die Armee der Räuber von Avignon die Stadt Cavaillon geplündert hatte; nachdem bey dieser Plünderung Greuelthaten verübt worden waren, dergleichen man unter zivilisirten Völkern für unmöglich hätte halten sollen; nachdem französische Soldaten das noch warme Blut des ermordeten Herrn de Rostang getrunken, und, bey ihrem Siegesfeste, den abgehackten Kopf eines alten Geistlichen, auf einer Schüssel, mitten auf die Tafel gesetzt hatten; nachdem die Weiber und die Töchter der unglücklichen Einwohner, von diesen Unmenschen, auf die schändlichste Weise waren gemißbraucht und nachher verstümmelt worden; nachdem andere Weiber, um der Wuth dieser Ungeheuer zu entgehen, sich hatten in Kisten einpacken, und, mit der größten Gefahr, als Kaufmannsgüter, durch das Lager der Räuberbande fahren lassen: da schien es unglaublich, daß diese Kannibalen noch neue Grausamkeiten sollten erfinden können. Und dennoch war dieses nur der Anfang der Gewaltthätigkeiten, welche in der Grafschaft Avignon verübt wurden.

Die Einwohner der Grafschaft Avignon, da sie erfuhren, daß die Räuberbande zu Avignon den bürgerlichen Krieg wirklich angefangen, und die Stadt Carpentras, welche dem Pabste treu geblieben war, belagert hätte: hielten dafür, es wäre die höchste Zeit sich in Vertheidigungsstand zu setzen. Mehr als funfzig kleine Städte und Dörfer schickten Abgesandte nach Sainte Cecile, dem Vereinigungsorte, und schlossen daselbst, am 14. März 1791, ein Bündniß, deß

---

a) Man sehe Band 4.

sen Zweck war, diese Gemeinheiten gegen die Stadt Avignon, und gegen die mit derselben verbundenen Ortschaften, welche die Vereinigung mit Frankreich verlangten, zu vertheidigen. Die zu Sainte Cecile versammelten Abgesandten gaben sich den Namen der Verbündeten und hielten regelmäßige Sitzungen, in denen sie sich über die Mittel berathschlagten, wie in ihrem unglücklichen Vaterlande die Ruhe wiederum hergestellt werden könnte.

Unter der Räuberarmee befanden sich eine große Menge Ausreißer aus den beyden französischen Regimentern Soisonnois und Venthievre. Hätte der französische Kriegsminister Herr du Portail die Auslieferung dieser Ausreisser, zufolge der, zwischen Frankreich und Avignon bestehenden, Traktaten verlangt, so würde die Armee der Räuber haben aus einander gehen müssen. Aber der Minister that dieses nicht, ungeachtet er mehrere male dringend darum gebeten wurde.

Am 15. April zog die Armee der Verbündeten nach Vaison, eroberte dieses Dorf, und ermordete den Maire desselben, Herrn Lavillasse, nebst seinem Gehülfen Anselme. Beyde standen in genauer Verbindung mit der Armee der Räuber zu Avignon.

Als die Nachricht von dieser Ermordung des Maire Lavillasse nach Avignon kam, da wurde beschlossen, gegen die Verbündeten einen Feldzug zu wagen. Funfzehnhundert Mann, mit zwölf Kanonen, verliessen Avignon und zogen gegen Sainte Cecile, woselbst sich die Verbündeten, zweytausend an der Zahl, mit zwey Kanonen, unter den Befehlen des Herrn Dianoux, gelagert hatten. Die Armee von

Avignon lagerte sich, in der Nacht vom 18. zum 19.
April, bey Rebaindu. Am 19ten rückte sie nach
Sarrian vor. Hier stieß dieselbe auf die Armee
der Verbündeten. Es fiel eine Schlacht vor, in welcher die Soldaten beyder Armeen wüthend fochten.
Endlich zogen die Truppen von Sainte Cecile sich zurück, und die Truppen von Avignon belagerten die
Stadt Sarrian. Nach einigen Kanonenschüssen ergab sich diese Stadt, und die Armee hielt einen schrecklichen Einzug. Die eingenommene Stadt wurde geplündert und verbrannt. Die Ungeheuer von Avignon
verschonten nichts, von allem was Athem holte. Säuglinge wurden an den Brüsten ihrer Mütter todt gestochen; Weiber und Mädchen wurden, in dem Angesichte ihrer Männer und Väter, gemißbraucht und
dann verstümmelt; Kinder und Greise, welche sich,
vor den Mördern, auf der Erde wälzten, und winselnd um Erbarmen flehten, wurden lachend mit dem
Schwerte durchbohrt, und durch langsame Martern
hingerichtet. Die Unmenschen hatten alles Gefühl der
Menschlichkeit so sehr verloren, daß sie junge, noch
nicht mannbare Mädchen, erst schändeten; dann verstümmelten; nachher ermordeten; ihnen endlich das
Herz aus dem Leibe rissen; und dasselbe, blutig und
klopfend, auffraßen a). Madame de Tourreau,
eine achtzigjährige Dame, welche lahm war, und in

---

a) Wer kann ohne Entsetzen lesen, wie der Jakobiner Abbé
Mulot diese Greuelthaten der göttlichen Vorsehung zur
Last legt! Man sehe Le Hodey Journal logographique T. 10. und auch Archenholz Minerva.
Januar. No. II. S. 183, verglichen mit S. 181.

dem Bette lag, wurde aus demselben herausgerissen, in dem Zimmer herumgeschleppt, mit Flintenschüssen durchbohrt, und, im Blute schwimmend, jedoch noch lebendig, von den Mördern verlassen, welche das Haus in Brand setzten. Den Sohn dieser Dame führten die Mörder lebendig mit sich, um ihn mit grausamen Martern hinzurichten.

Der Anführer dieser Räuberbande war Patrix, ein Irrländer von Geburt. Dieser wurde, einige Tage nachher, von seiner eigenen Armee todtgeschossen, weil der gefangene Herr de Tourreau entflohen war, und zwar, wie die Räuberbande vorgab, mit Einwilligung des Generals Patrix. Statt des hingerichteten Generals, wählte nunmehr die Armee dieser sogenannten Patrioten, einen General, welcher ihrer in aller Rücksicht würdig war; sie wählte zu ihrem Anführer Jourdan, den Kopfabhauer, dessen, am sechsten Oktober zu Versailles begangene, Greuelthaten oben erzählt worden sind a).

Dieser Kerl heißt eigentlich Jouve. Er ist der Sohn des Weinschenken eines Dorfes in der Nachbarschaft von Puy-en-Velay. Er lernte das Handwerk eines Hufschmiedes und heyrathete in seinem achtzehnten Jahre. Bald nachher verließ er sein Weib und seine Kinder, und verband sich an der savoyischen Gränze, mit einer Bande von Schleichhändlern. Er zeichnete sich unter seinen Mitbrüdern dadurch aus, daß er mehrere Mauthbediente tödtete. Endlich wurde er gefangen, nach den Gefängnissen zu Valence gebracht, und verurtheilt lebendig gerädert zu werden.

---

a) Man sehe Band 2. S. 457, 458.

Er floh aus dem Gefängnisse. Nun irrte er, eine Zeitlang, unter dem angenommenen Namen Jourdan, umher. Dann kam er nach Paris, trieb daselbst das Schmiedehandwerk, und ernährte sich daneben von dem Schleichhandel. Als am 14. Julius 1789 die Revolution ausbrach, da war er vorzüglich thätig. Er half die Mauthhäuser verbrennen, die unglücklichen Foulon und Berthier hinrichten, und am sechsten October hackte er den ermordeten Gardes du Korps die Köpfe ab. Nachher wurde Paris ruhig. Jourdan begab sich nach Avignon, zeichnete sich unter der patriotischen Räuberarmee vorzüglich aus; und, da er von Paris eine sehr beträchtliche Summe Geldes mitbrachte, so gelang es ihm, sich Anhänger zu verschaffen. Nachdem der General Patrix von seinen eigenen Leuten todt geschossen worden war, weil sie ihn im Verdacht hatten, daß er allzu menschlich wäre: da wurde Jourdan zum General erwählt, ein Ungeheuer, welches ein so ehrenvoller Verdacht nicht treffen konnte. Sobald Jourdan gewählt war, fiel er über den blutenden Leichnam seines Vorgängers Patrix; hackte demselben die Finger ab; steckte dieselben, einen nach dem andern, in den Mund; schmatzte damit, als wenn er Tabak rauchte; gieng, in dieser Stellung, in dem ganzen Räuberlager umher; und suchte seinen zerlumpten, patriotischen Mitbrüdern, hiedurch zu beweisen, daß er der ihm übertragenen Stelle würdig wäre.

Der Kopf des ermordeten Generals Patrix wurde abgehackt, auf eine Stange gesteckt, und nach Avignon getragen.

Nach der Plünderung und Verheerung der Stadt

Sarrian zog die Armee der Räuber gegen das Lager zu Sainte Cecile. Am 23. April belagerte sie die Stadt Carpentras. Sie ward zurückgeschlagen. Hierauf verheerte sie die ganze Gegend um diese Stadt, verbrannte und plünderte die Häuser, und ermordete alle Bewohner derselben, welche nicht die Flucht genommen hatten. Am 25. April kamen die Räuber abermals vor Carpentras, und beschossen die Stadt, acht Stunden lang, mit glühenden Kugeln. Abermals waren sie genöthigt sich zurück zu ziehen. Die Belagerten vertheidigten sich sehr tapfer. Sie thaten öftere Ausfälle, tödteten mehr als sechshundert Mann von der Armee der Räuber, und trieben dieselben zurück bis nach Montreux. Ein Weib, Madame de Champrond, welche sich in Carpentras eingeschlossen befand, that Wunder von Tapferkeit. Während der Belagerung zeigte sie sich immer an den gefährlichsten Stellen. Der Kommandant der Stadt, Herr Descoffier verhielt sich eben so tapfer als klug.

Die Räuber hoben noch einmal die Belagerung auf, und fuhren fort das Land zu verheeren. Häuser, Scheunen, Aecker, Weinberge, alles wurde verbrannt und zerstört. Die unglücklichen Einwohner flohen vor ihnen, und wo sie hinkamen, da fanden die Räuber alle Wohnungen verlassen und leer. Nunmehr zog diese Armee, welche aus ungefähr 6000 Mann bestand, nach den benachbarten Städten, Cavaillon, Thor, Caumont, Baume, Aubignon, Piolene, und erpreßte von den unglücklichen Einwohnern große Summen Geldes. Jourdan Kopfabhauer war der General, und unter ihm kommandirten Chabran, der Abbe de Fontvielle und der Abbe Olive de la Rouvere.

Am sechsten May kam die Armee der Räuber abermals vor Carpentras, und versuchte die Stadt durch Sturm einzunehmen. Die Räuber liefen an zwey Orten zugleich Sturm. Die Belagerten hielten sich ruhig und schossen nicht. Die Räuber wurden hiedurch nur desto dreister und rückten mit ihrer ganzen Macht heran. Als sie aber nahe genug waren, da wurden die, mit Kartätschen geladenen, Kanonen von den Wällen auf sie losgebrannt. Viele von ihnen fielen, und eine noch grössere Anzahl derselben ward, in einem Ausfalle der Belagerten, getödtet. Die übrigen retteten sich durch die Flucht.

Jourdan zog nun, mit dem Ueberreste seiner Armee, nach Avignon zurück. In dieser Stadt forderte er von den Einwohnern ein patriotisches Geschenk von 6000 Livres. Sie weigerten sich dasselbe zu bezahlen, und sammelten, an dessen statt, eine Steuer, für die Wittwen und Kinder der, bey Carpentras gebliebenen, Räuber. Jourdan ward unwillig über diese Weigerung. Er drohte, und setzte eine Proskriptionsliste auf. Er erklärte: daß er mit dem Betragen des Bürgerrathes zu Avignon höchst unzufrieden wäre, und daß er sich genöthigt sehen würde, die Regierung selbst zu verwalten. Alle Einwohner zitterten, bey dieser schrecklichen Drohung. Jourdans Soldaten forderten Geld von ihrem Generale. Dieser wandte sich noch einmal an den Bürgerrath von Avignon, und verlangte auf der Stelle, 24,000 Livres an Geld, und einen Vorrath von Schießpulver und Kanonenkugeln. Die Mitglieder des

Bürgerrathes Duprat a), Tournal, Mainville le und Lecuyer unterstützten die Forderungen des Jourdan: allein die größere Anzahl der Rathsherren verweigerte dieselbe.

Jourdan drohte der Stadt Avignon, daß sie seine Rache fühlen sollte. Bald nachher verließ er die Stadt mit seiner Armee, plünderte und verheerte das umliegende Land, und belagerte noch einmal, drey Tage lang (am 25, 26. und 27. May) die Stadt Carpentras. Er beschoß diese Stadt mit glühenden Kugeln. Die Einwohner schlugen ihn abermals, mit einem beträchtlichen Verluste, zurück.

Um diese Niederlage unter der Räuberbande zu bewirken, dazu bedienten sich die Einwohner der Stadt Carpentras einer ganz eigenen Kriegslist. Die Armee der Räuber hatte sich, in der Ebene, in einiger Entfernung von der Stadt, gelagert, und aus diesem Lager schoß dieselbe glühende Kugeln in die Stadt. Die Einwohner brachten, auf die Gipfel der höchsten Häuser, große Töpfe mit Pech angefüllt. Dieses Pech wurde angesteckt. Und, sobald die Töpfe in voller Flamme standen, da erhoben die Einwohner ein jämmerliches Geschrey. Die Räuber hielten dafür, ihre glühenden Kugeln hätten die Stadt in Brand gesteckt; das Geschrey wäre ein Geschrey des Schmerzens

---

a) Duprat war vormals in Diensten des Herzogs de Villeroy, und nachher in Diensten des Barons de Montmorency gewesen. Die Jakobiner hatten ihn, von Paris, nach Avignon gesandt, um mit Jourdan gemeinschaftlich zu handeln.

jens und der Verzweiflung; und es wäre folglich nunmehr der rechte Zeitpunkt vorhanden, um anzurücken, zu plündern und zu morden. Sie eilten jauchzend und jubelnd herbey. Allein, als sie nahe genug waren, da öffnete sich plötzlich eine versteckte Batterie, und die, mit Kartätschen geladenen, Kanonen richteten unter der Räuberbande eine schreckliche Niederlage an. Die Räuber eilten zurück in ihr Lager. Jourdan gab seiner Kavallerie Befehl, die Todten und Verwundeten abzuholen. Die Art, wie dieses geschah, war einer solchen Armee würdig. Die Reiter nahmen Stricke mit sich, deren eines Ende sie an dem Schwanzriemen des Pferdes und das andere an dem Verwundeten befestigten. So ritten sie in vollem Galoppe zurück, und schleppten die Verwundeten hinter ihren Pferden her, bis sie so weit waren, daß die Kanonen der Belagerten sie nicht mehr treffen konnten. Der General Jourdan schien über diese Niederlage sehr entrüstet, und er schrieb nach Avignon: „die Rache kocht in meinen Adern." (la vengeance bouillonne dans mes veines.)

Mit dem Bürgerrathe zu Avignon hatte sich Jourdan jetzt wiederum ausgesöhnt. Er erhielt Alles, was er nur verlangte; und man bewilligte ihm sogar, für seine Räuberbande, 1,800 Zentner Brod: auch Fleisch und Wein, so viel nur in der Stadt vorhanden war. In seinem Lager hielt Jourdan eine prächtige Tafel, welche täglich mit dreyßig Schüsseln besetzt war. Herr Antonelle, der Maire der französischen Stadt Arles, war ein genauer Freund Jourdans, und besuchte ihn zuweilen in seinem Lager.

Der Bürgerrath zu Avignon ließ die Einwohner

der Stadt zählen, und man fand ihre Anzahl nicht größer als 6000; da doch, noch ein Jahr vorher, über 25,000 Einwohner gezählt worden waren.

Dieses war der Zustand der Stadt und der Grafschaft Avignon, gegen das Ende des Monats May 1791, zu der Zeit, da die Nationalversammlung, wegen dieses Landes, den oben angeführten Beschluß faßte.

Die gewählten Vermittler, Herr Lescene des Maisons, Herr de St. Maur und der Abbe Mulot, reisten, am eilften Junius, von Paris nach Avignon ab.

―――

Die meisten Geistlichen, sowohl zu Paris als in den Provinzen, weigerten sich hartnäckig, den Bürgereid zu leisten, welchen man sie zu schwören nöthigen wollte. Unter den französischen Bischöfen waren nicht mehr als viere, die den Eid schworen, der Bischof von Autun; Herr de Jarente, Bischof von Orleans; der Bischof von Viviers; und der Kardinal de Lomenie de Brienne (der vormalige Prinzipalminister.) Die übrigen weigerten sich alle, und verloren daher ihre Stellen. Die erledigten Stellen wurden mit demokratischen Geistlichen und mit Jakobinern besetzt. Der Abbe Brendel, vormals Professor des Kirchenrechts auf der Universität zu Straßburg, ward daselbst, von dem Volke, zum Bischof gewählt: und, was bisher in der Kirchengeschichte noch ohne Beyspiel gewesen war, Katholiken und Protestanten wählten unter einander vermischt; Lutheraner wählten einen katholischen Bischof. Die Stelle des Erzbischofs von Paris, Herrn de Juigne, erhielt Herr Gobel (vorher Bischof von Lydda in partibus und Suffragan des Bißthums Basel.) Dieser Bischof Gobel war ein Mitglied des Jakobinerklubs, und hatte seine Erwählung dem genannten Klub vorzüglich zu danken. Sobald er gewählt war, begab er sich in den Klub, und hielt daselbst eine Rede: „Wenn meine wichtigen Beschäftigungen (so sprach er) mir nicht erlauben, so oft als ich es wünschte, mich in dieser Gesellschaft zu unterrichten; so werde ich wenigstens, meine Herren, alle übrigen Augenblicke dazu anwenden, bey Euch Grundsätze der Weisheit, der Mäßigung und des Patriotismus, zu holen; Grundsätze, nach denen ein jeder öffentlicher Beamter seine Handlungen einrichten muß, wenn seine Arbeiten derjenigen Konstitution wirklich nützlich werden sollen, welcher Ihr so große Dienste geleistet habt, und welche Euern Einsichten und Euerm Patriotismus, so viel zu verdanken hat." Der Bischof Brendel sowohl, als die übrigen neu gewählten Bischöfe, kamen ebenfalls in den Jakobinerklub, um sich dieser mächtigen Gesellschaft bestens zu empfehlen.

Der Bischof Gobel verlangte von dem Herrn Kardinal de Brienne die Weihe. Der Kardinal verweigerte ihm dieselbe. Nun wandte er sich an den Bischof von Orleans; aber dieser weigerte sich ebenfalls. Um alle Schwierigkeiten aus dem Wege zu räumen, entschloß sich der Bischof von Autun, die Weihe zu geben. Der neue Bischof von Paris trat nunmehr, unter dem feyerlichen Geläute aller Glocken der Hauptstadt, und unter dem Donner der Kanonen, seine neue Stelle an. Von ihm wurden die übrigen neu gewählten Bischöfe, eingesegnet.

Der Kardinal de Brienne behielt, vermöge seiner Nachgiebigkeit, das Bisthum zu Sens. Dieser Kardinal, welcher mit allen Parthieen gut zu stehen wünschte, schrieb an den Pabst, um sein Betragen zu entschuldigen. Der Pabst antwortete ihm folgendermaßen: „Ich habe von Euch, lieber Sohn, einen zweyten Brief, vom 30. Januar datirt, erhalten. Ihr schreibet mir, daß Ihr den, von der Nationalversammlung vorgeschriebenen, Eid geleistet habt; daß dieser Eid, dessen Formular Ihr mir übersandt habt, nicht so angesehen werden müsse, als billigtet Ihr alles, was die Nationalversammlung gethan habe; daß dieser Eid sich nicht auf alle Beschlüsse ausdehne; und daß Ihr, indem Ihr die Beschlüsse der Nation in Ausübung bringt, dieselben verbessern, und von demjenigen, was sich darinn Unregelmäßiges befinden möchte, zu befreyen gesonnen seyd. Ihr setzet hinzu, daß Ihr einem neuen Bischofe die kanonische Einführung verweigert habet; daß Ihr aber befürchtet, dieser Priester möchte ferner in Euch dringen, oder andere Priester möchten dieselbe Bitte an Euch thun; und daß Ihr hiedurch in die Verlegenheit gesetzt würdet, entweder zu gewähren was sie verlangen, oder Euern Sitz verlassen zu müssen. Auch gebt Ihr hinlänglich zu verstehen, daß Ihr das Letztere zu thun nicht gesonnen seyd. Ich finde gar keine Ausdrücke, um Euch zu sagen, wie sehr es mich schmerzt, Euch Gesinnungen schreiben und bekannt machen zu sehen, welche eines Erzbischofes und eines Kardinals so unwürdig sind. Aber jetzt ist weder die rechte Zeit noch der Ort dazu, Euch die Fehler zu zeigen, in welche Ihr gefallen seyd. Ich begnüge mich damit, Euch im Vor-

beygehen zu sagen, daß Ihr den römischen Purpur nicht stärker hättet beflecken können, als Ihr gethan habt, da Ihr den Bürgereid schworet, und da Ihr denselben in Ausübung brachtet, indem Ihr das alte und ehrwürdige Domkapitel Euerer Kirche aufhobet, und indem Ihr Euch eines fremden Kirchspieles bemächtiget, welches die Zivilgewalt unregelmäßiger Weise Euch übergab. Solche Handlungen sind schändliche Verbrechen. Anführen, (wie Ihr thut, um Euern Fehler zu beschönigen) daß Euer Eid bloß allein ein äusserlicher Eid gewesen sey; daß bloß allein der Mund, und nicht das Herz, denselben ausgesprochen habe: dieß ist eine eben so falsche als unanständige Entschuldigung; dieß heißt sich der gefährlichen Moral jenes sogenannten Philosophen bedienen, welcher diese, nicht nur der Heiligkeit des Eides, sondern der Rechtschaffenheit eines jeden ehrlichen Mannes unwürdige Ausflucht, erdacht hat. Jedesmal, wenn diese Lehre geprediget worden ist, hat die Kirche dieselbe verdammt und verbannt..... Ich würde mich, jedoch ungerne, genöthigt sehen, Euch strenge zu bestrafen, und Euch sogar der Kardinalswürde zu berauben, wenn Ihr nicht, zu rechter Zeit und auf eine schickliche Weise, Euch zurückziehen und das Aergerniß wiederum gut machen solltet, welches Ihr gegeben habt.....
Schließend erneuere ich Euch meine dringendsten Vorstellungen. Ich bitte Euch, ich beschwöre Euch, nicht von dem geraden Wege abzuweichen; den geheiligten Vorschriften der katholischen Kirche anzuhängen; bey dieser Gelegenheit, wie Ihr zu thun schuldig seyd, den Geist und den Karakter eines Bischofs zu zeigen; und, so viel an Euch liegt, keine Neuerungen, keine

Irrthümer, und kein Schisma zuzulassen. In den jetzigen gefährlichen Zeiten, in dem gegenwärtigen kritischen Zeitpunkte, müsset Ihr Euch ganz allein der Führung des heiligen Geistes überlassen, des Geistes der Weisheit, des Muthes, des Glaubens und der Geduld. Um Euch hierzu noch mehr aufzumuntern, gebe ich Euch, lieber Sohn, meinen apostolischen Segen, so wie auch der Heerde, welche Eurer Sorgfalt und Eurer Wachsamkeit anvertraut ist. Gegeben zu Rom, am 23. Februar 1791."

Nachdem dieser Brief des Pabstes öffentlich bekannt geworden war, sandte die Gesellschaft der Jakobiner zu Sens einige ihrer Mitglieder an den Kardinal de Brienne, um bey demselben anzufragen: ob der Brief authentisch wäre? Er antwortete: „Er habe diesen unangenehmen Brief wirklich erhalten; aber das Vaterland wisse, daß er sich denselben durch seinen patriotischen Eifer und durch seine Liebe zu dem Vaterlande zugezogen hätte." Bald nachher sandte der Kardinal dem Pabste seinen Kardinalshut zurück, mit folgendem Briefe:

„Heiligster Vater. Ich habe den Herrn Nuntius gebeten, Eurer Heiligkeit meine ersten Vorstellungen über das Breve zu übersenden, welches ich von Ihnen erhalten habe, so wie auch über die auffallende öffentliche Bekanntmachung desselben. Allein ich bin meiner Ehre noch eine letzte Antwort schuldig, und ich entledige mich jetzt dieser Pflicht, indem ich Eurer Heiligkeit die Würde zurückgebe, welche Dieselbe mir hat übertragen wollen. Die Bande der Dankbarkeit sind für einen rechtschaffenen und ungerechter Weise beleidigten Mann, unerträglich. Heiligster Vater, als

Euere Heiligkeit mich würdigte, mich in das heilige Kollegium aufzunehmen, da konnte ich nicht voraus sehen, daß ich, um diese Ehre zu behalten, den Gesetzen meines Landes, und demjenigen was ich der Oberherrschaft schuldig bin, ungetreu würde werden müssen. Da ich nun jetzt entweder gegen die Oberherrschaft zu handeln, oder meine Kardinalswürde aufzugeben mich genöthigt sehe, so bin ich auch nicht einen Augenblick zweifelhaft über meine Wahl: und ich hoffe, Euere Heiligkeit werde aus meinem Verhalten, besser als aus allen unnöthigen Erläuterungen, schliessen können, daß ich von der vorgeblichen Ausflucht eines bloß äusserlichen Eides entfernt bin; daß mein Herz nicht verläugnet, was mein Mund ausgesprochen hat; und daß, wenn ich auch nicht alle Artikel der bürgerlichen Einrichtung der Geistlichen habe billigen können, ich dennoch, nichts desto weniger, jederzeit den festen Entschluß gehabt habe, das Versprechen zu erfüllen, welches ich gethan hatte, mich derselben zu unterwerfen; weil ich, in Allem was mir vermöge derselben befohlen war, nichts sehen konnte, was dem Glauben, oder meinem Gewissen, entgegen gewesen wäre. Vielleicht sollte ich, heiligster Vater, auf die andern Vorwürfe antworten, welche das Breve Eurer Heiligkeit enthält: denn, ob ich Ihnen gleich nicht mehr als Kardinal angehöre, so höre ich doch nicht auf, mit dem Oberhaupte der Kirche und mit dem Vater der Gläubigen als Bischof verbunden zu bleiben; und, in diesem Verhältnisse, werde ich jederzeit bereit seyn, Denselben Rechenschaft von meiner Aufführung abzulegen. Aber das lange Ausbleiben Ihrer Antwort; die Ausdrücke in denen dieselbe aufgesetzt ist;

und, mehr als alles, der ausserordentliche Mißbrauch des Zutrauens, welchen Ihr Gesandter sich erlaubt hat, legen mir Stillschweigen auf. Nur sey es mir erlaubt, Eurer Heiligkeit zu wiederholen, daß man Sie, in Rücksicht auf den Zustand der Religion in diesem Königreiche, hintergeht; daß die Nachgiebigkeit, zu welcher ich Sie zu überreden suchte, vermöge der Zeitumstände unumgänglich nothwendig wird; daß Ihr langes Stillschweigen vielleicht die Spannung auf den höchsten Grad gebracht hat; und daß die strengen Mittel, zu denen Sie entschlossen zu seyn scheinen, nothwendig eine, ihren Wünschen ganz entgegengesetzte, Wirkung hervorbringen müssen. Ich ersuche Sie, diese letzten Bemerkungen annehmen zu wollen, und dieselben als einen Beweis der Hochachtung und der Ergebenheit anzusehen, mit welcher, u. s. w."

„Sens am 26. März 1791." „De Lomenie."

Diejenigen Priester, welche es für unrecht hielten, den Bürgereid zu leisten, und die da glaubten, daß sie dadurch den Pflichten, welche die Religion ihnen auflegte, ungetreu werden müßten, indem der Pabst allen Geistlichen die Leistung des Bürgereides, bey Strafe des Kirchenbanns, untersagt hatte: diese Priester wurden über ganz Frankreich, auf eine unglaubliche Weise, gemißhandelt und verfolgt.

Zu Anfange des Aprils lief eine große Anzahl Weiber aus dem niedrigsten Pöbel, unter welche sich einige verkleidete Männer mischten, in den Straßen der Stadt Paris umher. Mit zusammen gebundenen Ruthen bewaffnet, drangen sie in die Nonnenklöster ein, und züchtigten die Nonnen, so wie sonst kleine Kinder gezüchtigt werden. Auch andere Damen, welche auf der Strasse diesen Furien in die Hände fielen, mußten sich gefallen lassen, diese Züchtigung öffentlich auszustehen. Man zählte, innerhalb weniger Tage, über dreyhundert Frauenzimmer, welche diese Qual auszustehen sich genöthigt gesehen hatten.

Der Minister, Herr Delessart, schrieb, wegen dieser schändlichen Auftritte, folgenden Brief, an die Aufseher der Abtheilung von Paris.

„Meine Herren. Der König hat, nicht ohne großes Mißfallen, erfahren können, wie sehr man Personen, denen Geschlecht und Stand zur Vertheidigung dienen sollten, gemißhandelt hat. Sitten und Gesetze sind, durch Gewaltthätigkeiten dieser Art, gleich stark beleidigt worden. Und wenn dieser sträflichen Ausgelassenheit nicht Einhalt gethan werden sollte; wenn, bey jeder Gelegenheit, bey jedem Vorfalle, in der Hauptstadt, vor den Augen des Königs und der Nationalversammlung, dergleichen Auftritte immerfort aufs Neue wiederholt werden sollten: dann wäre, in der That, weder Freyheit noch Sicherheit vorhanden, und niemals könnte die Konstitution gegründet werden. Also, im Namen der Konstitution, im Namen der Ordnung, und um der Ehre der Regierung willen, trägt der König Ihnen auf, die schnellsten und sichersten Mittel anzuwenden, um die Urheber solcher Verbrechen greifen und bestrafen zu lassen. Allein, zu gleicher Zeit, indem Seine Majestät Ihnen empfiehlt, daß Sie die Strenge der Gesetze diesen Ausschweifungen entgegensetzen mögen, wünscht der König noch mehr, daß Sie, vermöge des Ansehens der Vernunft, jenen Geist der Duldung und der Mäßigung mögen herrschen lassen, welcher aufgeklärten und freyen Menschen geziemt, und welcher eine der schönsten Folgen unserer Konstitution seyn sollte.

Der Bürgerrath der Stadt Paris ließ einen Befehl öffentlich bekannt machen, vermöge welches Allen und Jeden verboten wurde, sich vor den Klöstern zu versammeln, und irgend Jemand zu beleidigen. Auch wurde Herrn La Fayette aufgetragen, über dieses Verbot zu wachen, und, auf alle Weise, die Personen und das Eigenthum zu beschützen.

Zu gleicher Zeit befahl der Bürgerrath, daß die Kirchen aller derjenigen Nonnen, denen der Pöbel die Ruthe zu geben drohte, verschlossen bleiben sollten.

Die Aufseher der Abtheilung von Paris, als die höchste bürgerliche Gewalt, liessen am eilften April, einen Befehl bekannt machen, vermöge welches kein Priester, welcher nicht den Bürgereid geschworen hätte, befugt seyn sollte, Messe zu lesen, Beichte zu hören, zu predigen, oder irgend ein anderes Geschäft seines Priesteramtes zu versehen. Es scheint bemerkenswerth, daß die Grundsätze, nach denen man gegen die Priester verfuhr, welche den Eid auf das Buch der Konstitution nicht leisten wollten, völlig und durchaus dieselben waren, nach denen man, in andern Ländern, gegen Priester verfährt, welche auf die symbolischen Bücher den Eid zu leisten sich weigern, oder diesem Eide nicht gemäß lehren. Man würde sich also sehr irren, wenn man glauben wollte, es wäre in Frankreich mehr religiöse Toleranz vorhanden gewesen, als in andern Ländern, welche man despotisch nennt.

Ausser der Gesellschaft der Jakobiner, waren um diese Zeit, noch zwey andere demokratische Klubs entstanden, welche die republikanischen Grundsätze noch viel weiter ausdehnten, als selbst die Jakobiner thaten. Die Eine dieser beyden Gesellschaften, die sogenannte **brüderliche Gesellschaft**, hielt ihre Sitzungen in der Jakobinerkirche, in eben dem Hause, in welchem die Jakobiner ihre Sitzungen hielten, aber in einem andern Saale. Alle Mitglieder der **brüderlichen Gesellschaft** waren zugleich auch Mitglieder des Jakobinerklubs.

Die zweyte, neu entstandene Gesellschaft, hielt ihre Sitzungen in der Kirche der vormaligen Barfüsser, und daher gab sie sich den Namen des **Barfüsserklubs**. Dieser Klub wurde von der Orleansschen Parthie regiert.

Beyde Gesellschaften, vereinigt mit dem mächtigen Jakobinerklub, wiegelten das Volk, durch falsche und ungegründete Gerüchte, gegen den König auf. Man streute aus: der König wäre mit **widerspänstigen Priestern** umgeben; a) er würde denselben täglich mehr geneigt; und die Priester, welche den Eid geleistet hätten, wären ihm verhaßt. Diese Gerüchte wurden um so viel wahrscheinlicher, da man erfuhr, daß der König seinen Beichtvater, den Pfarrer zu St. Eustache, welcher den Eid geleistet hatte, verabschiedet,

---

a) Diejenigen Priester, welche sich geweigert hatten den Eid zu leisten, wurden **widerspänstige Priester** genannt. Dennoch thaten sie weiter nichts, als daß sie zwischen zweyen Partheien wählten, zwischen denen ihnen das Gesetz eine freye Wahl ließ. Das Gesetz verlangte von den öffentlichen Beamten, sie sollten entweder den Eid leisten, oder ihr Amt niederlegen. Die Priester legten ihr Amt nieder, und hiedurch thaten sie dem Gesetze Genüge. Was konnte man dann weiter von ihnen fordern?

und, an dessen Stelle, den Exjesuiten Abbé Lenfant, welcher sich den Eid zu leisten weigerte, zum Beichtvater angenommen hätte. Auch sagte man, daß in einem Flügel des Schlosses der Thuillerien mehrere abgesetzte Bischöfe sich aufhielten, und daß von allen den Priestern, welche zu der königlichen Kapelle gehörten, nicht ein einziger den Eid hätte leisten wollen.

Sonntags am siebenzehnten April, begab sich der König mit seiner Familie, nach der Kapelle in dem Schlosse, um die Messe zu hören. Der Groß-Almosenpfleger, der Kardinal de Montmorency, sollte die Messe lesen. Da nun dieser den Eid nicht geleistet hatte, so weigerte sich die Bürgermiliz, welche in dem Innern des Schlosses die Wache hatte, Dienste zu thun, oder vor dem Könige das Gewehr zu presentiren, unter dem Vorwande: daß der König gegen das Gesetz handelte, indem Er bey einem widerspänstigen Priester die Messe hörte a). Wegen dieses Aufstandes der Bürgermiliz wurde die Messe später als gewöhnlich angefangen, und Herr La Fayette konnte, nur mit grosser Mühe, die Soldaten bewegen,

---

a) Der König handelte keinesweges gegen das Gesetz, indem er bey einem widerspänstigen Priester Messe hörte: Er bediente sich bloß allein der Erlaubniß, welche das Gesetz ihm gab, in dem Innern seines Pallastes denjenigen Gottesdienst zu feyern, welchen ihm sein Gewissen als den besten und vorzüglichsten darstellte. Das konstitutionelle Gesetz wollte und konnte nicht über das Gewissen herrschen: sondern es überließ einem jeden Bürger des Staates, in Religionssachen zu glauben und zu handeln wie er es selbst für gut finden würde. Nur Fanatiker konnten Intoleranz und Verfolgung predigen!

daß sie Dienste thaten, und sich der Feyer der Messe nicht widersetzten. Einer von den Grenadieren bestand hartnäckig auf der Weigerung Dienste zu thun, und er verließ seinen Posten, gegen den Befehl des Kommandanten.

Des Nachmittags war die Gährung unter dem Volke allgemein. Die Demagogen theilten Geld aus, verbreiteten falsche Gerüchte, und wandten alle übrigen schändlichen Mittel an, deren sie sich so gut zu bedienen wußten, um den Pöbel gegen den Monarchen aufzubringen. Es war bekannt, daß der König an dem folgenden Tage nach St. Cloud reisen würde, um daselbst mit seiner Familie, die Osterfeyertage zuzubringen, und das Abendmahl zu nehmen. Nun gab man vor: diese Reise wäre ein versteckter Plan zu einer Gegenrevolution; der König wollte entfliehen; und Er bewiese durch diese Reise, wie wenig Er die Konstitution achtete, indem er heimlich, aus den Händen widerspänstiger Priester, das Abendmahl nähme, anstatt in seiner Pfarrkirche, mit seinen übrigen Mitbürgern, sich einzufinden. Nachdem die Gemüther durch diese und ähnliche Reden auf einen hohen Grad waren erhitzt worden, da geschahen die rasendsten Vorschläge. Einige behaupteten: man müßte den König abschaffen: denn ein König wäre überhaupt eine unnütze Person; ein Vielfraß, welcher jährlich dreyßig Millionen auffräße, ohne dafür etwas zu thun a).

---

a) On parloit de détrôner le Roi; on disoit qu'un Roi est un personnage inutile, un ogre, qui dévoroit trente millions par an, qu'il falloit s'en débarasser. Suites de la Journée du 18. Avril, p. 11.

Andere sagten: „wir müssen den König nach seiner Pfarrkirche, nach der Kirche St. Germain Lauxerrois, schleppen. Dort muß man ihn zwingen noch einmal das Abendmahl zu nehmen. Hat er auch schon zu Hause einen Herrgott gespeiset, so kann er wohl noch einen speisen. Er ißt gerne etwas Gutes, und folglich wird ihm dieses nicht unangenehm seyn." a)

Der folgende Tag, der achtzehnte April, ein Montag, war von der Orleansschen Parthie zu dem Ausbruche des Aufruhrs bestimmt. Des Morgens früh sprangen die Wasser in dem Garten des Palais Royal; das verabredete Signal für den besoldeten Pöbel b). Und ganz früh des Morgens las man schon an den Säulen des Palais Royal, folgenden gedruckten Zettel angeschlagen:

„Beschluß des Klubs der Barfüsser, wegen der Kommunion des Königs, am 17. April 1791."

„Nachdem verschiedene Bürger des Staates der Gesellschaft angezeigt haben, daß der König zugiebt und erlaubt, daß widerspänstige Priester sich in seinem Hause aufhalten, und in demselben, zu dem Aergernisse der Frankreicher, und gegen das Gesetz, ein öffentliches Amt verrichten, zu dessen Verrichtung ihre Weigerung den Eid zu leisten sie unwürdig gemacht hat; daß er sogar, diesen Vormittag, bey einem wi-

---

a) On disoit tout haut dans les groupes: il faut trainer le Roi à sa paroisse, il faut qu'il y communie; s'il a mangé un bon Dieu chez lui, il en mangera bien deux, il est gourmand, cela ne peut pas lui faire de peine. Ibid. p. 9.
b) Journée du 18. Avril. p. 1.

derſpänſtigen Prieſter die Meſſe angehört hat; daß er ſich der Religionspflichten bedient, um endlich ſeine Grundſätze an den Tag zu legen, indem er, aus den Händen des vormaligen Groß=Almoſenpflegers, eines Widerſpänſtigen, das Abendmahl empfangen hat, in Gegenwart einer zahlreichen Bürgermiliz, welche mit Recht über einen ſolchen Meineid, und über ein ſolches Verbrechen gegen das Geſetz unwillig geworden iſt; daß ferner der Maire und der Generalkommandant Zeugen und Theilnehmer dieſes Meineides geweſen ſind: in Betrachtung, daß alle dieſe Thatſachen bewieſen ſind, und daß kein Zweifel mehr übrig bleiben kann, wie die Konſtitution ſich in Gefahr befindet, weil der Wiederherſteller der franzöſiſchen Freyheit ſich dieſes ehrenvollen Titels ſelbſt unwürdig gemacht hat, beſchließt die Geſellſchaft der Barfüſſer:"

„Daß ſie dafür halte, das Wohl der Nation erfordere, daß der erſte Beamte des Staates, der vornehmſte Unterthan des Geſetzes, der König ſelbſt, bey den Stellvertretern der Nation und bey dem ganzen franzöſiſchen Volke angeklagt werde: 1) als ein Widerſpänſtiger gegen die konſtitutionellen Geſetze des Königreiches; Geſetze welche er geſchworen hat, aufrecht zu erhalten, und welche eine ſtrenge Pflicht ihm in Ausübung zu bringen gebietet. 2) Als Einer, der da, durch ſeine Handlungen und durch ſein Beyſpiel, die Aufrührer zum Ungehorſam, und die Unruheſtifter zum Widerſtande auffordert. 3) Als Einer, welcher der franzöſiſchen Nation alle Schrecken der Zwietracht, alle Plagen eines Bürgerkrieges, zubereitet."

„Demzufolge werden alle guten Bürger des Staates erſucht, ihre Kräfte zu vereinigen, um, durch alle

Mittel, welche gesetzmäßig und dem Wohl des Volkes angemessen sind, den gefährlichen Wirkungen dieses neuen Streiches einer Kabale, welche gegen die Rechte und gegen die Wohlfahrt einer ganzen Nation feindselig gesinnt ist, entgegen zu arbeiten. Und da der Maire von Paris, nebst dem Generalkommandanten, vermöge ihrer Gegenwart, alles das Unrecht, welches der König diesen Vormittag sträflicherweise dem französischen Volke angethan hat, unterstützt und gebilligt haben: so erklärt hiermit die Gesellschaft: das öffentliche Wohl erheische, daß sie, wegen der Folgen einer so unkonstitutionellen Aufführung, und wegen des Mißbrauches des Zutrauens des Volkes, welches die öffentliche Gewalt in ihre Hände gegeben hat, damit sie das Gesetz unterstützen, und nicht, damit sie gegen dasselbe handeln, verantwortlich seyn sollen."

„Ferner stimmt die Gesellschaft, ihren Grundsätzen jederzeit getreu, dem tapfern Grenadier, welcher sich geweigert hat Dienste zu thun, Lobeserhebungen, die derselbe verdient. Diese sollen ihm durch vier Abgesandte überbracht werden. Auch soll der gegenwärtige Beschluß gedruckt, öffentlich angeschlagen, und allen patriotischen Gesellschaften, welche sich in den verschiedenen Abtheilungen Frankreichs befinden, übersandt werden."

„Vincent, Sekretair."

Diese schändliche Schrift, welche die Konstitution in ihren Grundfesten angriff, indem sie den König anklagte, Dessen Person, zufolge der Konstitution, unverletzlich war, wurde, am Morgen des achtzehnten Aprils, in dem Palais Royal, und an andern Orten der Hauptstadt, angeschlagen und ausgetheilt. Die
Säh-

Gährung, welche durch dieselbe unter dem Volke verursacht wurde, war ausserordentlich groß. a)

Zu gleicher Zeit mit dieser Schrift ward noch eine andere ausgetheilt und begierig gelesen. Sie hieß: **der Volksredner** (l'Orateur du peuple, par Martel.) Ein Auszug aus derselben diene zum Beweise, mit welcher unverschämten Frechheit man, um diese Zeit, zu Paris ungestraft zu schreiben sich erlauben durfte.

„Ludwig der Sechszehnte (hieß es in dieser Schrift) heute noch König der Frankreicher..... bleibe!... wo läufst Du hin, von treulosen Rathgebern betrogener Monarch? Du willst Deinen Thron befestigen, und es versinkt derselbe unter Deinen Füssen! Hast Du wohl die Folgen dieser Reise überlegt; dieser Reise, welche das Werk Deines Weibes, des St. Priest, des Montmorin, der Schwarzen, der Parlamenter und der Geistlichen ist, deren scheußliches Verlangen Du erfüllst? Das Volk weiß wohl, daß Du von St. Cloud nach Kompiegne, und von da nach der Gränze reisen willst! Vergeblich bemühest Du Dich, das Gerücht zu verbreiten, daß Du am künftigen Donnerstage zurück kommen werdest. Oder, wissen wir etwa nicht, daß der Mund der Könige von jeher eine Lügenhöle war! Ich, ich behaupte, dieses Dein Versprechen sey weiter nichts als ein politischer Betrug, und Du werdest, noch vor dem Donnerstage, in den Armen des Conde Dich befinden! Eine Furie

---

a) L'arrêté du Club des Cordeliers a été une des principales causes de l'insurrection du Lundi 18. Suites de la Journée du 18. Avril. p. 8.

stößt Dich in den Abgrund! Sie hat Dir ihre Wuth gegen die Frankreicher eingeimpft! Sie hat die Schlangen, welche, statt der Haare ihren Kopf bedecken, in Deinen Busen geschleudert! Du reisest: und unter welchen Umständen! Jetzt, da widerspänstige Priester das Gewissen der Furchtsamen schrecken; die brennbare und abergläubige Einbildungskraft eines leichtgläubigen Geschlechts entzünden; und mit den Händen Agnus Dei, Rosenkränze, Segenssprüche und Dolche, austheilen! Du reisest, jetzt, da Dein österreichischer Ausschuß alle Lunten der Gegenrevolution schon gelegt hat; und da es nur noch eines Funkens bedarf, um ganz Frankreich in Flammen zu setzen! Du reisest, da Du weißt, daß fremde Armeen, welche sich über Deine Langsamkeit beklagen, es kaum erwarten können, Feuer und Schwert in die drey und achtzig Abtheilungen zu bringen; da Deine Minister so gut die Dinge gekartet haben, daß alle Plätze dem Feinde offen sind; daß die Bürgermiliz nicht bewaffnet ist; daß die Generale einen dreyfach aristokratischen Panzer tragen. Du reisest, jetzt, da Deine Geldkasten voll sind; da Du alle klingende Münze an Dich gezogen hast, damit Du uns nichts weiter übrig lassest, als Papier, wenn die Bombe zu Paris platzen wird; da die Gardes du Korps, der Generalstab der Bürgermiliz, und eine Horde von Räubern, bereit sind in unsere Häuser einzudringen, und in denselben ein allzu zutrauliches Volk zu ermorden! Und was hoffest Du dann? — Die Grausamen! Wie sie Dich hintergangen haben! — Dein Manifest liegt fertig. — Meinetwegen! — Du stellst Dich an die Spitze der österreichischen Armee. — Das mag seyn! — Du vernichtest die Beschlüsse der Nationalversammlung, und Du richtest Deinen alten Thron auf den Trümmern des konstitutionellen Gebäudes auf. — Halt! König der Frankreicher! — Sieh fünf und zwanzig Millionen Menschen; sieh, wie Dein Oberherr Dich mit Einem Blicke zu Boden schlägt! Du fängst die Sache zu spät an! Wir haben die Reitze der Freyheit gekostet! Lieber sterben, als wiederum Sklaven werden! Du rechnest auf Legionen Unzufriedener: aber in einer schönen Sommernacht werden wir ihre Köpfe in Dein Lager herab regnen lassen! Du rechnest auf die Stiefel des Generals Bender: aber wir glauben an dieselben eben so wenig, als an die Stiefel des kleinen Zollang, welche vier Meilen in einer Stunde giengen. Wie durftest Du Dich unterstehen Deinen Eid zu brechen? Erinnerst Du Dich nicht an den vierten Februar, an welchem Tage Du kamest, um Deinen Hals unter den gesetzgebenden Zepter zu beugen? Bist Du von dem Altar auf dem Bundesfelde weggelaufen; und hast Du dem Himmel gelogen, welchen Deine heuchlerischen Lippen zum Zeugen anriefen? Kannst Du glauben, daß wir Dir einen wirklichen Patriotismus zutrauen sollten? Eine Zeitlang hast Du Dich verstellt: aber jetzt kennen wir Dich, Du großer Wiederhersteller der französischen Freyheit! Fällt heute Deine Maske ab, so fällt morgen Deine Krone! Nunmehr verbirgst Du sogar Deine geheimsten Gesinnungen nicht länger! St. Priest hat Dein wankendes und furchtsames Herz mit dem Aristokratismus gestählt! Nunmehr trotzest Du der öffentlichen Meynung! Beherbergest Du nicht, in Deinem Schlosse zu Versailles, Priester, welche den Eid nicht geschworen haben?

Oeffnest Du nicht, in Deinem Pallaste der Thuillerien, aufrührischen Priestern einen Zufluchtsort, und nennest Du nicht dieselben Deine Kaplane? Kann man des Volkes auf eine beleidigendere Weise spotten? Kann man auf eine frechere Weise der Konstitution Trotz bieten? Hast Du nicht, noch gestern, aus den Händen eines unverschämten Prälaten, das Abendmahl genommen? aus den Händen des Groß-Almosenpflegers, welcher den Eid nicht geleistet hat? Nicht einen Gott, unter der Gestalt von Brod, hast Du aus seinen gottlosen Händen empfangen; den Teig des Bürgerkrieges hat er in Deinen meineidigen Mund geworfen! Nun sage ich nur noch Ein Wort: Wolltest Du Dein vormaliges Ansehen und Deine Gewalt wieder ergreifen, wozu dann Manifest und Krieg? Warum liessest Du nicht den Konstitutionsausschuß machen! — Aber Deine Parthie ist genommen. Du dürstest nach Despotismus. — Wohlan! wenn Du verreisest, so sehen wir in Dir weiter nichts, als einen aus Rom verjagten Tarquin! Wir bemächtigen uns Deiner Schlösser, Deiner Palläste und Deiner Zivilliste; und wir setzen einen Preis auf Deinen Kopf! Laßt die Porsennas anrücken, die Scevolas sind fertig!"

Kann wohl der, in dem dicksten Schlamme der Hölle ausgebrütete, Fanatismus etwas Schändlicheres, etwas Abscheulicheres erzeugen, als die vorstehende Schrift? Die Geschichte, so weit wir dieselbe kennen, erzählt keine Greuelthaten, von einer so entsetzlichen Art, als diejenigen sind, die während der französischen Revolution vorfielen. Und dennoch wagt es ein Volk, welches solche Schandschriften schreibt und

begierig lieset, den heiligen Namen der Freyheit
zu mißbrauchen!

Um eilf Uhr Vormittags wollte der König nach St.
Cloud fahren. Die Wagen standen vor dem Schlosse
der Thuillerien, und Herr La Fayette erschien, an
der Spitze der Bürgerkavallerie, um Ihre Majestäten
zu begleiten. Man bemerkte, daß sich, in einiger Entfernung, der Pöbel haufenweise versammelte; übrigens
blieb aber alles ruhig. Die königliche Familie kam
die Schloßtreppe herunter und stieg in den Wagen.
Nun gaben die Anführer das verabredete Zeichen. Mit
einem gräßlichen Geheule eilte der Pöbel von allen
Seiten herbey, und umringte den Wagen, in welchem
sich der König, die Königin, der Dauphin, die Kron-
prinzessin und Madame Elisabeth, befanden.

Der König, welcher das Getümmel hörte, und den
Haufen des Gesindels sich nähern sah, blieb ganz unerschrocken. Er verließ sich auf die Pariser Bürgermiliz, die seinen Wagen umringte, und er erwartete,
daß diese konstitutionelle Leibwache den Pöbel in kurzer
Zeit zerstreuen, und dem Wagen den Weg öffnen würde. Vergebliche Erwartung! eitle Hoffnung! Die
Bürgermiliz kehrte ihre Waffen gegen den Monarchen,
und kündigte demselben an, daß er für heute nicht reisen könnte. Zu gleicher Zeit wurde in der ganzen
Stadt Lärm getrommelt, alle Sturmglocken wurden
geläutet, und ein unzählbarer Haufe kam herbey. Der
Pöbel fiel den Pferden in die Zügel, und rief über-
laut: er würde nicht zugeben, daß der König reisete.
Der König befahl der Bürgermiliz, daß sie Platz machen sollte. Aber die Miliz antwortete: „Nein! Nein!
wir wollen nicht, daß der König reise! Wir schwö-

ren, daß wir ihn nicht reisen lassen werden!" Unwillig rief der König Herrn La Fayette; befahl demselben, ihm den Weg zu öffnen, und der Miliz zu befehlen, daß dieselbe ihre Pflicht thue. La Fayette reitet herum und giebt den Befehl, den Monarchen ungestört reisen zu lassen. Einstimmig weigern sich alle Bürgersoldaten zu gehorchen. „Was!" ruft La Fayette aufgebracht, „wollt Ihr nicht dem Gesetze, wollt Ihr nicht dem Beschlusse der Nationalversammlung Gehorsam leisten, vermöge welches der König zwanzig Stunden von der Hauptstadt sich entfernen kann?" — „Nein! heute nicht!" war die Antwort. Herr Bailly eilt herbey. Er bittet und fleht: aber vergeblich. Herr Bailly kehrt an den Wagen des Königs zurück, und stellt die Unmöglichkeit vor, den Pöbel zum Weichen zu bringen. „Ey!" antwortet der Monarch, „es wäre doch auffallend, wenn ich, der ich der Nation die Freyheit gegeben habe, selbst nicht frey seyn sollte!"

La Fayette begab sich nach dem Rathhause, und verlangte, von den versammelten Aufsehern der Abtheilung, daß das Kriegsgesetz sogleich bekannt gemacht werden sollte. Die Aufscher weigerten sich. La Fayette legte seine Stelle nieder. Allein der Jakobiner Danton gab ihm zur Antwort: „Nur ein Feigherziger kann seinen Posten dann verlassen, wenn Gefahr vorhanden ist. Uebrigens haben nicht die Aufseher der Abtheilung, sondern die acht und vierzig Bezirke der Hauptstadt, Sie zum General ernannt. Jenen müssen Sie Ihren Abschied überbringen, nicht uns."

Während dieser Zeit drängte sich der Pöbel immer näher und näher an die Wagen des Königs. Auf die allerfrechste und unverschämteste Weise überhäufte der

selbe den König und die Königin mit Drohungen und
mit Schimpfwörtern. a) Ein Grenadier rief dem Monarchen zu: „Sire! wir lieben Sie; aber sonst Niemand als Sie." Ein anderer schrie: „Sire! bleiben
Sie hier, um Ihrer eigenen Sicherheit, sowohl als
um unserer Sicherheit willen!" Der Kardinal
de Montmorency, und einige andere Prälaten,
welche sich, in dem Gefolge des Königs, in einem
Wagen befanden, wurden von dem Pöbel verspottet
und beschimpft. Die Jäger der Bürgermiliz zogen
ihre Säbel, und kehrten dieselben gegen die Kutscher
der königlichen Wagen. Die vornehmen Edelleute,
welche sich an die Schlagthüren des Wagens gestellt
hatten, wurden von dem Pöbel hinweggerissen und
entfernt. Der König stellte vor: es wären seine Diener, welche ihn begleiten sollten, und bat, daß man
dieselben verschonen möchte. Umsonst. Als der König sah, daß man seinen ersten Kammerherrn, den
Markis de Duras, mit Gewalt, neben seiner
Seite, von dem Wagen wegriß, da beugte sich der
Monarch aus dem Schlage der Kutsche heraus, gab
ihm die Hand und wollte ihn halten: allein der ra-

---

a) La Reine et Madame Elisabeth ont été traitées
comme les femmes les plus viles. On s'étoit
muni de verges, avec lesquelles on se faisoit
un plaisir de les fouetter, si l'on n'avoit appris
que la Reine étoit dans un temps critique: de
sorte que l'on se contenta cette fois-ci de
l'insulter; et lorsqu'on parla de la loi martiale,
on Lui cria tout haut: „C'est à vous, Madame, à nous montrer le drapeau rouge!" Auszug aus einem Privatbriefe von Paris, geschrieben am
29. April 1791.

senden Haufe schleppte den Kammerherrn dessen ungeachtet mit sich fort. Der König bat stehend diese wüthenden Menschen, daß sie wenigstens das Leben seines Lieblings schonen möchten; und nach oft wiederholter Bitte erhielt er endlich das Versprechen: es sollte dem Herrn de Duras kein Leid geschehen. Kaum war dieser gerettet, als sich der König genöthigt sah, für den Haushofmeister der Königin, den Herrn Gougenot, dieselbe Bitte zu wiederholen. Endlich trat ein Grenadier aus dem Haufen hervor, stellte sich vor den König, und redete ihn an: „Sie sind," so sprach dieser Mann, „widerspänstig gegen das Gesetz, weil Sie in Ihrem Schlosse Priester aufnehmen, die den Eid nicht geschworen haben, und weil Sie zugeben, daß dieselben in ihrer Kapelle Messe lesen dürfen." — „Entfernt Euch Nichtswürdiger!" rief der Monarch. „Wer hat Euch zum Richter über mein Gewissen gesetzt?" a)

Der König war, über die unwürdige Behandlung, die man sich gegen ihn erlaubte, höchst unwillig und aufgebracht. Die Königin weinte. So lange Maria Antonia sich nur in Lebensgefahr befunden hatte, da war sie unerschrocken, kaltblütig und standhaft geblieben: als sie sich aber genöthigt sah, die Drohungen, Schmähungen und groben Beschimpfungen, des niedrigsten Pöbels und des zerlumpten Gesindels ertragen zu müssen; da wurde ihre große Seele tief gebeugt —

---

a) Malheureux! rétirez-vous, s'est écrié le Roi, qui vous a établi juge de ma conscience? Rélation fidèle des événemens de la journée du Lundi, 18. Avril 1791. p. 8.

und sie weinte. Den Todesstreich ruhig zu erwarten wurde ihr leicht: Beschimpfungen zu ertragen ward ihr unmöglich!

Herr Bailly, anstatt daß er, von dem es ganz allein abhieng, mit nöthiger Strenge hätte Anstalt machen sollen, Ruhe und Ordnung wieder herzustellen, und den Pöbel zu zerstreuen: statt dessen hielt er rührende Anreden an das Volk, über welche Jedermann lachte; so geringen Eindruck machten die unzeitigen Vermahnungen des Herrn Bailly auf die Pariser.

Endlich kam Herr La Fayette zurück. Er hatte sich vergeblich bemüht, die Bekanntmachung des Kriegsgesetzes von den Aufsehern der Abtheilung zu erhalten. Allein ihm blieb die Hoffnung, auch ohne Kriegsgesetz, durch sein bloßes Ansehen, die Bürgermiliz zu ihrer Pflicht zurück zu rufen im Stande zu seyn. Er gieng an den Schlag des Wagens, sprach mit dem Monarchen, und bat sich Befehle aus. Der König, welcher nunmehr schon seit zwey Stunden gewartet hatte, und den Mißhandlungen eines frechen Gesindels ausgesetzt gewesen war, befahl Platz zu machen. La Fayette befiehlt der Reiterey, mit dem Säbel in der Hand, vorzurücken. Die Reiterey rückt vor, aber sie läßt den Säbel in der Scheide stecken. Nun erst entsteht ein allgemeiner Aufruhr. Die Bürgermiliz kehrt die Bajonette ihrer Flinten gegen die vorrückende Reiterey. La Fayette geräth in Zorn. Er giebt seinem Pferde die Sporen; aber ein Mann fällt demselben in den Zügel. Einer seiner Adjutanten eilt herbey, und will diesen Aufrührer mit dem Degen durchbohren: allein ein Grenadier schlägt demselben den Degen aus der Hand. La Fayette wird wüthend. Er ruft der

Miliz: „ins Gewehr!" Sie antwortet: „wir wollen nicht!" Er befiehlt scharfe Patronen auszutheilen. Die Miliz antwortet: „wir nehmen sie nicht!" Er droht mit dem Kriegsgesetze. Man antwortet: „dann wird Euer Kopf zuerst springen!" Er ruft: „ich lege meine Stelle nieder!" — „Desto besser!" — Endlich sagt er, schäumend vor Wuth: „der König muß reisen, oder ich muß umkommen!" — „Sie werden umkommen," ruft man ihm zu.

Nunmehr reitet La Fayette an den Schlag des Wagens zurück, und stellt die Unmöglichkeit vor, in welcher er sich befinde, den Befehl des Königs in Ausführung zu bringen. Der König ruft laut aus: „Man will also nicht zugeben, daß ich reise! Es ist also nicht möglich, daß ich reise! Wohlan! ich bleibe, weil ich muß!"

Nach diesen Worten steigt der König, mit seiner Familie, aus dem Wagen, und kehrt in das Schloß der Thuillerien, mit betrübtem Herzen, zurück.

An dem folgenden Tage, am 19. April, erschien der König, ganz unvermuthet, in der Nationalversammlung. Er sprach mit einer schwachen Stimme, und äusserst niedergeschlagen:

„Meine Herren. Ich komme mitten unter Sie, mit derjenigen Zuversicht, welche ich Ihnen jederzeit gezeigt habe. Ihnen ist bekannt, welchen Widerstand man meiner Reise nach St. Cloud entgegen gesetzt hat. Ich habe nicht Gewalt diesem Widerstande entgegensetzen wollen, weil ich befürchtete, hiedurch zu veranlassen, daß die Strenge gegen einen betrogenen Haufen angewandt würde, welcher glaubt zu Gunsten des Gesetzes zu handeln, während er gegen das Gesetz

verbricht. Allein es ist wichtig, daß man der Nation
beweise, ich sey frey. Nichts kann, in Rücksicht
auf die Genehmigung und auf die Annahme Eurer
Beschlüsse, wichtiger seyn. Ich bestehe daher, aus
diesem dringenden Bewegungsgrunde, auf meiner Reise
nach St. Cloud. Die Nationalversammlung wird
die Nothwendigkeit dieser Reise einsehen. Es scheint,
daß man, um ein getreues Volk aufzuwiegeln (ein
Volk, dessen Liebe ich, durch alles was ich für dasselbe gethan habe, wohl verdiene) demselben Zweifel,
über meine Art von der Konstitution zu denken, beyzubringen suche. Ich habe diese Konstitution angenommen, ich habe geschworen sie aufrecht zu erhalten;
diese Konstitution, deren einen Theil die bürgerliche
Einrichtung der Geistlichkeit ausmacht: und ich werde,
aus allen Kräften, die Vollziehung derselben befördern.
Ich wiederhole jetzt bloß diejenigen Gesinnungen, welche ich der Nationalversammlung schon so oft gezeigt
habe. Der Versammlung ist es bekannt, daß meine
Absichten und meine Wünsche keinen andern Gegenstand, haben, als die Wohlfahrt des Volkes: und
diese Wohlfahrt kann bloß allein aus der Beobachtung
der Gesetze, und aus dem Gehorsam gegen alle Diejenigen entspringen, denen das rechtmäßige und konstitutionsmäßige Ansehen gehört."

Auf diese Rede des Königs antwortete der Präsident der Versammlung, der berüchtigte Chabroud:

„Sire. Wenn das schmerzhafte Gefühl, von welchem die Nationalversammlung durchdrungen ist, sich
mit angenehmen Empfindungen vertragen könnte: so
müßte Ihre Gegenwart solche Empfindungen rege machen. Möchte Eure Majestät Selbst, unter uns, in

den Beweisen der Liebe, welche sie erhalten, einige Entschädigung für dasjenige finden, was Sie bekümmert macht! Eine beschwerliche Unruhe ist mit den Fortschritten der Freyheit unzertrennlich verbunden. a) Während sich die guten Bürger des Staates Mühe geben, das Volk zu beruhigen, findet man Vergnügen daran, dasselbe in Furcht und Schrecken zu setzen. Sire, Sie, das Volk, die Freyheit und die Konstitution, haben nur ein einziges, gemeinschaftliches Interesse. Die niederträchtigen Feinde der Freyheit und der Konstitution sind auch Ihre Feinde. Aller Herzen, Sire, sind Ihnen ergeben: und so wie Sie die Wohlfahrt des Volkes wünschen, so wünscht auch das Volk die Wohlfahrt seines Königs. Hüten wir uns, daß nicht eine, durch Ihre Plane, Ihre Bemühungen und Ihre Intrigen hinlänglich bekannte, Parthie sich zwischen das Volk und den Thron stelle: dann werden Aller Wünsche erfüllt seyn. Wenn Sie die Bande, welche Sie an die Revolution befestigen, enger knüpfen, so geben Sie den Freunden der Ruhe und der Gesetze neue Kraft. Diese werden dem Volke sagen: Ihr Herz sey noch unverändert; und alles Mißtrauen, alle Zweifel, werden verschwinden. Unsere gemeinschaftlichen Feinde werden noch einmal geschlagen seyn, und das Vaterland wird einen neuen Sieg davon getragen haben."

Die Rede des Königs wurde, von der Versamm-

---

a) Une pénible inquiétude est inséparable des progrès de la liberté. Gerade so hatte Herr Chabroud auch die Greuelthaten des sechsten Oktobers 1789, vertheidigt. Man sehe Band 4.

lung sowohl, als von den Gallerien, mit den größten Freudensbezeugungen und mit dem lebhaftesten Beyfallklatschen aufgenommen. Länger als eine Viertelstunde ertönte das Gewölbe des Versammlungssaales von dem immer wiederholten Geschrey: „Hoch lebe der König!" a) Der Pöbel auf den Gallerien schrie am allerstärksten: eben der Pöbel, welcher, am vorigen Tage, Beschimpfungen und Drohungen gegen den Monarchen ausgestoßen hatte. Wenn man die Geschichte der französischen Staatsveränderung aufmerksam studirt, so wird man finden, daß jederzeit das Volk, wenn es den Monarchen auf das allerempfindlichste beleidigt hatte, gleich nachher denselben schwärmerisch verehrte und beynahe vergötterte. Leichtsinn und Unbeständigkeit machen die Grundzüge des französischen Nationalkarakters aus. Wer selbst in Frankreich, seit der Revolution, gewesen ist, und nicht bloß oberflächlich beobachtet hat, oder sich durch den Schein hat betriegen lassen: der wird auch gestehen müssen, daß sich der Nationalkarakter der Frankreicher nicht im mindesten verändert habe; ungeachtet gegenwärtig alle Dinge in Frankreich ganz anders aussehen als vor der Revolution.

Die rechtschaffenen Patrioten waren über die Antwort des Präsidenten Chabroud sehr aufgebracht.

---

a) Procês-verbal de l'Assemblée nationale. T. - 52. No. 626. p. 12. Der freche und niederträchtige Brissot schrieb: l'Assemblée nationale a péché en applaudissant le Roi, parceque son discours étoit une censure du peuple, et que le peuple avoit raison.

Der König kam nach der Versammlung, sagte, er wäre ein Gefangener, und bat um seine Freyheit. Statt ihm dieselbe zu gewähren, tröstete Herr Chabroud den Monarchen damit, daß eine beschwerliche Unruhe mit den Fortschritten der Freyheit unzertrennlich verbunden wäre. So konnte nur ein Volksaufwiegler sprechen, ein jeder Freund des Friedens und der Ordnung ist hingegen völlig überzeugt: daß die Ruhe des öffentlichen Wesens sowohl, als die Sicherheit der Bürger des Staates, mit den Fortschritten der wahren Freyheit allemal unzertrennlich verbunden seyn müsse.

Die Versammlung beschloß: daß die Rede des Königs sowohl, als die Antwort des Präsidenten, gedruckt, und nach allen Abtheilungen Frankreichs gesandt werden sollte.

Hierauf trat Herr de Blacons, ein Mitglied der linken Seite, auf den Rednerstuhl. Seine Absicht war, der Versammlung vorzustellen, daß es höchst wichtig wäre, über die Rede des Königs sogleich sich zu berathschlagen, und den König aus seiner Gefangenschaft frey zu lassen. Er sprach: „Ich steige heute zum erstenmal auf diesen Rednerstuhl. Ungern habe ich gesehen, daß mir Niemand zuvor gekommen ist. Der König kam hieher, um Euch zu sagen, was Euch allen recht gut bekannt war, daß es nemlich höchst wichtig sey, ihm den Schein der Freyheit zu lassen".... Hier wurde der Redner von einem lauten Geschrey der linken Seite unterbrochen, und genöthigt, den Rednerstuhl zu verlassen. Die Versammlung gieng aus einander, ließ den König in seiner engen Gefangenschaft und billigte hiedurch alles was der Pariser Pöbel gethan hatte.

Mit Zuversicht erwarteten nunmehr alle guten Bürger des Staates, daß der Bürgerrath der Hauptstadt und die Aufseher der Abtheilung von Paris, alle ihnen, vermöge der Konstitution, anvertraute Macht, dazu anwenden würden, den König aus seinem Hausarreste zu befreyen, und die Anführer des Aufruhrs strenge zu bestrafen. Aber, weit entfernt dieses zu thun, überreichten die Aufseher der Abtheilung, am 19. April, dem Monarchen eine Schrift, in welcher der Aufruhr des Pöbels gebilligt, und dem Könige ein Verweis gegeben wurde. Ohne das mindeste Gefühl von Billigkeit, von Gerechtigkeit, von Mitleiden gegen den unglücklichen, gefangenen Monarchen, spotteten sie seines traurigen Zustandes. Ja, die beyden Mitglieder der Abtheilung, welche diese Schrift dem Könige überreichten, die Herren de Kersaint und Cerutti, trieben die Frechheit bis zu einem solchen Grade, daß sie, vor dem Könige, mit aufgerollten Haaren, im Ueberrocke und in Stiefeln, erschienen. a) Die Schrift, welche sie übergaben, lautete wie folgt: „Die Abtheilung von Paris an den König."

„Sire."

„Das Direktorium der Abtheilung von Paris hat einer, ausserordentlich zusammen berufenen, Versammlung aller Mitglieder der Abtheilung, über den gegenwärtigen Zustand der Hauptstadt Bericht abgestattet. Die Abtheilung ist über diesen Bericht nicht erschrocken, b)

---

a) Suites de la Journée du 18. Avril. p. 10.
b) So unbesorgt sind also die Aufseher der Abtheilung! Es war doch Ursache genug vorhanden, warum diese Magistratspersonen hätten erschrecken sollen. Sie hatten keine

weil sie die Anhänglichkeit des Volkes an die Person des Königs kennt, und weil sie weiß, daß der König der Konstitution getreu zu seyn, geschworen hat. Aber, Sire, das Zutrauen des Volkes zu Ihrer Person, kann nicht lange Zeit den Eindrücken widerstehen, welche Männer, die da gerne sobald als möglich der Freyheit geniessen möchten, von allem demjenigen erhalten, was Sie umgiebt. Die Feinde der Freyheit haben Ihren Patriotismus gefürchtet, und es haben dieselben, Einer zu dem Andern, gesagt: wir wollen sein Gewissen beunruhigen. Unter einem heiligen Schleyer verbirgt sich ihr gekränkter Stolz, und die Religion benetzen sie mit heuchlerischen Thränen. Von dieser Art, Sire, sind die Menschen welche Sie umgeben. Man sieht ungerne, daß Sie die Widerspänstigen begünstigen, und daß Sie beynahe ganz allein von Feinden der Konstitution bedient werden. Man fürchtet, daß diese, allzu sehr in die Augen fallende, Vorliebe die wahren Gesinnungen Ihres Herzens anzeige. a)

Sire,

Macht mehr; die Unruhestifter beherrschten die Hauptstadt; und das Volk gehorchte weder dem Gesetze, noch denjenigen Befehlshabern, welche von ihm selbst waren gewählt worden.

a) Gerade so sprach auch der Klub der Barfüsser, in seiner, oben mitgetheilten, frechen Anklageschrift. Nun mag der Leser urtheilen, was das für ein Königreich war, in welchem eine untergeordnete, verwaltende Versammlung, dem Monarchen, in solchen Ausdrücken, und an dem Tage nach solchen Begebenheiten, einen Verweis gab, und die gesetzwidrige Verhaftnehmung des Königs nicht nur billigte, sondern sogar rechtfertigte!

Sire, die Zeitumstände sind bedenklich. Eine falsche Politik verträgt sich nicht mit Ihrem Karakter; und würde auch unnütz seyn. Entfernen Sie, Sire, auf eine offenherzige Weise, die Feinde der Konstitution von Ihrer Person; kündigen Sie den auswärtigen Völkern an: es wäre in Frankreich eine glorreiche Veränderung vorgegangen; Sie hätten dieselbe angenommen; und Sie wären jetzt der König eines freyen Volkes. Geben Sie diese Verhaltungsbefehle von einer neuen Art solchen Gesandten, welche einer so erhabenen Bedienung nicht unwürdig sind. Die Nation muß hören, daß ihr König die stärksten Stützen der Freyheit zunächst um sich habe: denn jetzt giebt es gar keine andern wahren und nützlichen Freunde des Königs. Sire, widersetzen Sie Sich nicht demjenigen, was die Abtheilung von Paris von Ihnen verlangt. Der Rath, welchen Ihnen diese Abtheilung giebt, würde Ihnen von den drey und achtzig Abtheilungen des Königreiches gegeben werden, wenn alle im Stande wären, in so kurzer Zeit wie wir, sich hören zu lassen."

„La Rochefoucault. Präsident."
„Blondel. Sekretair."

Wer kann sich noch länger wundern, daß die ungebundene Zügellosigkeit und Frechheit des Pariser Pöbels, und Derjenigen welche den Pöbel aufwiegelten, auf den höchsten Grad gestiegen war, wenn man erfährt, daß die Magistratspersonen, daß die Direktoren, die Aufseher der Abtheilung von Paris, in ihren Händen unthätig die Gewalt ruhen ließen; daß sie, welche das verirrte Volk hätten zurecht weisen sollen, statt gegen den Aufruhr zu sprechen, denselben recht-

Fünfter Theil. O

fertigten; daß sie, statt ungegründete Anklagen gegen den König zu widerlegen, diese Anklagen selbst vorbrachten; statt die bedaurenswürdigen Gegenstände der Wuth eines rasenden Pöbels in Schutz zu nehmen, dieselben verläumdeten; statt dem Könige für die erlittene Schmach Genugthuung zu verschaffen, seines Grams, seiner Erniedrigung und seiner Gefangennehmung, spotteten, und ihm die härtesten Bedingungen vorschrieben!

Doch die Aufseher der Abtheilung von Paris thaten noch mehr. Anstatt sich der Gewalt zu bedienen, welche ihnen die Konstitution über das Volk gegeben hatte, appellirten sie an das Volk. Sie schrieben eine Proklamation an die acht und vierzig Bezirke der Hauptstadt, und verlangten, von den Parisern, durch Mehrheit der Stimmen, Antwort auf folgende zwey Fragen:

„Muß man den König bitten, seinen Plan auszuführen und nach St. Cloud zu reisen?"

„Oder muß man Ihm danken, weil er lieber habe zu Paris bleiben wollen, um nicht die öffentliche Ruhe zu stören?"

Demzufolge sollten die, in ihren Bezirken versammelten, Pariser Bürger gesetzmäßig entscheiden: ob der König die Freyheit haben könne, zwey Stunden von Paris, auf dem Lande Luft zu schöpfen, oder ob man ihn auch dieser Freyheit berauben müßte.

In dieser Proklamation der Abtheilung von Paris waren alle Thatsachen wissentlich und vorsätzlich verstellt, und ganz unrichtig erzählt. „Der König (so hieß es) hatte sich vorgenommen nach St. Cloud zu reisen. Einige Staatsbürger, welche befürchteten, daß die Widerspänſtigen ſich dieſer Reiſe bedienen möchten, um ihre Plane gegen die Konſtitution in Ausführung zu bringen, haben ſich nach den Thuillerien begeben, um den König zu bitten, daß er nicht reiſen möge. Seine Majeſtät hat dem Geſuche des Bürgerrathes nachgegeben, um das Volk und die Bürgermiliz keiner Gefahr auszuſetzen." a)

Die größte Anzahl der verſammelten Bürger von Paris, entſchied: daß die, von den Aufſehern der Abtheilung vorgelegten Fragen, gar keiner Beantwortung bedürften. Eine ſehr kluge Entſcheidung: denn ſie bewieſen hiedurch ihre Anhänglichkeit an das Geſetz, gegen welches die Abtheilung verbrochen hatte, indem dieſelbe dieſe Fragen, welche es ihr zukam ſelbſt zu entſcheiden, den Einwohnern der Hauptſtadt zur Beantwortung vorlegte.

Der König blieb indeſſen noch immerfort in ſeinem

---

a) Le Roi avait projetté d'aller à St. Cloud. Plusieurs citoyens, craignant que les réfractaires ne profitassent de ce départ, pour mettre à exécution leurs projets anticonstitutionnels, se sont transportés aux Tuileries pour prier le Roi de ne pas partir. Sa Majesté a cédé aux instances de la municipalité, pour ne pas compromettre le peuple et la garde nationale. So treflich verſtand man in Frankreich die Kunſt, dem Laſter den Mantel der Tugend umzuhängen, und den größten Frevelthaten den Anſchein des Patriotismus zu geben! Die Geſchichte liefert kein Beyſpiel eines andern Volkes, welches bis zu einem ſo auſſerordentlichen Grade verdorben, und, ſo wie die Frankreicher, mit den erhabenſten Reden die verabſcheuungswürdigſten Handlungen zu verbinden fähig geweſen wäre!

Pallaste gefangen. Da nun die Nationalversammlung seine Bitte, nach St. Cloud reisen zu dürfen, gar keiner Berathschlagung gewürdigt hatte; da die Abtheilung ihm eine so heftige Schrift übergeben hatte; und da die Gährung in der Stadt zunahm: so entschloß sich der König, den Befehlen der Abtheilung zu gehorchen. Der erste Befehl, in der genannten Schrift, lautete wie folgt: Entfernen Sie, Sire, auf eine offenherzige Weise, die Feinde der Konstitution von Ihrer Person. Der König gab daher seinem Groß-Almosenpfleger, dem Kardinal de Montmorency, den Abschied, so wie auch dem Herrn Bischof de Senlis, und allen übrigen Geistlichen seiner Kapelle: ja, er nahm sogar, in seiner Pfarrkirche, aus den Händen eines Priesters welcher den Eid geschworen hatte, das Abendmahl. Auch die Herren de Villequier und de Duras, die Lieblinge des Monarchen, welche, schon seit langer Zeit, in dem vertrautesten Umgange mit dem Könige gelebt hatten, wurden verabschiedet.

Als nunmehr die Abtheilung sah, wie der König Alles that, was man nur von ihm verlangte, und wie er sogar seine Reise nach St. Cloud aufgab, nachdem er die Erlaubniß zu derselben nicht hatte erhalten können: da ließ dieselbe, um der noch immer fortdaurenden Gährung unter dem Volke Einhalt zu thun, am 20. April, an die Bürger von Paris eine neue Proklamation ergehen, welche in einem von der ersten ganz verschiedenen Style geschrieben war, und folgendermassen lautete:

„Staatsbürger. Da der große Rath der Abtheilung erfahren hat, von welcher Art die Beweggründe der allgemeinen Gährung sowohl, als des, wegen der geheimen Plane, und wegen des Betragens des Königs gefaßten, Mißtrauens sind; so hat Er sich an den Monarchen gewandt, um Denselben von den Besorgnissen des Volkes zu unterrichten, und Ihn zu ersuchen, diesen Besorgnissen ein Ende zu machen, dadurch, daß Er von seiner Person alles entferne, was Zweifel über die Aufrichtigkeit seiner Gesinnungen erwecken könnte. Die Abtheilung glaubt nunmehr, sich an das Volk selbst wenden zu müssen, um demselben seine Besorgnisse zu benehmen, und die Folgen, welche ein jeder unregelmäßiger Schritt in einer gesetzmäßig konstituirten Gesellschaft nothwendig haben muß, aus einander zu setzen. Diejenigen, welchen die Erhaltung der Ordnung und die Ausübung der Gesetze von dem Volke übertragen worden ist, würden diese große Pflicht nicht erfüllen können, wenn die Vereinigung des Willens, in welcher eigentlich die öffentliche Gewalt besteht, auch nur einen einzigen Augenblick aufhören sollte a). Um nun diese, durch Verschiedenheit der Meynungen, durch feindselige Gerüchte, durch übertriebene oder ungegründete Furcht, zerstreuten Kräfte zu sammeln, hat der große Rath der Abtheilung es für nothwendig gehalten, alle Bezirke zusammen zu berufen, und, auf diese Weise, die Bürger des Staates, durch die Ausübung ihrer Rechte, an

---

a) Si le concours des volontés, qui constitue essentiellement la force publique, étoit un seul instant suspendu. Ueberall metaphysische Spitzfindigkeiten; sogar in einer Proklamation, durch welche das Volk zur Ordnung, zur Ruhe und zum Gehorsam, vermahnt werden sollte!

ihre Pflichten zu erinnern. Die Abtheilung sieht mit Schmerzen, an dem Ziele des großen Werks der Konstitution, unregelmäßige Bewegungen sich erneuern, von eben der Art, als diejenigen waren, unter welchen die Eroberer der Freyheit, ohne sich irre machen zu lassen, den ersten Grundstein derselben legten. Seitdem aber das Wesen dieser Freyheit in den Gesetzen besteht, heißt es mit eigenen Händen sein eigenes Werk zerstören, wenn man die Konstitution mit andern Waffen, als mit denjenigen vertheidigen will, welche sie selbst ihren Kindern in die Hände gegeben hat. Bürger des Staates, was beunruhigt Euch? Man wirft dem Könige vor, daß Er die anerkannten Feinde der Konstitution begünstige; man vermuthet, Er habe den sträflichen Vorsatz, sich von der Nation zu entfernen, und auf diese Weise sein gegebenes königliches Wort brechen zu wollen. Bürger des Staates, wie könnt Ihr seine Rechtschaffenheit vergessen? — Aber, sagt man, Er unterstützt die, gegen das Gesetz widerspänstigen, Priester! Habt Ihr dann vergessen, daß Er geschworen hat, die Konstitution aufrecht zu erhalten? Und, wenn es auch möglich wäre, daß der König, durch treulose Freunde irre geleitet, in der That so unrecht handeln sollte: haben denn nicht die Staatsbürger, vermöge der Konstitution, das Recht ihre gerechten Klagen vorzubringen? Steht nicht der Weg der Zuschriften, der Bittschriften, der Gesandtschaften, ihnen offen? Als Ihr uns auftruget, über die Ausübung der Gesetze zu wachen, da verspracht Ihr uns, daß Ihr Euch denselben unterwerfen wolltet; und Jeder von Euch hat Uns geschworen, daß er alle seine Kräfte anzuwenden bereit sey, um Denjenigen zu zwingen, der den Gesetzen widerstehen würde. Unter dieser Bedingung haben auch wir, gegenseitig, Euch versprechen können, daß wir die öffentliche Ruhe erhalten, und die Konstitution unterstützen wollten. Dieser Kontrakt wäre, wenn er völlig gehalten und erfüllt würde, allein schon fähig, die Wohlfahrt der Nation auf immer sicher zu stellen. Aber, welchem Elende setzet Ihr uns nicht im Gegentheile aus, wenn Ihr nicht endlich einmal jenen gewaltthätigen Bewegungen ein Ziel setzet, welche keinen bestimmten Bewegungsgrund haben, und daher ein allgemeines Schrecken verursachen; Frankreich und ganz Europa in Besorgniß setzen; die Ausländer zurück halten zu Euch zu kommen; den friedfertigen Einwohner aus Euern Mauern verscheuchen; und Diejenigen, welche, wegen ihrer Ueppigkeit und Verschwendung, für Euch eine Quelle von Reichthum waren, von der Rückkehr abhalten. Und wir, denen Ihr die Sorge der Verwaltung übertragen habt; wir, die wir den ganzen Umfang Eurer Bedürfnisse sowohl, als die Größe des Verlustes kennen, welchen Ihr erlitten habt; wir, die wir aber auch alle die Hülfsmittel kennen, die Eurer Betriebsamkeit aufbehalten sind, und allen den Wohlstand, in welchem Ihr Euch befinden werdet, sobald Ordnung und Eintracht unter Euch hergestellt seyn werden: wie könnten wir uns enthalten, Euch vorzustellen, welche Uebel Ihr Euch selbst zufüget? wie sehr ein plötzlicher Auflauf, wie derjenige war den Ihr neulich veranlaßt habt, das Ziel entferne, nach welchem Ihr zu streben scheinet? und wie leicht es geschehen könne, daß Bewegungen dieser Art, durch die Feinde der Konstitution und Eurer Wohlfahrt erreget werden? Wir müſſen Euch die Wahrheit ſagen. Wir wollen nicht, wie die kalten Freunde der Freyheit, furchtſam Euer ſchonen. Wir haben, ohne Umſchweife, dem Monarchen die Wahrheit geſagt. Auch Euch ſind wir dieſelbe ſchuldig; und auch Euch wollen wir dieſelbe, eben ſo furchtlos, ſagen. Die Einwohner der Stadt Paris machen nur einen Theil des franzöſiſchen Volkes aus. Sie können daher auf keine andere Weiſe, als durch Zuſchriften und durch Bittſchriften, in dem Namen des Volkes handeln. Auſſerdem haben ſie Bürgerräthe, Verwalter und Stellvertreter. Jede freywillige Ausübung ihrer individuellen Kraft, iſt, demzufolge, eine Gewaltthätigkeit, ein Verbrechen gegen die Grundſätze der Konſtitution, welches, wenn es nicht verhindert würde, das Gebäude unſerer neuen Geſetze, in kurzer Zeit, von Grund aus umwerfen müßte. Die Nationalverſammlung ſowohl, als der König, gehören, als Stellvertreter der Nation, dem ganzen Reiche an, und in ihnen beſteht weſentlich die Konſtitution. Ihre Unabhängigkeit wird daher nothwendig erfordert, wenn ihre Handlungen gültig ſeyn ſollen. Aber ein Auflauf unter dem Volke, mit welchem ſie umgeben ſind, macht ihre Unabhängigkeit zweifelhaft, und wird daher, ſchon aus dieſem Grunde, ein Verbrechen gegen die ganze Nation. Ihr Einwohner der Stadt Paris, hütet Euch, daß nicht, zu dem großen Verluſte, welchen Ihr ſchon erlitten habt, auch noch die Entfernung der Stellvertreter der Nation und des Oberhauptes der vollziehenden Gewalt hinzukomme. Die Handlungen dieſes Oberhauptes können keinen andern Geſetzen unterworfen ſeyn, als ſolchen, die er ſelbſt freywillig angenommen hat. Bürger des Staates! Wir haben Euch diese schrecklichen Wahrheiten nicht vorenthalten können. Euer eigener Vortheil hat uns dieselben abgenöthigt; und die Nothwendigkeit, Euch zu der, den Gesetzen schuldigen Ehrfurcht, und zu dem Gehorsam gegen dieselben zurück zu rufen, legte uns die strenge Pflicht auf, diese Wahrheiten sagen zu müssen."

„Am 20. April 1791."

„La Rochefoucault. Präsident."

„Blondel. Sekretair."

Aus dieser Schrift erhellet deutlich, daß sich die Aufseher der Abtheilung von Paris der, dem Könige übergebenen, Zuschrift schämten, und daß sie, durch die vorstehende Proklamation, ihre unverzeihliche Uebereilung einigermaßen wieder gut zu machen suchten. Alle rechtschaffenen Einwohner der Hauptstadt freuten sich darüber: aber die Unruhestifter, welche leider! die mächtigste Parthie ausmachten, wandten Alles an, um den heilsamen Eindruck zu vernichten, den diese Proklamation auf die Gemüther gemacht hatte. Die sogenannte brüderliche Gesellschaft ließ sogleich eine Schrift drucken, und unter das Volk austheilen, welche deutlich beweist, was für niederträchtige und verächtliche Menschen die Pariser Demagogen waren. Diese Schrift ist, in jeder Rücksicht, ein höchst merkwürdiges Aktenstück, indem dieselbe, besser als die genaueste Erzählung, zeigt, von welcher Art die herrschende Denkungsart der französischen Revolutionshelden damals war.

„Bemerkung der brüderlichen Gesellschaft, welche ihre Sitzungen in der Kirche der Jakobiner, Rue St. Honore, hält, über die, von den Auffehern der Abtheilung von Paris, dem Könige am 19. April übergebene Schrift, und über den, am 20. April, von denselben Auffehern, gefaßten Beschluß."

„Als die brüderliche Gesellschaft die Vorlesung einer, von den Auffehern der Abtheilung von Paris dem Könige übergebenen, Schrift hörte, da billigte sie den Eifer und die Unerschrockenheit, mit welcher diese Beamten eines freyen Volkes dem Könige der Frankreicher sagten: „Sire, man sieht ungerne, daß Sie die Widerspänstigen begünstigen; daß Sie beynahe ganz allein von Feinden der Konstitution bedient werden. Man fürchtet, daß diese, allzu sehr in die Augen fallende, Vorliebe die wahren Gesinnungen Ihres Herzens anzeige. Die Zeitumstände sind bedenklich. Eine falsche Politik verträgt sich nicht mit Ihrem Karakter; und würde auch unnütz seyn." Und weiter unten: „Sire, der Rath, welchen Ihnen die Abtheilung von Paris giebt (die stärksten Stützen der Freyheit zunächst um sich zu nehmen) würde Ihnen von den drey und achtzig Abtheilungen des Königreiches gegeben werden, wenn alle im Stande wären, in so kurzer Zeit wie wir, sich hören zu lassen." Aber mit welchem Erstaunen hat die Gesellschaft die Vorlesung eines, an dem heutigen Tage gefaßten, Beschlußes angehört! eines Beschlusses, in welchem dieselben Aufseher den Frankreichern, welche Paris bewohnen, übertriebene oder ungegründete Furcht vorzuwerfen scheinen und ausrufen: „Bürger des Staates, was beunruhigt Euch?" War unsere Furcht vorgestern übertrieben, oder ungegründet;

so war es die Euere, welche Ihr am folgenden Tage dem Könige bezeigtet, nicht weniger. Ihr setzt voraus, unsere Besorgniß wäre ungegründet, wir befänden uns in dem Irrthume; und dennoch seyd Ihr selbst besorgt gewesen; Ihr habt die Besorgniß für gegründet gehalten; und Ihr habt dieselbe, freylich viel zu spät, dem Könige mitgetheilt. Nun sprecht Ihr heute von Ludwigs Rechtschaffenheit. Aber vorgestern machtet Ihr selbst Ihm Vorwürfe, über die Unrechtschaffenheit aller Derjenigen, die ihn umgeben; dieser Stützen des Despotismus; dieser Widerspänstigen gegen das Gesetz; dieser Feinde der Konstitution, die Ihn quälen, die Ihn von allen Seiten antreiben, die ohne Unterlaß ein Volk verläumden, welches seine Freyheit liebt, und welches eifersüchtig auf dieselbe ist. Dieß, dieß ist der Gegenstand unserer Besorgnisse. Wir haben befürchtet, und zwar einen Tag früher als die Abtheilung, daß diese, allzu sehr in die Augen fallende, Vorliebe des Königs für treulose und verächtliche Menschen, die wahren Gesinnungen Seines Herzens anzeige. Und, in der That, wie sollten wir ruhig seyn können, wir, die wir gewohnt sind in den Handlungen Uebereinstimmung mit den Reden aufzusuchen? wir, ein freyes Volk, weit entfernt von aller Politik und von aller Verstellung? Wie könnten wir ruhig seyn, wenn wir sehen, daß Derjenige, welcher sich für das Oberhaupt der Revolution erklärte, rund um sich her nichts als Todfeinde der Revolution hat, und daß Er sein Zutrauen nur solchen schenkt, die da geschworen haben, und ohne Unterlaß damit umgehen, die Revolution zu morden? O! laßt die Abtheilung die Vorwürfe abschwören, welche dieselbe dem Volke wegen der Unruhe macht, womit es vorgestern sich nach dem Orte hin begab, wo der König wohnt! Wenn die Verwaltung, wenn Diejenigen, welche wir gesetzt haben, um für unsern Vortheil zu wachen, so gut wie wir wußten, was um den König vorgieng; wie gastfrey Derselbe gegen Rebellen war; wie günstig Er sie aufnahm; wie unzeitig Er zu verreisen gedachte; wenn sie wußten, wie viele Pferde auf dem Wege nach Kompiegne bereit standen; wie sehr seit wenigen Tagen die Zurüstungen unserer Feinde zugenommen hatten; wenn unsere Verwalter, die alles dieses wissen mußten, zwey Tage früher die Schrift an den König aufgesetzt hätten, welche sie erst nach geschehener Sache aufsetzten: dann, dann würde das Volk nicht zusammen gelaufen seyn; es hätte nicht seine Arbeit verlassen, um der Freyheit zu Hülfe zu eilen. Aber das Volk sah, wie das Haus in Brand gesteckt wurde; es sah, daß Diejenigen, welche es gesetzt hatte, um dasselbe zu beschützen und zu vertheidigen, abwesend waren, darum warf es sich selbst in den Brand und löschte. So mußte es auch handeln. Die Abtheilung von Paris stellt uns vor: wir seyen nur ein Theil des Reiches, und wir könnten daher nicht im Namen des ganzen Reiches handeln. Aber, wahrlich! als das Pariser Volk die Bastille angriff, da hatte dasselbe von den übrigen Frankreichern keine Vollmacht erhalten. Es rückte an, es trug den Sieg davon, und seine Thaten wurden nicht gemißbilligt. Dasjenige, was das Pariser Volk an dem vorigen Montage that, würde das Volk, welches die drey und achtzig Abtheilungen bewohnt, ebenfalls gethan haben, wenn es sich in der nemlichen Lage befunden hätte. Die Vollmacht, welche wir, stillschweigend, erhielten, um die Freyheit zu erobern, haben wir recht ausdrücklich, recht nachdrücklich, auch erhalten, um dieselbe nicht zu Grunde gehen zu lassen; und wir wollen diesen Auftrag getreulich erfüllen. Wäre der König, durch künstliche Reden verleitet, oder durch Gewalt genöthigt, entführt worden: mit was für Vorwürfen würde dann nicht die Nation uns überhäuft haben; uns, die wir, vermöge unserer Lage, die Vorposten der Konstitution sind? Wäre der König entführt worden, dann würden alle Schrecknisse eines Krieges von aussen, eines innerlichen Krieges vielleicht.... Doch laßt uns diese traurigen Gedanken verscheuchen: dieser neue Plan unserer Feinde ist auch mißlungen! Ihr werft uns ferner vor: wir verstünden unsern eigenen Vortheil nicht. Ihr stellet uns vor: dieser Zustand einer anhaltenden Gährung entferne die Ausländer von unsern Mauern; vermehre die Anzahl der Flüchtlinge; und verhindere ruheliebende Männer, in das Reich zurück zukehren. O! so sprecht doch lieber: „Volk, lege deine Waffen nieder; entsage der Freyheit, welche zu viel zu erhalten kostet; und kehre in die Sklaverey zurück. Dann werden deine Tyrannen geruhen, in deine Mauern zurück zu kehren, und die sittenverderbende Ueppigkeit, welche in ihrem Gefolge reiset, wird deine Betriebsamkeit wieder aufwecken, und den Ueberfluß zurückrufen!" Ganz Europa bewundert den Muth und die Geduld, mit denen die Einwohner von Paris, seit zwey Jahren, gegen ihr Unglück kämpfen; mit denen dieselben gegen die schreckliche Abnahme der Handarbeit, und gegen die Theurung des klingenden

Geldes kämpfen. Wohlan! was wir seit der Revolution ertragen haben, das sind wir bereit noch ferner zu dulden, wenn es das öffentliche Wohl erheischt. Diese Entbehrungen, welche die Freyheit fester ketten, sind unser Genuß. Aber wir wissen auch, daß das Ende unserer Leiden sich nähert: und jetzt, da wir das Ziel schon erblicken, wäre der Zeitpunkt nicht, den Muth zu verlieren, welcher uns nöthig ist, um dasselbe erreichen zu können. Wir sind nicht mehr jenes flüchtige und leichtsinnige Volk, welches, betäubt von den Ketten der Knechtschaft, sich durch Lieder über seine Leiden tröstete. Endlich haben wir unsere lange Kindheit verlassen; endlich sind wir frey, und wir haben geschworen, beständig frey zu bleiben. Diese prächtige Stadt wird mehr als jemals glänzen. Findet man nicht länger in derselben den ungeheuern Anblick einiger verächtlichen Satrapen, deren ausgelassene Ueppigkeit des öffentlichen Elendes spottete: so werden nunmehr Wissenschaften, Künste und Handlung, unter dem Einflusse der Freyheit, in derselben blühen, und sie bis zu dem Range der Hauptstadt des Weltalls erheben. Das wissen wir, und auch das Kostbarste wollen wir aufopfern, damit sie diesen, ihr bestimmten, Gipfel erreiche. Hat die Nationalversammlung niemals geklagt, daß das Pariser Volk ihrer Freyheit Eintrag thue, oder ihre Berathschlagungen störe; hat diese erhabene Versammlung, im Gegentheil, bey tausend verschiedenen Gelegenheiten, die Anhänglichkeit derselben an die Konstitution gelobt: wie konnten dann unsere Verwalter, den Schritt, welchen das Volk vorgestern bey dem Könige that, als eine Handlung ansehen, die das ganze Reich wegen der

Freyheit der Nationalversammlung besorgt machen könnte? Welchen Zusammenhang haben sie, zwischen dieser Freyheit, und zwischen einer Handlung finden können, die zum Zwecke hatte, die Flucht, oder die Entführung des Königs, zu verhindern? Wahrlich! das Zutrauen, welches das Pariser Volk in die getreuen Stellvertreter der Nation setzt; das Zutrauen, mit welchem dieses Volk den Trotz und die Beleidigungen gewisser anderer erträgt, die da stolz auf ihre Unverletzbarkeit sind, so wie seine unveränderliche Ehrfurcht für alle Beschlüsse, bekannt genug, sind über allen Verdacht erhaben: und wenn es in kurzer Zeit sich über seine Rechte unterrichtet hat, so hat es auch zugleich seine Pflichten kennen und ausüben gelernt."

„Robert. Präsident."

„Noel. Sekretair."

Das Alles klingt sehr schön: aber leider war es nicht wahr!

Als der König erfuhr, daß man behauptete: er hätte sich nach Kompiegne flüchten wollen, und die Pferde hätten auf der Straße schon bereit gestanden; da ließ er folgende Nachricht, an allen Ecken der Straßen, anschlagen.

„Der König hat den Aufsehern der Abtheilung befohlen, über die öffentliche Ruhe zu wachen. Er hat sich bey denselben beklagt, darüber, daß man sogar an die Thore seines Pallastes eine Schrift angeschlagen hätte, in welcher steht, es hätten zwischen St. Cloud und Kompiegne Pferde gestanden, um seine Abreise zu begünstigen. Der König sagte, diese Behauptung wäre durchaus erdichtet, und er gab den Aufsehern der Abtheilung den Auftrag, nicht nur dem

Publikum seine irrige Meynung hierüber zu benehmen, sondern auch zu untersuchen, ob nicht etwann, aus sträflichen Absichten, Pferde dahin gestellt worden wären, um diesem Vorgeben einen Schein von Wahrheit zu geben.

Herr de la Fayette, mit Recht aufgebracht über die ihm untergebenen Bürgersoldaten, welche frech genug gewesen waren, am 18. April den König nebst seiner Familie zu beleidigen, und ihrem General zu drohen, legte, am 21. April, seine Stelle nieder. Schon seit langer Zeit hatte der Jakobinerklub die gröbsten Verläumdungen gegen La Fayette ausgestreut, um ihn des Zutrauens des Volkes zu berauben, und ihm seine Stelle so unangenehm zu machen, daß er sich würde entschließen müssen, dieselbe niederzulegen. Die Lameths waren die vorzüglichsten Urheber dieser heimlichen Kabalen, und Karl Lameth strebte darnach, an La Fayettes Stelle das Kommando zu erhalten. La Fayette war hievon unterrichtet, und, in einer Schrift, welche er, um diese Zeit, an den Ecken der Straßen anschlagen ließ, sagte er: „Pariser! wollt Ihr ruhig seyn: so wählt den von Orleans zum Regenten des Königreiches, und den Lameth zum Generalkommendanten." a)

Kaum wurde die Nachricht von La Fayettes Abschied in der Stadt bekannt, als sich schon die Bürgermiliz in allen Quartieren versammelte, und Abgesandte an La Fayette abschickte, um ihn zu bitten, daß er
seine

---

a) Parisiens, si vous voulez être tranquilles, faites d'Orleans régent du Royaume, et Lameth commandant-général.

seine niedergelegte Stelle wiederum annehmen möchte. Dabey versprachen sie ihm gänzliche Anhänglichkeit und Unterwürfigkeit. Der ganze Bürgerrath begab sich nach La Fayettes Wohnung, um ihm zu erklären: daß sein Abschied nicht angenommen werden könnte; und um ihn zu bitten, daß er seine Stelle ferner behalten möchte. La Fayette war sehr gerührt und dankte: allein er wollte sich nicht entschliessen, von seinem gefaßten Entschlusse abzuweichen. Vielmehr gieng er vor die Thüre seines Hauses, und sagte, zu dem Offizier und zu den Soldaten, welche vor seinem Hause die Wache hatten: „Meine Herren. Ich habe nicht länger die Ehre Ihr General zu seyn. Folglich bedarf ich auch keiner Wache mehr. Aber ich werde mich jederzeit erinnern, wie gut Sie für mich Sorge getragen haben." Die Wache begab sich traurig hinweg, und eine Viertelstunde nachher wurden auch die Schilderhäuser vor der Thüre weggenommen.

Am 22. April, um neun Uhr des Abends, erschien La Fayette, ohne Uniform, in einem schwarzen Kleide, auf dem Rathhause. Daselbst hielt er, an den Bürgerrath, folgende Anrede:

„Meine Herren. Ich komme nach dem Rathhause, wo sich meinem Gedächtnisse so mancher Vorfall aufdringt, um die mir gegebenen Beweise Ihrer Gewogenheit, Ihnen, mit aller Rührung eines Herzens zu verdanken, dessen erstes Bedürfniß, nach dem Bedürfnisse dem Volke zu dienen, darinn besteht, von demselben geliebt zu werden; und welches erstaunt, wie man, in einem freyen Lande, wo nichts für wichtig geachtet werden sollte als das Gesetz, einen einzelnen Mann für so wichtig halten könne. Dürfte ich,

Fünfter Theil. P

bey dieser Gelegenheit, in meinem Verhalten bloß, allein der Rührung und der Dankbarkeit folgen; so würde ich die Zuneigung, welche Sie, nebst der Bürgermilitz, mir bewiesen haben, dadurch erwiedern, daß ich Ihren dringenden Bitten nachgäbe. Aber, eben so wie ich, als ich diesen Schritt that, dabey gar keinen Bewegungsgrund hatte der mich persönlich angieng, eben so kann ich auch, bey der Gährung in welcher wir leben, nicht nach besonderer Zuneigung meinen Entschluß bestimmen. Ich glaube nicht, daß die Bürgermilitz, deren bey weitem größter Theil jederzeit, bey den Verführungen des Geistes der Ausgelassenheit und der Parthiesucht, unempfindlich geblieben ist, gleichgültig habe dasjenige ansehen können, was mich so ganz niedergeschlagen hat. Die konstitutionsmäßigen Vorgesetzten verkannt; ihre Befehle verachtet; die öffentliche Kraft der Ausübung des Gesetzes widerstrebend, dessen Beschützung ihr anvertraut ist....

(Bey diesen Worten erhoben die Anhänger des Orleans und der Lameths, welche sich, in grosser Menge, unter den Zuhörern befanden, ein so lautes und tobendes Geschrey, mit Pfeifen vermischt, daß La Fayette vor Unwillen ohnmächtig wurde, und in ein Nebenzimmer getragen werden mußte. An dem folgenden Tage ließ er seine Rede drucken, und zufolge dieser gedruckten Rede, muß dieselbe folgendermaßen ergänzt werden.)

„Wir sind Bürger des Staates, meine Herren, wir sind frey. Aber ohne Gehorsam gegen das Gesetz giebt es nichts als Verwirrung, Gesetzlosigkeit, Despotismus. Und wenn diese Hauptstadt, die Wiege der Revolution, anstatt Diejenigen, deren Händen die Gewalt von der Nation anvertraut worden iſt, mit Kenntniſ ſen und mit Hochachtung zu umgeben, dieſelben durch Aufruhr belagerte, oder durch Gewaltthätigkeiten er- müdete: ſo würde ſie aufhören, den Frankreichern zum Vorbilde zu dienen; ſie würde bald zum Schreck- bilde werden. Bisher, meine Herren, hat man, durch die rührenden Beweiſe der Zuneigung, die man mir gab, für mich viel zu viel; aber für das Geſetz noch nicht genug gethan. Ich habe, mit der innig- ſten Rührung, erfahren, daß meine Waffenbrüder mich lieben: aber ich weiß noch nicht, in wieferne die Grundſätze derſelben theuer ſind, auf welche die Frey- heit gegründet iſt. Ich übergebe Ihnen, meine Her- ren, dieſes aufrichtige Geſtändniß meiner Geſinnungen. Machen Sie daſſelbe der Bürgermilitz bekannt, von welcher ich ſo große Beweiſe der Freundſchaft erhalten habe, und deren dankbarer und ergebener Mitbruder ich jederzeit bleiben werde.“

An dem folgenden Tage, am 23. April, faßte ei- nes der ſechzig Bataillone der Pariſer Bürgermilitz fol- genden Beſchluß, welcher den übrigen Bataillonen zu- geſandt wurde.

„Herr de la Fayette hat bloß darum ſein Komman- do niedergelegt, weil die Bürgermilitz aufgehört hat dem Geſetze zu gehorchen. Er verlangt eine gänzliche Unterwürfigkeit unter das Geſetz; und nicht eine un- fruchtbare Anhänglichkeit an ſeine Perſon. Laßt alle Bataillone ſich verſammeln; laßt jeden Bürgerſoldaten bey ſeiner Ehre ſchwören, und mit ſeinem Namen unterzeichnen, daß er dem Geſetze gehorchen wolle. Laßt Diejenigen, welche ſich weigern dieſen Eid zu leiſten, von der Bürgermilitz ausgeſchloſſen bleiben.

Laßt den Wunsch dieser neuerschaffenen Armee an Herrn La Fayette gelangen, und er wird sich zur Pflicht machen, das Kommando wieder zu übernehmen. Laßt einige Soldaten, welche, auf eine so schändliche Weise, den König und die königliche Familie beleidigt haben, bestraft, und von der Bürgermiliz weggejagt werden."

Noch an demselben Tage nahmen zwölf Bataillone diesen Beschluß an, und schworen den verlangten Eid. An dem folgenden Tage schworen auch die übrigen Bataillone; und am 25. April nahm Herr La Fayette die Stelle eines Generalkommandanten wiederum über sich. Am 26. begab er sich, an der Spitze einer Gesandtschaft aus allen Bataillonen, zu dem Könige, um Seiner Majestät, in dem Namen der Bürgermiliz, Abbitte zu thun. An demselben Tage wurde die Kompagnie des Zentrums, welche sich am 18. April vorzüglich aufrührisch betragen hatte, und welche beynahe ganz aus dem Abschaume aller Soldaten, aus den vormaligen französischen Gardisten bestand, von Herrn La Fayette verabschiedet. So ward dann endlich, nach zehen stürmischen Tagen, Paris wiederum einigermaßen ruhig. Der König aber blieb ein Gefangener in seinem Schlosse; und ungeachtet er der Nationalversammlung gesagt hatte: er bestünde auf seiner Reise nach St. Cloud: konnte er dennoch von derselben die Erlaubniß zu dieser kleinen Reise nicht erhalten, sondern er sah sich genöthigt zu Paris zu bleiben.

Gleichsam als wollten sie der unglücklichen Lage des Monarchen spotten, liessen die Minister den König, gerade zu dieser Zeit, während derselbe in der engsten

Gefangenschaft gehalten wurde, und keinen Fuß vor die Thore seines Pallastes setzen durfte, ganz Europa ankündigen: er sey frey, und er lebe mit seinem Schicksale zufrieden und vergnügt.

Der Minister, Herr Delessart, schrieb, am 21. April, an die Aufseher der Abtheilung von Paris, folgenden Brief:

„Meine Herren. Unter den verschiedenen Gegenständen, welche Sie der Ueberlegung des Königs empfohlen haben, hat Seine Majestät auch das Verlangen bemerkt, welches die Abtheilung gegen ihn äussert: „daß er seine Gesinnungen über die Konstitution den auswärtigen Völkern bekannt machen möge." Der König hat von jeher, bey allen Gelegenheiten, seine Gesinnungen durch seine Gesandten geäussert. Und die Ruhe, deren wir bis jetzt genossen haben, ist unstreitig den Versicherungen zuzuschreiben, welche der König den europäischen Höfen gegeben hat. Allein der König, welcher jederzeit auf die öffentliche Meynung horcht, und welcher niemals ansteht, alle Zweifel über seine Gesinnungen aus dem Wege zu räumen, wird den französischen Gesandten an den auswärtigen Höfen Befehl geben, sich in Seinem Namen eben so zu erklären, wie sich der König selbst in der Nationalversammlung erklärt hat. Sie werden hieraus sehen können, meine Herren, wie gerne der König alles thut, was dazu beytragen kann, die Gemüther zu beruhigen, und Mißtrauen und Unruhe zu verbannen."

Am 23. April sandte der Minister, Herr de Montmorin, der Nationalversammlung eine Abschrift des Briefes, welchen er, im Namen des Königs, allen französischen Gesandten und Ministern an den auswärtigen Höfen geschrieben und zugesandt hatte. Man lese, wie Herr de Montmorin den König sprechen läßt; und man erstaune über die Frechheit dieses niederträchtigen Ministers, welcher dreist genug war, dem Könige offenbare Unwahrheiten in den Mund zu legen! Wäre es möglich gewesen, daß Herr de Montmorin noch hätte verächtlicher werden können, als er es schon damals war; so würde er es durch diesen, von ihm unterschriebenen, und von einem Jakobiner aufgesetzten, Brief geworden seyn. Folgendes ist der Inhalt dieses Briefes an die auswärtigen Gesandten:

„Der König trägt mir auf, mein Herr, Ihnen zu melden: es sey Sein ausdrücklicher Wille, daß Sie Seine Gesinnungen über die Revolution, und über die französische Konstitution, dem Hofe, bey welchem Sie Sich aufhalten, bekannt machen sollen. Die französischen Gesandten und Minister bey allen europäischen Höfen erhalten denselben Befehl, damit gar kein Zweifel übrig bleiben möge, weder über die Gesinnungen Seiner Majestät; noch über die freye Genehmigung der neuen Regierungsform durch den König; noch über Seinen unwiderruflichen Eid, dieselbe aufrecht zu erhalten. Der König hatte die Reichsstände zusammen berufen, und in seinem Staatsrathe beschlossen, daß die Gemeinen eine Anzahl von Abgesandten senden sollten, die der Anzahl der Abgesandten der beyden andern Stände, welche damals vorhanden waren, gleich seyn sollte. Diese Handlung einer vorläufigen Gesetzgebung, welche ohne die Schwierigkeiten der Zeitumstände noch günstiger ausgefallen seyn würde, bewies hinlänglich, wie sehr Seine Majeſtät wünſchten, die Nation in alle ihre Rechte wiederum einzuſetzen. a) Die Reichsſtände wurden verſammelt, und nahmen die Benennung einer Nationalverſammlung an. b) Bald nachher ward die vormalige Ordnung der Dinge, (vermöge welcher die anſcheinende Macht des Königreiches bloß allein die wirkliche Macht einiger ariſtokratiſcher Körper verbarg) durch eine Konſtitution erſetzt, welche Frankreich ſowohl, als den Monarchen, glücklich machen ſollte. Die Nationalverſammlung wählte eine ſtellvertretende Regierungsform, mit der erblichen königlichen Würde verbunden; c) die geſetzgebende Verſammlung wurde für immerwährend erklärt; die Erwählung der Geiſtlichen, der Verwalter und der Richter, wurde dem Volke wiedergegeben. Dem Könige übergab man die vollziehende Gewalt;ب) der geſetzgebenden Verſammlung die Geſetzgebung; und die Genehmigung der Geſetze dem Monarchen. Die öffentliche Kraft, ſowohl die innere als die äuſſere, wurde nach denſelben Grundſätzen eingerichtet. Darinn beſteht die neue Konſtitution des Königreiches. Dasjenige, was man die Revolution

---

a) Wahr! aber der unglückliche Monarch erndtete, für ſeine Wohlthaten, nichts als Undankbarkeit ein.
b) Herr Montmorin ſagt hier eine in die Augen fallende Unwahrheit. Nicht die Reichsſtände, ſondern der Bürgerſtand, gab ſich, am 17. Junius 1789, den Namen Nationalverſammlung. Man ſehe Band I. S. 263.
c) Was ſoll das heiſſen? War nicht Frankreich, ſeit 1400 Jahren, eine Monarchie?
b) Man übergab nicht dem Könige die vollziehende Gewalt: Denn dieſe Gewalt hatte der Monarch, von ſeinen Vorfahren erblich erhalten.

nennt, ist weiter nichts, als die Abschaffung einer Menge von Mißbräuchen, die sich, durch die Unwissenheit des Volkes und durch die Macht der Minister, welche niemals Macht des Königs gewesen ist, schon seit Jahrhunderten angehäuft hatten. Diese Mißbräuche waren eben so verderblich für die Nation als für den Monarchen: und unter den bessern Regierungen haben die Obern ohne Unterlaß diese Mißbräuche angegriffen, ungeachtet sie nicht im Stande waren, dieselben ganz zu zerstören. a) Jetzt sind sie vernichtet. Die Nation hat die Oberherrschaft erlangt. Es besteht dieselbe aus Staatsbürgern, welche an Rechten gleich sind; es giebt keinen andern Despoten mehr, als das Gesetz; das Gesetz spricht durch Niemand anders, als durch die öffentlichen Beamten; und unter diesen Beamten ist der König der vornehmste. Hierinn besteht die französische Revolution. b) Nothwendiger Weise

---

a) Wäre die französische Revolution weiter nichts, als die Vernichtung vormaliger Mißbräuche, so müßte jeder Frankreicher, jeder Menschenfreund, dieselbe lieben und segnen. Was sie aber ist, das liegt am Tage. Es liegt am Tage, daß die Sitten auf den höchsten Grad verderben; die Religion vernichtet; die Gesetze verachtet; und die, vormals sanften, Frankreicher durch Gesetzlosigkeit und Ausgelassenheit, in eine Horde blutdürstiger Kannibalen, vermöge der Revolution, sind verwandelt worden! Suites de la Journée u. s. w.

b) Also gesteht Ludwig der Sechszehnte selbst: Er sey vormals ein Despot gewesen! Er schreibt selbst, daß er jetzt ein öffentlicher Beamter sey! Und allen europäischen Nationen thut sein Minister dieses, in seinem Namen, kund!

mußten alle Diejenigen, welche, in einem erſten Au­genblicke der Verirrung, um ihres perſönlichen Vor­theils willen, die Mißbräuche der vorigen Regierungs­form zurück wünſchten, Feinde dieſer Revolution ſeyn. Daher kommt die anſcheinende Trennung, welche in dem Reiche entſtanden iſt, und welche täglich ſchwä­cher wird. a) Daher kommen vielleicht auch einige ſtrenge Geſetze, von den Zeitumſtänden erzeugt und künftig zu verbeſſern. Allein der König, deſſen eigent­liche Gewalt von der Gewalt der Nation unzertrenn­lich iſt; welcher ſeinen ganzen Ehrgeitz darauf ein­ſchränkt, daß er ſein Volk glücklich mache; welcher keine andere Macht haben kann, als diejenige Macht, die Ihm iſt übertragen worden: der König hat, ohne Anſtand, eine glückliche Konſtitution annehmen müſ­ſen, welche, zu gleicher Zeit, ſein Anſehen, die Na­tion und die Monarchie, wiederherſtellte. Er hat ſei­ne ganze Gewalt behalten; ausgenommen das ſchreck­

---

a) Welche täglich ſtärker wird, müßte es heiſſen! Es giebt in Frankreich zwey Parthieen. Erſtens die Par­thie der Landeigenthümer, der Handelsleute, der Kauf­leute; mit Einem Worte aller Derjenigen, welche in dem Beſitze irgend eines Eigenthumes ſind, und daher des Schutzes der Geſetze bedürfen. Dieſe wünſchen die Her­ſtellung der Ruhe und der Ordnung; gleichviel auf welche Weiſe es geſchehen möge. Die zweyte Parthie beſteht aus allen Denjenigen, die kein Eigenthum beſitzen, aus Ehr­geitzigen, und aus Intrigenmachern, nebſt einigen ehrli­chen Schwärmern. Dieſe ſogenannten Freunde der Frey­heit unterhalten die Unruhen, um, während der Unord­nung, durch vorgeblichen Patriotismus, Ehrenſtellen und Reichthümer, die ihnen nicht gehören, an ſich zu reiſſen.

liche Vermögen Gesetze zu geben. Ihm sind die Verhandlungen mit den auswärtigen Mächten übertragen; Ihm ist die Sorge übertragen, das Königreich zu vertheidigen, und die Feinde desselben zu bekämpfen. Aber die französische Nation kann künftig keine auswärtigen Feinde haben, ausser solchen, die sie angreifen: sie kennt auch keine innern Feinde, ausser Denjenigen, welche, indem sie thörichte Hoffnungen nähren, etwa glauben möchten, der Wille von vier und zwanzig Millionen Menschen, welche in ihre natürlichen Rechte wiederum eingesetzt sind (nachdem sie das Königreich auf eine solche Weise verändert haben, daß von den vormaligen Einrichtungen und Mißbräuchen kaum noch das Andenken übrig bleibt) wäre keine unveränderliche, keine feste Konstitution. Die gefährlichsten unter diesen Feinden, sind Diejenigen, welche sich stellen, als wären ihnen die Gesinnungen des Monarchen zweifelhaft. a) Diese Männer sind entweder sehr strafbar,

---

a) Die gefährlichsten Feinde der französischen Nation waren die Jakobiner. Diese nöthigten selbst den König, durch Beschimpfungen, durch Drohungen, durch Beile und durch Dolche, am sechsten Oktober 1789, Gesetze zu genehmigen, denen er vorher seine Genehmigung versagt hatte. Sie schleppten den König nach Paris; hielten ihn daselbst gefangen; nöthigten ihn, zu erklären, er sey frey; beraubten ihn, am 18. April, sogar der Freyheit, eine kleine Reise auf das Land zu thun; und zwangen ihn nachher, den oben stehenden, schändlichen Brief seines Ministers Montmorin, gut zu heissen, und zu unterzeichnen. Bedaurenswürdiger Ludwig! wo blieb deine Standhaftigkeit? wo blieb das Gefühl deiner königlichen Würde, als du diese Schandschrift billigtest!

oder sehr verblendet. Sie halten sich für Freunde des Königs; und dennoch sind sie die einzigen Feinde des Königthums. Sie würden den Monarchen der Liebe und des Zutrauens eines großen Volkes beraubt haben, wenn seine Grundsätze und seine Rechtschaffenheit weniger bekannt wären. Wohlan! was hat nicht der König alles gethan, um zu beweisen, daß Er die Revolution und die französische Konstitution mit unter seine Ansprüche auf künftigen Ruhm rechne? Nachdem Er alle Gesetze angenommen und genehmigt hatte, verabsäumte Er kein einziges Mittel, um dieselben in Ausübung zu bringen. a) Schon in dem Monate Februar des vorigen Jahres hatte Er, in der Nationalversammlung, versprochen, dieselben aufrecht zu erhalten. Er hat, an dem allgemeinen Bundesfeste

---

a) Wie der König die Gesetze angenommen hatte, das konnte Niemand besser wissen, als Herr de Montmorin, welcher sich, am sechsten Oktober, zu Versailles, in dem Kabinette des Monarchen befand, als man dem Könige seine Genehmigung der ersten Artikel der französischen Konstitution auf eine so schreckliche Weise abnöthigte. Seit dieser Zeit ward der König zu Paris gefangen gehalten, und nahm gezwungener Weise Alles an, was ihm vorgelegt wurde. Er ließ sich Alles gefallen. Er ließ sich gefallen, am vierten Februar 1790, diejenige Rede in der Nationalversammlung abzulesen, welche Herr Necker ihm aufgesetzt hatte; er ließ sich gefallen, am 14. Julius 1790, den Eid zu schwören; er ließ sich gefallen, da er, am 18. April 1791, nicht Erlaubniß erhalten konnte, mit seiner Familie auf das Land zu reisen, in seinem Pallaste zu bleiben; ja, er ließ sich sogar gefallen, daß sein Minister, in dem gegenwärtigen Briefe, seine Gesinnungen bey allen europäischen Höfen verläumdete!

des Reiches, den Eid geleistet. Geehrt durch den Titel: **Wiederhersteller der französischen Freyheit** wird Er mehr als Eine Krone seinem Sohne hinterlassen; er wird demselben eine konstitutionsmäßige königliche Würde hinterlassen. Die Feinde der Konstitution wiederholen ohne Aufhören: der König sey nicht glücklich, nicht zufrieden: a) gleichsam, als wenn es für einen König eine andere Zufriedenheit geben könnte, als die Wohlfahrt des Volkes! Sie sagen: sein Ansehen sey herabgewürdigt: gleichsam, als wenn das auf Stärke gegründete Ansehen nicht unmächtiger und ungewisser wäre, als das Ansehen des Gesetzes! Sie sagen: der König sey nicht frey. Abscheuliche Verläumdung, wenn man voraussetzt, daß man seinem Willen habe Gewalt anthun können; b)

---

a) Wahrlich! man brauchte kein Feind der französischen Konstitution zu seyn, um zu sagen: der König sey nicht glücklich. Ludwig der Sechszehnte selbst hat dieses oft genug gesagt. Wie hätte er auch glücklich seyn können, so lange die Mörder seiner getreuen Leibwache, welche ihr Schwert über seinem Haupte, und über dem Haupte seiner Gemahlin schwangen, ungestraft blieben und ihm, unter den Fenstern seines Pallastes, Troz boten? So lange er weder die Verbrecher zu bestrafen, noch die Unterdrückten zu beschützen im Stande war?

b) Mit welcher Stirne wagte es der unwürdige Minister **Montmorin**, welcher von dem Könige mit Wohlthaten ist überhäuft worden, zu behaupten: **der König wäre frey.** Und dieses fünf Tage nachher, nachdem der König förmlich in seinen Pallast eingeschlossen wurde! O! der schändlichen Undankbarkeit! Der König hatte ausdrücklich erklärt: **ich bin nicht frey; ich bleibe, weil ich bleiben muß.** Und La Fayette legte ja des-

ungereimte Verläumdung, wenn man den Mangel
der Freyheit darinn sucht, daß Seine Majestät, zu
verschiedenenmalen, eingewilligt hat, unter den Staatsbürgern zu Paris zu leben; eine Einwilligung, welche
Er ihrem Patriotismus, ja sogar ihrer Besorgniß,
und vorzüglich ihrer Liebe schuldig war. a) Indessen
sind diese Verläumdungen bis nach den auswärtigen
Höfen gekommen. Sie sind daselbst von denjenigen
Frankreichern wiederholt worden, welche sich freywillig
aus ihrem Vaterlande verbannt haben, statt daß sie
hätten den Ruhm desselben theilen sollen; und welche,
wenn sie auch nicht als Feinde anzusehen seyn sollten,
doch wenigstens als Staatsbürger ihre Posten verlassen haben. b) Der König trägt Ihnen auf, mein
Herr, die Plane und die Intrigen dieser Männer zu
vernichten. Dieselben Verläumdungen, welche die
allerungegründetsten Ideen über die französische Revolution verbreiteten, haben auch, zu gleicher Zeit, bey
mehrern benachbarten Völkern, die Absichten französischer Reisender c) verdächtig gemacht. Geben Sie,

---

wegen seine Stelle nieder, weil die Bürgermiliz, gegen
seinen Befehl, den König gefangen genommen hatte. Wer
da frey ist, der braucht nicht zu sagen: ich bin frey;
sondern er beweist seine Freyheit durch seine Handlungen.

a) Der Liebe Derjenigen, welche gegen den König und
gegen seine Gemahlin, die schrecklichsten Verwünschungen
und Drohungen ausstießen?

b) Viele unter ihnen sind geflohen, weil sie weder ihres
Lebens, noch ihres Eigenthums sicher waren.

c) Die Emissarien der Propaganda. Les émissaires du
club des Jacobins, ces boute-feux, qui,
après avoir bouleversé leur malheureuse patrie,

mein Herr, von der französischen Konstitution, diejenige Idee, welche der König selbst von derselben hat; und lassen Sie gar keinen Zweifel übrig, daß es die Absicht Seiner Majestät sey, dieselbe aus allen Kräften aufrecht zu erhalten. Indem diese Konstitution die Freyheit und die Gleichheit der Staatsbürger sicher stellt, gründet dieselbe die Wohlfahrt der Nation auf die allerunerschütterlichste Grundfeste. Sie befestigt das königliche Ansehen durch die Gesetze; sie kommt, durch eine glorreiche Revolution, einer andern Revolution zuvor, welche die Mißbräuche der vormaligen Regierung unfehlbar würden herbey geführt, und dadurch vielleicht die Auflösung des Reiches veranlaßt haben; endlich macht sie auch den König glücklich. Die Sorge dieselbe zu rechtfertigen, zu vertheidigen, und Ihr Verhalten nach derselben einzurichten, muß Ihre erste und vorzüglichste Pflicht seyn. Schon zu verschiedenen malen habe ich Ihnen die Gesinnungen Seiner Majestät über diesen Gegenstand kund gethan. Aber, da der König erfahren hat, was für eine Meynung man, in fremden Ländern, über Dasjenige was in Frankreich vorgeht, zu verbreiten suche; so hat Er mir befohlen, Ihnen aufzutragen, den Inhalt des

---

veulent porter le fléau de la licence et de l'anarchie chez toutes les nations policées. Malheur aux princes, qui laisseront introduire dans leurs états ces monstres, qui prêchent le mépris de la réligion, la révolte et les assassinats! L'exemple de Louis XVI. est pour eux une grande leçon. Que n'a-t-il pas fait pour le bonheur de son peuple? Qu'elle a été sa récompense! Ebendaselbst.

gegenwärtigen Briefes, dem Hofe, an welchem Sie Sich aufhalten, kund zu thun. Und damit derselbe allgemein bekannt werde, so hat der König befohlen, ihn drucken zu laſſen." a)

"Paris, am 23. April 1791."

"Montmorin."

Während dieſer Brief in der Nationalverſammlung vorgeleſen wurde, ward der Vorleſer deſſelben, bey einer jeden Periode, durch ein lautes Freudengeſchrey, und durch ein heftiges Händeklatſchen unterbrochen. Die linke Seite rufte, zu wiederholtenmalen, ein lebhaftes und jauchzendes: "Hoch lebe der König!" aus. b) Allein die rechte Seite blieb ſtille und unbe-

---

a) Quelle confiance les puissances étrangères peuvent-elles avoir dans un ministre, qui a la bassesse de trahir et de calomnier son Roi, de le rendre le complice de tous les crimes dont son cœur gémit, de le déclarer le protecteur de tous les scélérats, que des monstres avides de révolutions et de désordres, envoyent dans toutes les contrées de l'Europe, pour souffler le feu de la sédition? Suites de la Journée du 18. Avril. p. 87.

b) Ce n'étoient pas seulement des applaudissemens qui se faisoient entendre à chaque phrase de cette lettre. Un transport universel avoit saisi toute l'assemblée, salle, tribunes, amphithéâtre. Le bruit des pieds et des mains, les cris, les éclats de rire, les larmes; tous les signes de l'enthousiasme, de la joie, de l'amour, de la reconnoissance, éclatoient à la fois. Journal de Paris.

Desmoulins sagt: (No. 75. p. 440.) Il faut savoir gré à Montmorin, d'avoir ainsi publiquement, et à la barbe de ce cordon de

weglich, und hörte die Vorlesung dieses sonderbaren Briefes in stummer Betäubung, und mit gerechtem Erstaunen an.

Nachdem die Vorlesung des Briefes geendigt war, trat Herr Alexander de Lameth auf den Rednerstuhl und sprach: „In dem gegenwärtigen, wichtigen Zeitpunkte, in welchem ein, durch den Patriotismus verursachter, Auflauf bey gewissen Männern die Hoffnung erwecken konnte, Euere Arbeiten zu hintertreiben, und die vormalige Lage der Dinge zum Theil wieder zurück zu rufen: in einem solchen Zeitpunkte ist dieser Brief des Königs nicht nur ein Beweis seiner Anhänglichkeit an die Revolution, sondern zu gleicher Zeit ein mächtiges Mittel, um die neue Ordnung der Dinge zu befestigen, und die beschlossene Konstitution fest zu gründen. Ich halte daher dafür, daß die Versammlung diesen Schritt des Königs als einen äusserst wichtigen Schritt ansehen solle; und ich hoffe, es werde Jedermann zugeben, daß man Seiner Majestät, auf eine ganz besondere Weise, dafür danken müsse.

„Ja! Ja! Ja!" rief man von allen Theilen des Saales.

Herr Blauzat. Ich unterstütze den Vorschlag des Herrn de Lameth, und ich verlange, daß sich die ganze Versammlung hin zum Könige begeben solle.

(Lautes

satellites pour arrêter nos feuilles et la contagion du mal françois, d'avoir inondés les pays étrangers d'une copie fidèle de nôtre révolution.

(Lautes Marren und unwilliges Geschrey.)

Herr Robespierre. Ich schlage vor, dem Könige auf eine andere Weise zu huldigen, welche edler, und der Nationalversammlung sowohl, als den Zeitumständen angemessener seyn wird. Ich finde in dem Briefe des Königs selbst den Karakter, welchen die Huldigung annehmen muß, die wir ihm zu bringen bereit sind. Der König erkennt die Oberherrschaft der Nation; der König erkennt die Würde der Nation: folglich müßte er unstreitig sehr ungerne sehen, daß diejenige Versammlung, welche die Nation vorstellt, in corpore zu ihm käme, und hiedurch zu erkennen gäbe, daß sie ihre Würde vergessen habe....

(Lautes Geschrey des Unwillens.)

Dennoch bin ich nicht weit davon entfernt, den Vorschlag des Herrn Lameth anzunehmen; aber mit einiger Einschränkung. Herr Lameth schlägt vor: dem Könige wegen der patriotischen Gesinnungen zu danken, die derselbe, in seinem Briefe, gezeigt habe. Ich halte dieß nicht für hinlänglich. Nicht erst jetzt müssen wir an den Patriotismus des Königs glauben: schon seit dem Anfange der Revolution mußte die Nationalversammlung an denselben glauben. Und da der König kein anderes Glück verlangt, als das Glück des Volkes: so muß man ihm nicht danken, sondern ihm, wegen seiner patriotischen Gesinnungen, wegen der, Seiner Selbst und des französischen Volkes so würdigen Gesinnungen, Glück wünschen.

(Abermaliges Geschrey des lauten Unwillens.)

Herr Alexander Lameth nahm seinen Vorschlag zurück. Er sagte: es wäre keineswegs seine Absicht gewesen, vorzuschlagen, daß man dem Könige danken sollte; sondern bloß, daß die Nationalversammlung ihre Gesinnungen dem Könige kund thun sollte.

Diesen Vorschlag nahm die Nationalversammlung an, und es ward beschlossen, eine Gesandtschaft zu dem Könige zu senden.

Indessen war die Ruhe zu Paris noch nicht ganz hergestellt. Die Jakobiner erhoben ein lautes Geschrey gegen La Fayette, wegen des neuen Eides, welchen er die Bürgermiliz hatte leisten lassen, und wegen seiner Verabschiedung der Kompagnie des Zentrums, oder der vormaligen französischen Gardisten. Man war es zu Paris schon so sehr gewohnt, die größten Verbrechen ungeahndet und ungestraft begehen zu sehen, daß die Verabschiedung dieser Kompagnie für eine unnöthig strenge Handlung gehalten wurde. Der Pöbel lief zusammen, er schrie, und drohte Herrn La Fayette aufzuhängen. Auch der freche Barfüsserklub blieb nicht ruhig. Es ließ derselbe eine gedruckte Schrift anschlagen, in welcher der, von Herrn La Fayette geforderte Eid, für unkonstitutionsmäßig, für ungesetzmäßig, für null und nichtig erklärt wurde. La Fayette ließ sich durch alle diese Kabalen nicht irre machen. Er blieb standhaft und unbeweglich bey seinem einmal gefaßten Entschlusse, und der größte Theil der Pariser Bürgermiliz behielt für ihn die größte Anhänglichkeit und Zuneigung.

Die Orleansche Parthie, welche, vereinigt mit den Jakobinern, Alles anwandte, um den Herrn La Fayette seines Ansehens zu berauben, ließ ihn, durch eines ihrer Mitglieder, einen gewissen Santerre, dessen oben schon erwähnt worden ist, a) anklagen. Die Geschichte dieses Injurienprozesses verdient erzählt zu werden.

Santerre, ein Bierbrauer in der Vorstadt St. Antoine, klagte den Herrn La Fayette an, daß er ihn verläumde, indem er behauptet Santerre habe, an dem Tage da der Pöbel nach Vincennes gezogen war, um das Schloß zu zertrümmern, auf den Herrn Desmottes, einen Adjutanten des Herrn La Fayette, geschossen, oder zu schiessen befohlen. Er setzte hinzu: Herr Desmottes verdiente nicht ein Adjutant des Herrn La Fayette zu seyn, denn er wäre in Amerika, wegen einer Mordthat, zum Tode verurtheilt worden. La Fayette vertheidigte sich, wie zu erwarten war, sehr gut, und bewies, daß die Mordthat des Herrn Desmottes unfreywillig gewesen wäre, indem derselbe seinen Gegner im Zweykampfe getödtet hätte. Das Gericht, vor welchem der Proceß geführt wurde, ließ denselben unentschieden, weil es nicht gegen Herrn La Fayette sprechen wollte, welcher Recht hatte; und weil es nicht gegen Santerre zu sprechen wagte, welcher von dem Pöbel und von den Jacobinern unterstützt wurde.

―――――

Die berüchtigte Demoiselle Theroigne de Mericourt, deren Thaten oben sind erzählt worden, b) wurde, auf Befehl der österreichischen Regierung, zu Lüttich gefangen genommen und nach Inspruck

―――――

a) Man sehe Band 2. S. 41.
b) Man sehe Band 2. S. 410.

im Tyrol gebracht. Einige Zeit nachher ward sie wieder losgelassen.

***

Mehrere Beyspiele bewiesen die Unthätigkeit des Pariser Bürgerrathes; eine Unthätigkeit, welche eine Folge der Furcht dieses Bürgerrathes vor den Jakobinern war.

Einige Schwindelköpfe kündigten an: die Inschrift an der Bildsäule Heinrichs des Vierten auf dem Pontneuf wäre ein Denkmal des Despotismus; und daher wären sie gesonnen, dieselbe wegzunehmen und zu zerstören. Der Bürgerrath, welchem aufgetragen war, die Ruhe in der Hauptstadt zu erhalten, hätte dieses verhindern müssen. Aber, statt dessen, gehorchte der Bürgerrath dem Pöbel, und ließ die Inschrift wegnehmen.

In der Theatinerkirche zu Paris wurde, von Priestern welche den Eid nicht geleistet hatten, Gottesdienst gehalten. Die Gemeine hatte alle, durch das Gesetz befohlene, Formalitäten erfüllt, und dieser Gottesdienst war daher ganz gesetzmäßig. Allein kaum hatte die Messe angefangen, als das Gesindel sich um die Kirche versammelte, in dieselbe sich hinein drängte, und die Anwesenden mit Schimpfwörtern und Drohungen überhäufte. Diese verliessen sich auf den Schutz des Gesetzes und blieben ruhig. Bald nachher eilte der Pöbel vorwärts, warf die knienden Männer und Weiber über den Haufen, riß den Kirchenornat entzwey, stieß den Hochaltar um, und verjagte die Priester aus der Kirche. Herr La Fayette erschien, an der Spitze der Bürgermiliz. Er ließ den Altar wieder aufstellen; und am Abende wurde, in seiner und in Herrn Bailly's Gegenwart, Vesper gefeyert. Aber kaum war dieses vorbey, als schon derselbe Lärm von Neuem anfieng. Die Kirche wurde gestürmt, und die, zufolge eines Befehls über den Eingang gesetzte, Inschrift ward herunter gerissen und verbrannt. Der Pöbel tanzte rund um das Feuer, und trat diejenigen Gesetze mit Füssen, welche von ihm selbst herkamen. Die Bürgermiliz zu Pferde kam herbey, und sah unthätig zu.

An dem folgenden Sonntage wurden diese Auftritte, in derselben Kirche, wiederholt. Schon vor sieben Uhr hatte der Pöbel sich um die Kirche versammelt, und gedroht die Priester aufzuhängen. Einer derselben, der Abbé Lefevre, ward von dem wüthenden Haufen ergriffen, und nach dem Laternenpfahle geschleppt. Die Bürgermiliz rettete ihn und führte ihn weg. Auf dem Wege wurde sie von dem Pöbel mit Drohungen und Schimpfwörtern verfolgt: allein sie rettete glücklich den Abbé.

Nur die Priester seiner eigenen Religion verfolgte der Pariser Pöbel. Die Protestanten hielten, in einer zu diesem Zwecke gemietheten Kirche, ruhig und ungestört ihren Gottesdienst.

Unter den neuerwählten Bischöfen befand sich auch der berüchtigte Abbé Fauchet. Die Gläubigen der Abtheilung Calvados ernannten ihn zu ihrem konstitutionsmäßigen Bischofe. Dieser Fauchet hatte, seit einiger Zeit, seine demokratischen Grundsätze noch viel weiter ausgedehnt, als vormals, und er hatte noch weit größern Unsinn vorgebracht, als derjenige war, wovon einige Beyspiele oben sind angeführt worden. a) Vermöge dieser beyden Eigenschaften verdiente er allerdings die Ehre, ein konstitutionsmäßiger Bischof zu seyn. Er predigte nunmehr: die Einführung des Ackergesetzes, vermöge welches alle liegenden Gründe in Frankreich unter alle Bürger des Staates, zu gleichen Theilen vertheilt werden sollten. Und in einer Rede, welche er im Palais Royal, in dem sogenannten Cercle Social hielt, kam unter andern Ausdrücken von ähnlichem Gehalte, auch der folgende vor: „Das Universum steht aufrecht auf der Erde und grüßt die Natur." b). Uebrigens spielte dieser konstitutionelle Bischof die Rolle eines Freygeistes, und nannte, in seinen Predigten, die heilige Jungfrau Maria: das Weib Josephs.

Das Breve des Pabstes gegen die neuerwählten Bischöfe kam endlich nach Paris, nachdem es lange Zeit vergeblich erwartet worden war. Es erschien unter folgendem Titel: Breve des Pabstes Pius des Sechsten an den Herrn Kardinal de la Rochefoucault, an den Herrn Erzbischof von Aix, und an die übrigen Erzbischöfe und Bischöfe der französischen Kirche, wegen der, von der Nationalversammlung beschlossenen, bürgerlichen Einrichtung der Geistlichkeit. Die lateinische Urschrift bestand aus 88 Oktavseiten. c) Das Breve war eine lang-

---

a) Man sehe Band 2. S. 264.
b) L'Univers debout sur la terre salue la nature.
c) On vient de notifier à la France le bref d'excommunication du Pape Pie VI. Ce bref est un peu long; mais nous l'avons fait bref en ne le lisant point. Desmoulins.

weilige theologische Abhandlung. Der Pabst sagte, unter andern Dingen: „Er wiſſe wohl, daß ſeine Weigerung die bürgerliche Einrichtung der Geiſtlichen zu billigen, für ein Verlangen nach einer Gegenrevolution ſey gehalten worden. Allein er hoffte, die Zeit würde die Verläumdung zum Schweigen bringen, und die ganze Welt überzeugen, daß er die bürgerliche Einrichtung der Geiſtlichen nur darum nicht gebilligt hätte, weil dieſelbe der Kirchendiſziplin ganz entgegen wäre." Uebrigens enthält das Breve lauter Vermahnungen, und keine Bannſtrahlen.

Auf dieſes erſte päbſtliche Breve folgte, am 13. April, ein zweytes. Dieſes enthielt nur ſechs bis acht Oktavſeiten, und war an die franzöſiſche Geiſtlichkeit überhaupt gerichtet. Es wurden in demſelben alle neue Prieſterwahlen für ungültig erklärt, und alle Geiſtlichen, welche den Eid geleiſtet hatten, wurden ihrer Stellen entſetzt. „Der vormalige Biſchof von Autun (Taleyrand Perigord,)" heißt es, „hat gottesläſterliche Hände auf Ludwig Alexander D'expilly (den erſten konſtitutionsmäßigen Biſchof) gelegt." Darauf wird der Biſchof von Lydda (nunmehr Erzbiſchof von Paris) für des Meineides ſchuldig und allen Rechtſchaffenen verächtlich erklärt. Dann erhalten die Biſchöfe von Orleans, von Viviers, und der Kardinal de Brienne, nebſt einigen Andern, die päbſtliche Strafpredigt. Hierauf erzählt der heilige Vater die Geſchichte ſeines Briefwechſels mit dem Könige. Er hält dafür: „der König würde die bürgerliche Einrichtung der Geiſtlichen nicht genehmigt haben, wenn ihn nicht die Nationalverſammlung dazu angetrieben, und einigermaßen genöthigt hätte. Dieses erhelle aus den Briefen, welche der König, am 28. Julius, am 6. September, und am 6. Dezember, an den Pabst geschrieben habe." Am Ende erklärt der Pabst: "daß alle Bischöfe, welche nicht, in Zeit von vierzig Tagen, von dem Datum des Breve an zu rechnen, ihren Eid zurücknehmen würden, sollten der geistlichen Weihe unwürdig, und der Unregelmäßigkeit schuldig seyn, wenn sie noch länger die Geschäfte eines Bischofs verrichten; daß die neuen Wahlen für ungesetzmäßig und gotteslästerlich anzusehen wären; daß, nach Verlauf des, den ein ge drungenen Bischöfen gesetzten, Zeitpunktes dieselben nicht länger mit den kanonischen Strafen verschont werden sollten; und daß sie, nach Verlauf der bestimmten Zeit, in den Bann gethan, und der katholischen Kirche als Schismatiker, und als von der allgemeinen Gemeinschaft getrennt, würden bekannt gemacht werden." Auch wurden alle Frankreicher ermahnt, nur Diejenigen für ihre Hirten anzusehen, welche den Eid nicht würden geschworen haben.

Einige Monate früher hätte vielleicht dieses päbstliche Breve eine grosse Verwirrung in dem Reiche verursacht. Nunmehr aber kam dasselbe zu spät. Es verursachte weiter nichts als Verachtung und Gelächter. Am ersten May, drey Tage nachdem das Breve erschienen war, las man, zu Paris, über den Thoren des bischöflichen Pallastes, mit grossen Buchstaben, folgende Verse:

Suivez vos saints travaux, et sachez qu'un
          grand - homme
Ne doit point redouter les vaines foudres de
      Rome.

An demselben Tage versammelte sich, mit Herrn de St. Huruge an ihrer Spitze, eine große Anzahl von Jakobinern, und von andern Zuschauern, in dem Palais Royal. Es wurde, mitten in dem Garten, ein Scheiterhaufen errichtet; und ein Strohmann, in Lebensgröße, angethan mit der päbstlichen Kleidung; mit der dreyfachen Krone auf dem Haupte; in einer Hand sein Breve, in der andern einen Dolch haltend; auf der Brust, mit grossen Buchstaben, die Worte: **bürgerlicher Krieg,** auf dem Rücken das Wort: **Fanatismus;** ward herbeygebracht. Diese Figur, welche Pius den Sechsten vorstellen sollte, ließ man öffentlich Gott und der Nation Abbitte thun. Dann nahm man derselben die dreyfache Krone, das Brustkreuz, den Fischerring des heiligen Petrus, nebst dem päbstlichen Ornate ab; gab ihr darauf einige Schläge; verbrannte sie nachher feyerlich; und streuete die Asche in die Luft.

An dem folgenden Tage wurde eine sonderbare Karrikatur verkauft. Der Pabst saß, in seinem päbstlichen Stuhle, auf einem Balkon seines Pallastes. Vor ihm stand ein grosser Weihkessel mit Seifenwasser angefüllt. Pius blies, durch ein Schilfrohr, Seifenblasen gegen Frankreich. Diesen Blasen gab er den Segen mit. Unter dem Balkon, auf der Straße, standen die königlichen Tanten, nebst einigen Kardinälen auf der Zehenspitze. Die Kardinäle mit ihren Kardinalshüten, und die Prinzessinnen mit ihren Fächern, bewegten die Luft, und sandten die Seifenblasen weiter. In der Ferne erblickte man Frankreich, auf welches Land diese Blasen in Gestalt eines goldenen Regens herabfielen. Der Kupferstich war unterschrieben: Les bulles du Pape. Der Scherz liegt eigentlich in dem französischen Worte bulles, welches sowohl Seifenblasen als päbstliche Bullen bedeutet.

Der Pabst begnügte sich nicht mit unnützen, papiernen Breven, sondern er zeigte seinen Unwillen noch auf eine andere Art, wie aus dem folgenden Schreiben des Herrn de Montmorin an den päbstlichen Nuntius zu Paris erhellt.

„Ich habe die Antwort Seiner Heiligkeit, auf den Brief, in welchem der König die Zurückberufung des Kardinal de Bernis ankündigte, Seiner Majestät mitgetheilt. Mit Erstaunen hat der König aus dieser Antwort gesehen, daß der Pabst anzukündigen scheint: er werde keinen französischen Gesandten aufnehmen, welcher den, durch die, von dem Könige genehmigten, Beschlüsse der Nationalversammlung, allen öffentlichen Beamten vorgeschriebenen, Eid ohne Rückhalt würde geschworen haben. Der König mag gerne glauben, daß dieses nicht die eigentliche Meynung Seiner Heiligkeit gewesen sey. Dieses würde eben so viel heißen, als zwischen dem heiligen Stuhle und der französischen Monarchie alle Gemeinschaft aufheben wollen: und der König wird Sich, so lange als möglich, weigern zu glauben, daß Seine Heiligkeit eine solche Absicht hätte haben können. Da der Eid ohne Rückhalt von allen öffentlichen Beamten gefordert wird; so wird derselbe allen französischen Gesandten bey den auswärtigen Höfen zu einer unnachläßigen Pflicht. Der König könnte Seiner Heiligkeit keinen Gesandten senden, wenn Dieselbe die Eidesleistung als einen Beweggrund zu der Nichtannahme ansehen wollte. Aber dann würde auch die Würde der Nation und Seiner Majeſtät dem Könige nicht länger erlauben, einen Nuntius zu Paris beyzubehalten. Der heilige Vater wird, in ſeiner Weisheit, die Folgen, welche aus einer ſolchen Lage der Dinge, bey den gegenwärtigen Zeitumſtänden, entſtehen könnten, abwiegen: und Er würde dann bedenken müſſen, daß Er dazu die erſte Veranlaſſung gegeben hätte. Auch kann ich mich nicht enthalten, zu bemerken, daß es ſonderbar genug wäre, wenn der Pabſt, welcher glaubt, daß er einen **Charge D'affaires**, der den vorgeſchriebenen Eid geleiſtet hat, behalten könne, dennoch glauben ſollte, einen Geſandten auszuſchlagen zu müſſen, welcher eben dieſen Eid geleiſtet hätte. Der König hat daher dafür gehalten: der Sinn der Antwort des Pabſtes wäre nicht ſo, wie ſich derſelbe bey dem erſten Blicke darſtellte: und Er wird bey dieſer Vorſtellungsart beharren, wenn nicht Eure Exzellenz bevollmächtigt iſt, Ihm über dieſen Gegenſtand Erläuterungen zu geben, welche fähig wären Ihn auf andere Gedanken zu bringen. Seine Majeſtät hat indeſſen, aus Achtung für Seine Heiligkeit, und aus einer beſondern Rückſicht auf Eure Exzellenz, die Reiſe des Herrn Segur noch aufgeſchoben, um erſt Ihre Antwort abzuwarten, und alsdann diejenige Parthie zu ergreifen, welche die Sorge für Seine Würde Ihm verſchreiben wird."

„Montmorin."

Am ſiebenten May hielt der Herr Talepyrand Perigord, Biſchof von Autun, in der Nationalverſammlung einen Vortrag über die, den verſchiedenen Religionen in einem jeden Staate zukommenden, Rechte. „Sprechen wir nicht länger (ſo ſagte er) von

Toleranz. Dieser herrschsüchtige Ausdruck ist schon für sich eine Beleidigung. Die Nation hat, indem dieselbe Eine Art von Gottesdienst bezahlt, die übrigen Arten weder verbannen können, noch verbannen wollen. Der König sogar könnte, ohne gegen die Konstitution zu handeln, seine Religion verändern. Es muß allen Sekten, allen Religionen, ohne Unterschied, erlaubt seyn, unsere aufgehobenen Kirchen einzunehmen, wenn sie nur die Art ihres Gottesdienstes, durch eine Inschrift über dem Eingange, bekannt machen. Wir haben nicht mehr jene falsche Toleranz, welche einerseits eine Religion duldete, und anderseits die öffentliche Ausübung derselben verbot. Der Mensch war damals frey zu denken: aber er war nicht frey, seine Gedanken auszudrücken. Wir haben die wahre Religion in ihrer ganzen Stärke festgesetzt, indem wir gezeigt haben, daß andere Religionen neben derselben bestehen können, ohne ihr zu schaden. Bezahlt die Nation einen Gottesdienst, so geschieht dieses bloß darum, weil dieser Gottesdienst bis jetzt noch die größte Anzahl von Anhängern hat. Man glaube nicht, daß wir den Fanatismus bekämpfen, um eine strafbare Gleichgültigkeit an die Stelle desselben zu setzen. Nein! die wahre Religion wird sich über alle ihre Nebenbuhlerinnen erheben. Wir nehmen gar keinen Glauben aus. Wenn der Glaube der Juden, wenn der Glaube der Protestanten geschützt wird: so muß auch der Glaube der katholischen Nonkonformisten geschützt werden. Das Gesetz erklärt sich nicht gegen diesen Glauben. Die Verweigerung der Eidesleistung macht einen Priester nicht **widerspänstig**, sondern bloß allein unfähig, das von der Nation bezahlte Amt zu bekleiden: weiter nichts. Man muß die Freyheit der Meynungen an Niemand, auch an seinen Gegnern nicht verletzen. Man darf nicht über die Meynung tyrannisiren. Es muß Denjenigen, die es für gut finden möchten, erlaubt seyn, zu sagen, wir wären Schismatiker, wenn ihnen damit gedient ist. Daher muß der Gottesdienst, welchen sie, für sich besonders, halten wollen, so frey seyn, als ein jeder anderer Gottesdienst; es mag derselbe übrigens von unserem Gottesdienste verschieden seyn oder nicht. Ohne dieß wäre die Religionsfreyheit weiter nichts als ein leerer Name; als ein bloßer Schall."

Herr Dupont. Ich verlange, daß dieser Vortrag unter die klassischen Schriften unserer Nation gerechnet werde. Ich würde verlangen, daß derselbe in Marmor eingegraben werde, wenn es nicht hinlänglich wäre, denselben in die Herzen unserer Kinder und Kindeskinder zu graben.

Abbe Sieyes sprach nach denselben Grundsätzen.

Abbe Couturier. So ist sie dann gekommen, die Zeit des Greuels! So wird dann das Heiligthum in eine Einöde verwandelt! So werden dann unsere Kirchen in Moscheen, und in Pagoden verwandelt! Das Haus des Herren ist das Haus Baals geworden! Fliehet, fliehet ihr Töchter Zions, auf die Berge von Judda!....

Ein lautes und allgemeines Gelächter unterbrach diese Kapuzinerpredigt, und die Versammlung faßte folgenden vortreflichen Beschluß:

1. „Die Versammlung erklärt: daß die Verweigerung des, durch den Beschluß des 28. März vorge-

schriebenen, Eides keinen Priester verhindern könne, in einer Pfarrkirche Messe zu lesen."

2. "Diejenigen Gebäude, welche von Privatgesellschaften zu einem religiösen Gottesdienste geweiht sind, und eine Inschrift tragen, die denselben gegeben werden soll, werden verschlossen, sobald darinn irgend eine Rede gehalten wird, welche geradezu gegen die Konstitution des Königreiches, und vorzüglich gegen die bürgerliche Einrichtung der Geistlichen auffordert. Der Urheber einer solchen Rede wird, auf Verlangen des öffentlichen Anklägers, vor den Kriminalgerichten, als ein Stöhrer der öffentlichen Ruhe, gerichtet werden."

Vermöge eines Beschlusses der Nationalversammlung waren, in dem ganzen Reiche, alle inneren Zölle aufgehoben, und an die Gränzen des Reiches verlegt worden. In der Nacht vom dreyßigsten April zum ersten May kündigte, um Mitternacht, zu Paris ein Kanonenschuß die Aufhebung der Mauthhäuser an. Eine Menge beladener Wagen erwartete dieses Zeichen, und fuhren nachher, von einer zahlreichen Musikantenbande begleitet, im Triumphe in die Stadt. Die Fuhrleute sowohl, als die Wagen und die Pferde, waren mit Nationalbändern geschmückt. Durch die Aufhebung der Mauthhäuser verlor der Staat beträchtliche Einkünfte, ohne daß die Bürger des Staates dadurch gewonnen hätten. Dieses mußten sogar die wüthendsten Demokraten selbst eingestehen a).

---

a) La municipalité a fait de son mieux, pour faire tourner la fête au profit de sa popularité;

In Rückſicht auf die Verhältniſſe, in denen ſich Frankreich, um dieſe Zeit, mit dem Auslande befand, verdienen folgende Thatſachen beſonders angeführt zu werden.

Am zweyten März faßte der, zu Philadelphia verſammelte, amerikaniſche Kongreß, folgenden Beſchluß: „Der Präſident der vereinigten Staaten wird erſucht, der Nationalverſammlung in Frankreich zu erkennen zu geben, wie ſehr der Kongreß, durch das, von den aufgeklärten und freyen Stellvertretern eines großen Volkes, vermöge eines, am cilften Junius 1790 gefaßten, Beſchluſſes gefeyerte Andenken des Benjamin Franklin, gerührt worden ſey." Demzufolge ſchrieb der amerikaniſche Geſandte zu Paris, an den Präſidenten der Nationalverſammlung, folgenden Brief:

„Mein Herr. Der Präſident der vereinigten amerikaniſchen Staaten hat mir aufgetragen, der Nationalverſammlung zu ſagen, wie ſehr der Kongreß, durch die Ehre, welche die freyen und aufgeklärten Stellvertreter einer großen Nation dem Andenken des

---

Bailly s'est montré à toutes les barrières, et musique de la garde nationale a fait ce jour-là le tour des murs, suivie d'une foule de peuple immense, qui tostoit fréquemment. Depuis la chute des barrières on ne voit pas que les denrées ayent couté meilleur marché, non plus que les souliers depuis la suppression des droits sur les cuirs; et le décret n'a procuré à la portion indigente, et la plus nombreuse du peuple Français, que de la musique. Desmoulins, p. 487.

Benjamin Franklin, vermöge eines, am eilften Junius 1790 gefaßten, Beschlusses erzeigt haben, gerührt worden sey. Es war natürlich, daß der Verlust eines solchen Staatsbürgers seinen Mitbürgern, unter denen er lebte; denen er so viele und so vorzügliche Dienste geleistet hatte; und die so gut einsahen, daß seine Geburt, sein Leben und seine Arbeiten, gänzlich den Fortschritten und dem Ruhme ihres Vaterlandes gewidmet gewesen waren, nahe gehen mußte. Aber der französischen Nationalversammlung kam es zu, das erste Beyspiel einer, von den Stellvertretern eines grossen Volkes dem einfachen Staatsbürger eines andern Volkes geleisteten, Huldigung zu geben; auf diese Weise die willkührlich angenommenen Gränzen zu vernichten; und, durch die Bande einer grossen Brüderschaft, alle Menschen, ihr Geburtsort und ihre Erziehung sey welche sie wolle, zu vereinigen. Mögen diese Gränzen zwischen uns, zu allen Zeiten und unter allen Umständen, verschwinden! Und möge diejenige Einheit der Gesinnungen, welche unser Bedauren jetzt in einander mischt, fortfahren, die Bande der Freundschaft und eines gemeinschaftlichen Interesse, durch welche unsere beyden Völker verbunden sind, fester zu knüpfen! Dieses ist unser unaufhörlicher Wunsch. Und Niemand wünscht es inniger und aufrichtiger, als Derjenige, welcher, indem er die ehrenvolle Pflicht erfüllt, den Ausdruck einer öffentlichen Gesinnung mitzutheilen, sich glücklich schätzt, zu gleicher Zeit die Huldigungen der tiefsten Ehrfurcht und Hochachtung darlegen zu können, mit denen er die Ehre hat zu seyn. u. s. w."

„Heinrich Jefferson."

Dieser

Dieser Brief wurde von der Nationalversammlung nicht beantwortet.

Der Staat Pensylvanien unterscheidet sich von den übrigen amerikanischen Staaten durch eine mehr demokratische Regierungsform. Dieser Staat beschloß daher, noch besonders an die Nationalversammlung zu schreiben. Er übersandte demzufolge derselben folgenden Brief:

„Meine Herren. Die Stellvertreter des Pensylvanischen Volkes haben einstimmig den Wunsch geäußert, der französischen Nationalversammlung die gleichgestimmten Gesinnungen mitzutheilen, vermöge welcher sie an den großmüthigen Arbeiten derselben zu Gunsten der Freyheit Antheil nehmen. Sie wünschen der Versammlung aufrichtig Glück zu dem guten Erfolge ihrer Bemühungen, auf deren Fortschritte sie, mit der zärtlichsten Besorgniß und mit dem lebhaftesten Vergnügen, aufmerksam gewesen sind. Eine Nation welche eine so erhabene Politik gezeigt; welche, von einem edeln Enthusiasmus angefeuert, so großmüthig ihre Macht angewendet, ihre Schätze verschwendet, und ihr Blut mit dem unsrigen, zur Vertheidigung der amerikanischen Freyheit, vermischt hat, kann unstreitig mit Recht erwarten, daß wir auch gegenseitig dieselben Gesinnungen für sie hegen, und ihr, mit allem dem Eifer, welcher aus Anhänglichkeit und aus Dankbarkeit entspringt, guten Fortgang wünschen werden. Innigst durchdrungen von diesen Gesinnungen, hatten wir, schon seit langer Zeit, bedaurt, daß ein tapferes und großmüthiges Volk, welches freywillig unsere Rechte vertheidigt hatte, nicht selbst seiner eigenen Rechte genießen sollte; und daß dasselbe, nachdem es uns, vermöge seines Beystandes, in den Tempel der Freyheit gebracht hatte, selbst, in seiner Heimath, nichts als Knechtschaft finden sollte. Glücklicherweise ist nunmehr alles verändert; und Eure jetzige Lage erweckt in uns alle diejenigen Empfindungen, welche die reinste Theilnehmung in dem menschlichen Herzen nur hervorbringen kann. Wir sehen jetzt, mit ausserordentlicher Zuneigung und Freude, den glorreichen Sieg, welchen Euch die Vernunft über die Vorurtheile, Freyheit und Gesetz über Knechtschaft und über den Despotismus verdanken. Auf eine edelmüthige Weise habt Ihr die Ketten zerbrochen, welche Euch an Eure alte Regierung fesselten; und vor den Augen des erstaunten Europa habt Ihr eine Revolution unternommen, die auf den reinen und ursprünglichen Grundsatz sich stützt, der da sagt: „der Ursprung aller Gewalt liege in dem Volke; das Volk sey die Quelle, aus welcher dieselbe entspringe: und alle Oberherrschaft müsse von dem Volke ausgehen." Dieser geheiligte Grundsatz, auf welchem unsere amerikanischen Konstitutionen ruhen, und auf welchem zu ruhen sie sich zur Ehre rechnen, konnte nicht länger in dem Lichtpunkte des Patriotismus und der Philosophie, von welchem Frankreich schon seit so langer Zeit erhellt wurde, unbekannt oder nicht geachtet bleiben. Wir freuen uns, daß Eure Regierungsform, obgleich auf eine verschiedene Weise eingerichtet, eine so grose Gleichförmigkeit der Grundsätze mit der unsrigen darbietet, daß hiedurch nothwendigerweise die Freundschaft, welche uns nunmehr durch engere Bande bindet, weil sie brüderlich sind, noch fester geknüpft werden muß. Zum Beweise dieser Denkungsart können

wir Euch versichern, daß unsre Mitbürger einstimmig
darinn übereinkommen, daß sie für Eure gerechte Sache
und für Euer Land eine ausserordentliche Vorliebe
haben. Mit Vergnügen sehen wir, im Voraus, den
Ruhm und die Wohlfahrt, welche Euer warten, wenn
die Schätze, die Euch umgeben, wenn die Reichthümer, welche die Natur mit einer so freygebigen Hand
um Euch her ausgestreut hat, alle die Thätigkeit erhalten werden, welche eine freye Regierung denselben
nothwendig geben muß. Wir wünschen und hoffen,
daß Eure glorreiche Laufbahn durch keinen unangenehmen oder unglücklichen Vorfall möge unterbrochen
werden, bis daß Ihr so vielen Millionen unserer Brüder das Glück einer gleichen bürgerlichen und religiösen
Freyheit gänzlich werdet mitgetheilt haben; bis daß
Ihr jenen gehässigen und anmaßenden Unterschied
zwischen dem Menschen und dem Menschen gänzlich
werdet aufgehoben haben; bis daß ihr endlich in den
Geist des Volkes den Keim einer schwärmerischen und
großmüthigen Leidenschaft für das Vaterland werdet
gelegt haben, statt jener sklavischen und romanhaften
Gesinnungen, vermöge welcher die ganze Liebe der
Nation einzig und allein auf die Person des Monarchen hingerichtet wird. Aber, indem wir, verehrend
und bewundernd, die von Euch aufgestellten Grundsätze betrachten; indem wir alle mit einander wünschen, daß dieselben auf immer den Anfällen der Zeit,
der Tyranney und der Treulosigkeit, Trotz bieten
mögen: können wir uns nicht enthalten, uns darüber
zu freuen, daß Ihr in den Fortschritten Eurer Revolution nur wenige von jenen konvulsivischen Erschütterungen erfahren habt, welche, während der

amerikanischen Revolution, so stark und so oft wiederholt vorhanden waren. Könnte der lebhafte Antheil, welchen wir an dem guten Erfolge Euerer Arbeiten nehmen, noch durch einen andern Beweggrund höher steigen; so müßte derselbe, durch den angenehmen und menschenfreundlichen Gedanken, daß, vermöge des Einflusses Eures Beyspieles; die übrigen Völker Europens lernen werden, die Rechte des Menschen zu schätzen und herzustellen, auf den höchsten Gipfel gehoben werden. Immer mehr und mehr wird sich jene politische Einrichtung verbreiten, in welcher die Erfahrung den Augen der Welt Grundsätze entwickeln wird, welche der Wohlfahrt des menschlichen Geschlechtes günstig, und der Würde unserer Natur angemessen sind."

Die Antwort der Nationalversammlung, von Herrn Bureau de Pusy aufgesetzt, wurde am sechsten Junius vorgelesen. Es war dieselbe in dem gewöhnlichen Style geschrieben, und daher verdient sie nicht aufbehalten zu werden.

Am acht und zwanzigsten März übersandte der Graf de Fernan Nunnez, der königliche spanische Gesandte zu Paris, dem Minister, Herrn de Montmorin, einen Auszug aus den Depeschen, welche er von seinem Hofe erhalten hatte, nebst folgendem Briefe:

„Mein Herr. Ich habe die Ehre Ihnen beyliegend eine Abschrift derjenigen Depesche zu übersenden, welche ich so eben von meinem Hofe erhalten habe, und welche die Maßregeln betreffen, die Seine catholische Majestät zu nehmen für nöthig erachtet hat, um die Ruhe der, an Frankreich stoßenden, spanischen Provinzen zu sichern. Der König, mein Oberherr, hält dafür, daß die, von Ihm genommenen Maßregeln, die sichersten seyen, um zu verhindern, daß nicht übelgesinnte Leute und Landstreicher, aus eigennützigen Absichten, die Freundschaft und die Einigkeit stören mögen, welche, glücklicherweise, schon seit so langer Zeit, zwischen beyden Völkern, zu der gegenseitigen Wohlfahrt derselben, Statt findet, und an welcher Seiner Majestät sehr viel gelegen ist. Der König zweifelt nicht, daß Seine Allerchristlichste Majestät und Dero Minister, von demselben Wunsche belebt, auch Ihrerseits diejenigen Maßregeln nehmen werden, welche die gegenwärtigen Zeitumstände Denselben erlauben mögen, um zu der Erfüllung eines Zweckes beyzutragen, welcher für beyde Völker gleich wichtig ist."

„Depesche des spanischen Hofes an den Herren Grafen von Fernand Nunnez."
„Madrid am 19. März 1791."

Während der Unpartheylichkeit, mit welcher sich bisher der König, in Rücksicht auf die inneren Angelegenheiten Frankreichs, betragen hat, (ungeachtet der falschen Gerüchte und der Unwahrheiten, durch welche übelgesinnte Leute die Einwohner Frankreichs gegen uns hat aufwiegeln wollen) hat Seine Majestät die allerunzweydeutigsten Beweise Seiner Liebe zum Frieden, und Seines Wunsches gegeben, diese Bande der Freundschaft zu erhalten, welche Ihn mit dem Oberherren und mit den Unterthanen Frankreichs verbinden. Um auch nicht den kleinsten Grund zur Klage oder zum Verdachte zu geben, hat Seine Majestät nach der jetzt geendigten Ablakelung der Kriegsschiffe, sogar noch angestanden, die Anzahl Seiner Truppen zu vermehren, obgleich der Zustand Seiner Armee dieses erfordert. Auch hat der König dieselben nicht an solche Plätze gestellt, welche bey den Bewohnern der Gränze Besorgnisse erwecken könnten. Aber, ungeachtet dieses klugen Verhaltens, fängt man an zu bemerken, daß die Unruhen, welche in einigen an Spanien stoßenden Provinzen herrschen, sich bis zu den spanischen Einwohnern verbreiten wollen, vorzüglich durch die Ueberkunft einer sehr großen Anzahl von Verbrechern, und am meisten an den Gränzen von Katalonien und von Arragonien. Diese Verbrecher könnten, vereinigt mit den unsrigen, mehrere Landschaften aufrührisch machen, ungeachtet der erprobten Treue, und der Neigung derselben, sich für ihren König und für die öffentliche Ruhe aufzuopfern. Demzufolge, da Seine Majestät nicht unterlassen kann, Seinen Unterthanen den ihnen schuldigen Schutz zu gewähren, sieht der König Sich verbunden, gegen seine Neigung, einen Kordon an den Gränzen zu ziehen, und durch dieses Vorsichtsmittel zu verhindern, daß andere Frankreicher überkommen, als solche die man kennt, und von denen man völlig sicher ist. Damit nun der französische Hof und die französische Regierung, weit entfernt gegen die friedfertigen Gesinnungen des Königs den mindesten Verdacht zu schöpfen, die nöthigen, und den Zeitumständen angemessenen, Maßregeln nehmen möge: damit Dieselbe auch den Einwohnern die Beweggründe bekannt mache, welche Seine Majestät genöthigt haben, die Frankreicher zu verhindern sich heimlich in Spanien einzuschleichen, und daselbst Unruhen zu verursachen; befiehlt Seine Majestät, daß Eure Exzellenz Seine Gesinnungen dem allerchristlichsten Könige und Dessen-Minister mittheilen solle, so wie auch den Wunsch Seiner Majestät, daß diese Gesinnungen mit den Gesinnungen des Königs übereinstimmig seyn mögen. Eure Exzellenz wird eine offizielle Schrift wegen dieses Gegenstandes übergeben; den Befehlen gemäß handeln, welche Sie erhalten haben; und Uns von dem Erfolge dieses Schrittes Nachricht geben."

Den, von Herrn de Montmorin zum Gesandten nach Lüttich ernannten, Herrn de Bonne Carrere verbat sich der Bischof, und wünschte, daß derselbe seine Reise nicht antreten möchte. Vier Jahre früher hätte gewiß kein Bischof von Lüttich es gewagt, einen Gesandten des Königs von Frankreich nicht anzunehmen! So ändert sich die Lage der Dinge, oft in kurzer Zeit!

Der Seeminister Herr de Fleurieu legte seine Stelle nieder, welche er seit einigen Monaten bekleidet hatte. Viele Ehrgeizige drängten sich zu, zu dieser Stelle. Schmetterlingen gleich näherten sie sich diesem glänzenden Lichte, unbesorgt ob sie auch ihre Flügel an demselben verbrennen möchten. Der Jakobiner Herr de Kersaint gab sich große Mühe, die Stelle zu erhalten: aber vergeblich. Herr de Bougainville schlug dieselbe aus. Endlich ernannte der König den Herrn Thevenard zum Seeminister. Und dieser schrieb, am 18. May, der Nationalversammlung einen Brief, in welchem er des Königs mit keinem Worte erwähnte, sondern bloß versicherte, daß die Zufriedenheit der Gesetzgeber die süsseste Belohnung seiner Arbeiten seyn würde.

Zu der Stelle eines Ministers der öffentlichen Auflagen ernannte der König den Herrn Tarbe, den ersten Sekretair des Finanzkontors. Jedermann lobte an ihm Fleiß, Rechtschaffenheit, Verstand, und andere gute Eigenschaften.

Am eilften Junius hielt Herr Freteau, im Namen des diplomatischen Ausschusses, einen Vortrag, über die Lage in welcher sich damals Frankreich befand.

„Zu Worms, zu Mannheim, zu Ettenheim, und an andern Orten (so sprach er) werden Truppen zusammengebracht, welche feindselige Gesinnungen anzeigen. Spanien hat einen ansehnlichen Kordon um seine Gränzen gezogen. Der König von Sardinien hat mehrere Regimenter über die Alpen kommen lassen. Große Mächte haben zahlreiche und wohl disziplinirte Armeen auf den Beinen: und diese können, wenn, wie es wahrscheinlich ist, im Norden Friede wird, gegen uns marschiren. Viele von unsern Verbündeten scheinen kaltsinnig zu seyn: und überall braucht man eine beleidigende Vorsicht gegen die Frankreicher. — Dieß ist unsere Lage gegen das Ausland. Unsere innere Lage ist noch trauriger. Tausend Briefe und Zuschriften beweisen, daß die Gährung der Gemüther allgemein ist; daß an vielen Orten Aufruhr droht; daß abgesandte Emissarien die Soldaten zur Empörung aufwiegeln. Schriften, die so frech und so schwärmerisch geschrieben sind, daß die Urheber derselben selbst erröthen sollten, werden im Elsasse und in Lothringen ausgetheilt. In dieser Hauptstadt bemerkt man eine Menge Landstreicher. Unsichtbare Hände besolden und beschützen, über ganz Frankreich, Räuber, deren einzige Hoffnung das Plündern ist; Emissarien reisen im ganzen Reiche herum, und wiegeln das Volk auf; diejenigen Intriganten und frechen Menschen, welche, im vorigen Jahre, Brabant und Lüttich in Aufruhr gebracht haben, befinden sich jetzt zu Paris. Man weiß, daß viele von ihnen, aus Unvorsichtigkeit, sich haben merken lassen, wie großen Antheil sie an allen den Ausschweifungen hätten, durch welche unsere Arbeiten so oft sind gestört worden. Sie suchen bey dem Volke die Begriffe von Anarchie und von Freyheit, von Tyranney und von Unterwürfigkeit unter die Gesetze, zu vermengen. Euch allen ist bekannt, daß mehrere Männer besoldet worden sind, damit sie ganze Regimenter aufwiegeln; damit sie die Soldaten antreiben die Regimentskasse zu plündern und ihre Offiziere weg zu jagen. Eben das geschah auch unter den Seesoldaten. Alle diese Thatsachen sind gewiß, und beruhen auf den unwiderleglichsten Beweisen."

Die Versammlung faßte hierauf folgenden Beschluß:

1. „Der König soll gebeten werden, ohne Verzug, alle Regimenter, welche bestimmt sind an den Gränzen des Königreiches zu dienen, auf den Kriegsfuß zu setzen, und die Zeughäuser mit der nöthigen Kriegsmunition zu versorgen, damit dieselbe unter die Bürgermilitz, nach Verhältniß ihres Bedürfnisses, ausgetheilt werden könne."

2. „Es soll, ohne Verzug, in jeder Abtheilung eine freywillige Einschreibung der Bürgermiliz, von Einem unter zwanzig, gemacht werden."

3. „Diese Freywilligen werden von dem Staate bezahlt, sobald sie in dem Dienste des Vaterlandes gebraucht werden."

4. „Die Nationalversammlung beschließt, daß ihr Präsident sich zu dem Könige begeben solle, um ihn zu bitten, daß Er, sobald als möglich, dem Ludwig Joseph von Bourbon Conde möge anzeigen lassen, daß sein Aufenthalt nahe an den Gränzen, und zwar in Gesellschaft solcher Personen, deren Absichten bekanntermaßen verdächtig sind, sträfliche Plane verrathe."

5. „Daß Ludwig Joseph von Bourbon Conde gehalten seyn solle, in einem Zeitraume von vierzehn Tagen, von der Zeit an zu rechnen, da ihm diese Erklärung wird bekannt gemacht werden, in das Reich zurück zu kehren, oder sich von den Gränzen zu entfernen. In dem letztern Falle soll er erklären: daß er niemals etwas, weder gegen die, von der Nationalversammlung beschlossene, Konstitution noch gegen die Ruhe des Staates unternehmen wolle."

6. „Und wenn Ludwig Joseph von Bourbon Conde, in Zeit von vierzehn Tagen, nachdem ihm dieser Beschluß wird bekannt gemacht worden seyn, nicht in das Königreich zurück kehren, und sich auch nicht von den Gränzen entfernen sollte: so erklärt ihn die Nationalversammlung für einen Rebellen, und für seines Rechtes an die Krone verlustig; auch macht sie ihn verantwortlich, für alle feindseligen Bewegungen die vorgenommen werden möchten. Seine Güter sol-

len alsdann eingezogen werden; aller Briefwechsel, und jede Verbindung mit ihm, mit seinen Anhängern und Mitschuldigen, soll verboten seyn; und er soll als ein Verräther des Vaterlandes angeklagt und bestraft werden. Im Falle er sich bewaffnet auf dem französischen Grund und Boden würde antreffen lassen, soll jeder Staatsbürger gehalten seyn, ihn zu greifen und sich seiner Person zu bemächtigen, so wie auch der Personen aller seiner Mitschuldigen und Anhänger."

7. "Die Nationalversammlung befiehlt allen Abtheilungsaufsehern, Bürgergerichten, und andern verwaltenden Versammlungen, auf eine vorzügliche Weise über das, dem Ludwig Joseph von Bourbon Conde zugehörige, Eigenthum zu wachen."

Mirabeau hatte, lange Zeit vor seinem Tode, schon behauptet: daß die ganze Armee müßte verabschiedet, und auf eine neue Weise eingerichtet werden. Sein Vorschlag wurde damals nicht angenommen. Allein eine traurige Erfahrung bewies täglich mehr, wie nothwendig es wäre, denselben auszuführen. Sehr viele Regimenter befanden sich in dem Zustande eines völligen Aufruhrs; und bey allen Regimentern hatten die Offiziere das Zutrauen der Soldaten verloren. Die meisten Offiziere hatten, theils aus Gewohnheit, theils weil es ihrem Karakter gemäß war, ihren vormaligen Stolz beybehalten, und die Soldaten nach der Revolution nicht besser behandelt als vor derselben. Hingegen trotzten die Soldaten ihren Offizieren. Von den Jakobinern aufgewiegelt, wurden sie frech und unverschämt, und weigerten sich, ihrer Pflicht gemäß zu handeln und zu gehorchen. Die französische Armee, welche zu dem Zwecke errichtet worden war, daß sie dem Reiche zum Schutze dienen sollte, wurde demselben zum Schrecken.

Das Regiment Beauvoisis lag zu Weissenburg im Elsaß in Garnison. Die Soldaten dieses Regiments besuchten fleißig den Jakobinerklub dieser Stadt. Da nun die Nationalversammlung, vermöge eines, am 29. September 1790, gefaßten Beschlusses, den Soldaten alle Gemeinschaft mit den Klubs verboten hatte: so bestanden die Offiziere darauf, daß die Soldaten diesen Klub ferner nicht besuchen sollten. Die Soldaten gehorchten diesem Befehle nicht. Hierauf wurden acht Soldaten, da sie eben aus dem Jakobinerklub kamen, angehalten und nach dem Gefängnisse geführt. Die Mitglieder des Klubs liefen hinter ihnen her, und riefen: „An die Laterne die Offiziere! An die Laterne die Aristokraten! Ermordet sie alle, alle miteinander! ça ira; ça ira." Nun entstand ein allgemeiner Aufruhr der Soldaten gegen ihre Offiziere. Die Soldaten bemächtigten sich der Fahnen des Regiments und der Regimentskasse. Dann verlangten die Soldaten, daß der Generalmarsch geschlagen werden sollte. Die Offiziere befahlen den Trommelschlägern aufzuhören: und da diese sich weigerten, so durchlöcherten die Offiziere, mit ihren Degen, die Trommeln. Vergeblich bemühten sich die Offiziere die Soldaten zu der Ordnung und zu dem Gehorsam zurück zu führen. Sie wurden von den Soldaten mit aufgepflanzten Bajonetten empfangen. Sechs Offiziere fielen verwundet. Die übrigen zogen ihre Degen, um sich zu vertheidigen: und es entstand zwischen den

Offizieren und ihren Soldaten ein Gefecht, in welchem, auf beyden Seiten, einige verwundet wurden.

Der General Kellermann, welcher in dem untern Elsasse das Kommando hatte, und den Jakobinern ganz ergeben war, eilte nach Weissenburg. Er hörte die Soldaten an; billigte und entschuldigte das Betragen derselben; gewährte alle ihre Bitten; und sandte an den Kriegsminister, Herrn Duportail, einen sehr unrichtigen und einseitigen Bericht, in welchem er sogar, (wie ihm nachher der Obriste des Regiments Beauvoisis, Herr Alexander de Damas, ausführlich bewiesen hat) ihm bekannte Thatsachen vorsätzlich entstellte, und verlangte, daß künftig den Soldaten die Erlaubniß gegeben würde, den Jakobinerklub ungestört besuchen zu dürfen.

Am achtzehnten April sandte Herr Duportail diesen Bericht des General Kellermann der Nationalversammlung. Der Minister unterstützte die Bitte des Generals, wegen der, den Soldaten zu ungestörter Besuchung des Klubs zu gebenden, Erlaubniß: auch ersuchte der Minister die Versammlung, daß dieselbe den Soldaten, durch einen förmlichen Beschluß, diese Erlaubniß gewähren möchte.

Am neun und zwanzigsten April hielt Herr Alexander de Beauharnois über diesen Gegenstand in der Nationalversammlung einen Vortrag. Er beschloß denselben damit, daß er verlangte: man möchte allen Soldaten des Reiches erlauben, den lehrreichen Sitzungen des Jakobinerklubs beyzuwohnen.

Herr Dandre. Nimmt die Versammlung diesen Vorschlag an, so kommt alle Macht und Gewalt des Königreiches gänzlich in die Hände dieser Klubs.

Herr Malouet. Ey! das ist schon seit langer Zeit geschehen!

Herr Prieur. Herr Dandre hat die Jakobiner, die Freunde der Konstitution, verläumdet. Diese Gesellschaft hat keinen andern Zweck, als die Bürger des Staates aufzuklären; die öffentliche Meynung zu leiten, oder zu verstärken; den Unruhestiftern Einhalt zu thun; zu wachen; anzuklagen..... Glauben Sie mir, meine Herren, die Jakobiner sind die erklärten Feinde aller Tyrannen, und die Soldaten können, durch Besuchung derselben, nichts als lauter Gutes lernen.

Herr de Liancourt. Wozu dieser Zeitverlust? Die Freunde der Konstitution sind diejenigen, welche eine Kostitution wollen: ihre Feinde sind diejenigen, welche etwas von derselben hinwegnehmen, oder etwas zu derselben hinzu thun wollen.

(Herr de Liancourt fuhr fort, und suchte zu beweisen, daß die Gemeinschaft der Soldaten mit den Klubs alle Disziplin in der Armee gänzlich zerstören müßte: allein die Jakobinischen Mitglieder der Versammlung machten einen so lauten Lärm, daß er genöthigt wurde zu schweigen.)

Herr de Noailles. Wollt Ihr den Streitigkeiten zwischen Offizieren und Soldaten ein Ende machen: so erlaubt ihnen den Zutritt zu allen nur möglichen Gesellschaften. Seyd versichert, daß sie schon werden zu wählen wissen. Sie werden nur in solche Gesellschaften gehen, in denen man Freyheit, Gleichheit, Vaterlandsliebe und Achtung für die Gesetze, predigen wird.

Herr Alexander de Beauharnois. Ein Soldat hat das Recht, einem Gaukler zuzusehen, der, auf einem öffentlichen Platze, seine Künste vor dem Volke macht: wie könnte man ihm dann das Recht verweigern, in jenen Gesellschaften, in welchen der Geist des Publikums gebildet wird, die Beschlüsse der Nationalversammlung ablesen zu hören? Ausserdem ist ja der General Kellermann, sowohl als der Minister Duportail, der Meynung, daß die Soldaten den Sitzungen der Klubs ohne alle Gefahr beywohnen könnten.

Die Versammlung beschloß: daß die Soldaten, ausser der Zeit ihres Militairdienstes, Erlaubniß haben sollten, gleich andern Bürgern des Staates, den Sitzungen der patriotischen Gesellschaften beyzuwohnen.

Am eilften Junius wurde beschlossen: daß alle Offiziere der Armee folgende schriftliche Erklärung von sich stellen, oder, im Verweigerungsfalle, abgedankt werden sollten:

„Ich verspreche, bey meiner Ehre, der Nation, dem Gesetze und dem Könige getreu zu verbleiben; an keiner Verschwörung und an keinem Komplotte, weder mittelbar noch unmittelbar, Theil zu nehmen, sondern vielmehr mich allen solchen Planen, die mir bekannt werden möchten, zu widersetzen, sobald dieselben, entweder gegen die Nation und den König, oder gegen die, von der Nationalversammlung beschlossene, und von dem Könige angenommene, Konstitution gerichtet sind. Ich verspreche ferner, alle diejenigen Mittel anzuwenden, welche die Nationalversammlung und der König mir anvertraut haben, um eben dieses von Denjenigen beobachten zu lassen, die mir unterworfen sind. Ich willige ein, wenn ich dieses Versprechen nicht erfülle, für einen ehrverlustigen Menschen angesehen zu werden, der da unwürdig ist die Waffen zu tragen, und unter die Zahl der französischen Staatsbürger gerechnet zu werden."

In den französischen Provinzen dauerten die Unruhen anhaltend fort.

Am vierzehnten März war ein Auflauf zu Douay, in dem französischen Flandern. Es wurde daselbst Korn geladen, welches nach Dünkirchen geführt werden sollte. Der Pöbel versammelte sich, und lud das schon geladene Schiff mit Gewalt wiederum aus. Der Eigenthümer gieng nach dem Rathhause, um von dem Bürgerrathe Schutz und Sicherheit zu verlangen. Er traf Niemand daselbst an. Darauf wandte er sich an die Aufseher der Abtheilung. Diese befahlen dem Bürgerrathe, sich zu versammeln, und die Truppen zu Hülfe zu rufen. Indessen verkaufte der Pöbel öffentlich das Getraide, dessen sich derselbe bemächtigt hatte: und erst einige Stunden nachher versammelte sich der Bürgerrath. Der Pöbel, als er sah, daß ihm Niemand Einhalt that, wurde noch frecher und ausgelassener. Ein Getraidehändler, Namens Nicolau, ward auf eine grausame Weise gemißhandelt, bis ihn endlich Herr Derbaix, ein Offizier der Bürgermilitz, mit großer Mühe, aus den Händen seiner Mörder rettete, und ihn nach dem Gefängnisse, als nach einem sichern Verwahrungsorte, hinführte. Aufgebracht über diese menschliche Handlung bemächtigte sich der Pöbel des Herrn Derbaix, stieß ihn, schlug ihn, mißhandelte ihn auf mancherley Weise, schleppte ihn durch die Straßen, und hängte ihn auf, an einen

La=

Laternenpfahl. Der Bürgerrath that dem Aufruhr nicht den mindesten Einhalt. An dem folgenden Tage wurde der unglückliche, und an dem vorigen Tage schon so schrecklich gemißhandelte, Getraidehändler Nicolau, welcher während der Nacht trepanirt worden war, aus seinem Gefängniß geholt, durch die Straſſen geschleppt, und an dem Fleiſchſchranken eines Fleiſchers aufgehängt.

Auch zu Tulles, zu Caſtelnau im Quercy, und an andern Orten, verübte der Pöbel Mordthaten.

***

Am vierten Junius beraubte die Nationalverſammlung den König endlich auch noch des ſchönſten und vorzüglichſten Rechtes der königlichen Würde, des Rechtes verurtheilte Miſſethäter zu begnadigen.

***

Bey der zunehmenden Theurung der Lebensmittel und der Abnahme des Erwerbes in allen Klaſſen, waren dennoch die Einwohner der Stadt Paris, dem Anſcheine nach zu urtheilen, zufrieden und vergnügt. Zu Rom wollte vormals das Volk Brod und Schauspiele haben: a) die Pariſer hingegen begnügten ſich mit den Schauspielen, auch ohne Brod. Seit der Revolution hatte die Anzahl der Schauspielhäuſer um mehr als die Hälfte zugenommen: und dennoch waren alle angefüllt. Ja ſie wurden zuweilen so ſehr beſetzt, daß viele Perſonen wegzugehen ſich ge-

---

a) Duas tantum res anxius optat,
   Panem et Circenses.

                                           JUVENAL.

nöthigt sahen, ohne Platz in den Schauspielhäusern finden zu können.

Als, zu Anfange des Junius, die Volkswahlen zu Paris ihren Anfang nehmen sollten: da zeigte sich die Ungerechtigkeit des, von der Nationalversammlung gefaßten, Beschlusses vermöge welches nur Diejenigen der Rechte der Staatsbürger geniessen sollten, t h ä t i ge B ü r g e r genannt werden sollten, welche eine Mark Silber jährlicher Kontribution bezahlen würden. Es erhellte deutlich, daß die Nationalversammlung bey weitem den größten Theil der Nation der Freyheit beraubt, und dieselbe nur einem sehr kleinen Theile des Volkes geschenkt hatte. In dem Jahre 1789, zu den Zeiten des sogenannten Despotismus, befanden sich zu Paris 300,000 wahlfähige und wählende Bürger, welche die damaligen Wahlherren wählten: nach den neuen, von der Nationalversammlung gegebenen Gesetzen, fand sich, daß, unter diesen 300.000 nur 77,371, folglich ungefähr der vierte Theil, das Recht hatte seine Stimme zu geben. Von solcher Art war die so hoch gepriesene Freyheit!

Als sich die Einwohner der Hauptstadt auf eine solche Weise in ihren Hoffnungen getäuscht und in ihren Rechten von der Versammlung gekränkt sahen; so übergaben dieselben der Nationalversammlung eine Bittschrift, in welcher folgende Stelle vorkam:

„V ä t e r d e s V a t e r l a n d e s. Diejenigen, welche Gesetzen gehorchen, die sie nicht selbst gemacht, oder genehmigt haben, sind Sklaven. Ihr habt selbst erklärt: das Gesetz sey weiter nichts als der Ausdruck des allgemeinen Willens: und dennoch besteht der größte Theil der Nation aus Staatsbürgern, welche Ihr, auf eine sonderbare Weise, **unthätige Bürger** genannt habt. Wenn Ihr nicht den, durch den Beschluß wegen der Mark Silber festgesetzten, und unter einem Volke von Brüdern allzugroßen, Unterschied wegschaft; wenn Ihr nicht auf immer die verschiedenen Grade der Wahlfähigkeit aufhebt, welche geradezu gegen Eure Bekanntmachung der Rechte streiten: so ist das Vaterland in Gefahr. Am 14. Julius 1789, enthielt die Stadt Paris 300,000 bewaffnete Männer: jetzt enthält das, von dem Bürgerrathe bekannt gemachte Verzeichniß, kaum 80,000 Staatsbürger. Vergleichet und urtheilet selbst."

Die Nationalversammlung hielt es nicht für gut, diesen Beschluß abzuändern, ungeachtet derselbe mit der Bekanntmachung der sogenannten Menschenrechte im Widerspruche war.

Hätte die Nationalversammlung, gleich von dem ersten Anfange der Unruhen an, gezeigt, daß ihr der Parthiegeist zuwider sey; hätte dieselbe kräftige Mittel angewandt, um der überhand nehmenden Ausgelassenheit Einhalt zu thun; hätte sie die Aufwiegler des Volkes strenge bestraft, so wie auch alle Verletzung der Freyheit, oder der Sicherheit der Personen und des Eigenthums: dann wäre das Volk, aus Furcht vor der Strafe, ruhig geblieben; dann hätten Ehrgeiz und Ruchlosigkeit nicht in demselben ein allezeit fertiges und bereitwilliges Werkzeug zu den größten Frevelthaten finden, noch, hinter dasselbe sich versteckend, und durch dasselbe handelnd, den Gesetzen Trotz bieten können. Als aber das Volk sah, daß alle Verbrechen, in dem Namen der Konstitution begangen, ungestraft blieben; daß, mit frecher Unverschämtheit, schreckliche Schmähschriften gegen geheiligte Personen ungeahndet geschrieben, gedruckt, gelesen und ausgetheilt wurden; daß Verläumdungen, Schmähungen und Drohungen, gegen den König, gegen die Königin, gegen die königliche Familie, und gegen alles was nur in der Welt verehrungswürdig ist, ausgestossen, berühmt, angesehen und reich machten: da hielt das Volk dafür, daß kein anderes Gesetz gelte, als das Gesetz des Stärkern und des Mächtigern; und daß die Rechtmäßigkeit irgend einer Handlung von der Anzahl der Menschen abhienge, welche dieselbe begiengen.

Dazu kam noch die Schwäche, die Nachgiebigkeit und die Furchtsamkeit, der Bürgergerichte, und aller anderer verwaltenden Versammlungen. Sie fürchteten sich vor den Jakobinern, vor der Frechheit der Journalschreiber und der Volksredner. Sie wagten es nicht, diesen Volksverführern sich zu widersetzen. Sie hielten die Zügel der, ihnen anvertrauten, vollziehenden Gewalt, entweder nur schlaff in ihren Händen, oder sie liessen auch wohl dieselben ganz sinken: unbekümmert ob hiedurch das Volk verwildere; ob eine, auf den höchsten Grad der Kultur gestiegene Nation, wiederum rückwärts in die Barbarey und in die Wildheit zurück falle; ob eine sanfte und gutmüthige Nation durch den öftern Anblick schrecklicher Hinrichtungen und ungestrafter Ermordungen, gegen alle Gefühle der Menschlichkeit gestählt und gleichgültig gemacht, endlich sich in eine Horde blutdürstiger Wilden verwandle, welche ihre Ausgelassenheit zuletzt so weit treiben möchten, daß sie, um der Ruhe und um des Vortheiles des ganzen Menschengeschlechts willen, bekämpft, bezwungen, und unter das kaum abgeworfne Joch abermals gebeugt werden müßten.

Ende des fünften Bandes.

www.ingramcontent.com/pod-product-compliance
Lightning Source LLC
Chambersburg PA
CBHW031932230426
43672CB00010B/1899